经济人类学理论与实践

田广　编著

中国财经出版传媒集团
中国财政经济出版社

图书在版编目（CIP）数据

经济人类学理论与实践 / 田广编著. --北京：中国财政经济出版社，2020.12
ISBN 978-7-5095-9535-0

Ⅰ.①经… Ⅱ.①田… Ⅲ.①经济人类学 Ⅳ.①F069.9

中国版本图书馆 CIP 数据核字（2019）第 291240 号

责任编辑：刘五书　　责任校对：李　丽
封面设计：孙俪铭　　责任印制：张　健

经济人类学理论与实践
JINGJI RENLEIXUE LILUN YU SHIJIAN

中国财政经济出版社 出版
URL：http：//www.cfeph.cn
E-mail：cfeph@cfeph.cn

社址：北京市海淀区阜成路甲 28 号　邮政编码：100142
营销中心电话：010-88191537
天猫网店：中国财政经济出版社旗舰店
网址：https：//zgczjjcbs.tmall.com
三河市宏图印务有限公司印刷　各地新华书店经销
成品尺寸：170mm×230mm　16 开　19 印张　260 000 字
2020 年 12 月第 1 版　2020 年 12 月河北第 1 次印刷
定价：76.00 元
ISBN 978-7-5095-9535-0
（图书出现印装问题，本社负责调换，电话：010-88190548）
本社质量投诉电话：010-88190744
打击盗版举报热线：010-88191661　QQ：2242791300

代前言

本土与域外：工商人类学的兴起

工商人类学主要研究工商界人与人的关系，群体关系以及企业文化、公司文化等工商管理问题，是一个跨学科的交叉新兴学科。经济全球化时代，未来中国和世界呈现的是共融和发展的关系，人类学和经济因之也有了更多的关联与延展。工商人类学强调把工商社会事项作为动态文化来研究，并结合田野观察，针对一些新问题、新态势展开讨论。工商人类学的本土化，其实现途径和模式，对于转型发展中的中国经济具有相当的价值意义。为此，汕头大学新闻学院副教授张明博士（下文简称“张”）对田广教授（下文简称“田”）进行了专访。

张：田老师，在选择您现在的学科专业之前，您还有一段比较丰富的业界经验，让我们先从您的个人经历和学科背景开始吧。

田：从我本人的教育背景来说，我是在北京广播学院（今中国传媒大学）读的本科，学的新闻学，电视新闻摄影专业，毕业之后当了两年记者。那时候是20世纪80年代初期，在中国农村改革搞家庭承包制，到处轰轰烈烈。我在农村采访的时候，发现了一些很有趣的经济现象，特别是人口流动现象引起我的关注。在那个时候人口流动还是比较难的，但那个地方人口流动却很大，针对人口流动与经济的关系，我进行了调查研究，写了几篇文章，陆续在《宁夏大学学报》《宁夏日报》《固原师专学报》等刊物发表，文章发表后受到了当时民族经济学创始人施正一先生的注意。那是1983年的夏天，他在宁夏主持召开中国少数民族经济研究会。我作为当地记者去采访他，这时候他就主动建议我考虑报考他的研究生。他说上一届就是1983届他没招上，准备1984年再招收，问我愿意不愿意。我说当然愿意啦，我一直就想考研究生。施老师就跟我说：“我指定一些书你看。”他问我英语怎么样，我回答说英语是我强项，考个好分没有问题。1984 年研究生考试英语录取分数好像是 30 多分，我考了 78 分，当时学校规定当年入学英语达到 70 分的研究生可以免修英语。我的专业考试和专业基础考试竟然都考得很高，总分是全部考生中最高的，取得这么好的成绩除了与我的努力有关之外，施正一老师的指导功不可没。

我始终感激我的老师施正一先生。他也说了，是他这个伯乐发现了我这匹千里马，我一直对施老师心存感恩。在中央民族学院进行了三年的经济学训练，毕业之后就在中国经济体制改革研究所工作。当时进入体改所的人一般都是政治上可靠，要研究生毕业，那时候硕士毕业还很少，必须是中共党员，再就是一定要有插队的经历，所以进研究所的各方面要求我都达到了。一开始去体改所下属的一个社会调查组，后来我的老领导和老朋友郭凡生，从内蒙古自治区党委政研室调过来，组织区域发展研究室。我那时在西部组，结识很多做西部研究的专家学者，包括郭凡生、邹蓝、曹远征、曹真海、潘兆东、马飚等人。后来，在当时的国家领导人关怀下，组织成立了中国西部开发研究中心，并任命我担任秘书长兼办公室主任。

张：前段时间，你在 20 世纪 80 年代末翻译出版的《影视民族学》，还拿了一个中国影视人类学学会的优秀奖，这在学术界好像不多见。

田：说实话，这也是我没有想到的。很多从事这方面研究的同行对我说：你算是中国影视人类学这个学科的元老了。每个学影视人类学的硕士、博士，你翻译的这本书都是必读的一本书。一部学术著作在翻译发表近 30 年后获奖，还真让我感到意外，同时也说明这部著作的确具有其价值。之前我还发表过一篇文章《电子录像与民族学》，也算是咱们学术界比较早的有关这方面的学术论文吧。那个时候我年轻，思想比较活跃，把各种东西都能够放在一起，写文章也快，毕竟是学新闻出身的，做得也比较快。当时还出版了一本书，出国之前发表的《中国西部民族地区对外开放与经济发展》，是中国展望出版社出版的。同时和同学一起在时事出版社出了一本专著《选择与发展——中国西部民族地区经济振兴断想》，这两本书后来都获得了中国少数民族经济研究会的优秀成果奖。

张：当时您已经在国内拿过国家级的论文奖，并拿到了国家“七五”科研的一个重点项目，所以您是在国内已有一定学术积累的情况下出国留学的。

田：能在 30 岁就完成国家社科规划重点项目，这都归于我的导师对我的厚爱，我感谢施正一老师对我的信任和栽培。当时施老师的学生加上我一共有10个，我独自完成了《民族地区对外开放研究》的课题。因此我在国内的发展状态应该还是不错的，但因为接触到的资料有限，一些现象总是引起我的思考，比如为什么实行社会主义经济体制的国家，经济社会发展普遍比较落后？在体改所工作时，我曾与来自匈牙利、捷克等社会主义国家的经济学家进行交流，他们提的一些问题我觉得都超越了自己的知识范围，没法回答。那时候就有一种强烈的欲望，渴望学习西方经济学的理论，试图用西方经济学的理论，来解释中国社会经济发展的一些现象。

后来我也就跟着大家一起出国留学，就去了加拿大的约克大学。当时想申请读经济学博士。经济系主任跟我谈完话对我说，我的西方经济学背景不足，可能学起来比较困难。他说约克大学人类学系，有个经济人类学方向，与发展经济学的研究比较接近。所以建议我进入人类学系学习经济人类学。我的导师朱迪斯·纳嘎达（Judith Nagata）教授，侧重族群经济社会关系研究，还有一个导师戴维·郎姆斯坦（David Lumsden），偏重经济与健康方面的研究，我的教授里还有一个迈克·裴林柯（Michale Bilincon）博士，他是一个新马克思主义经济人类学的著名学者。从专业来讲，我从新闻学转到经济学，又从经济学转到经济人类学，都是大转变，但也可以说是一致的，因为不管学什么专业，都是与人和社会打交道。

当年，在加拿大人类学博士学完之后很难就业，为了能就业我又攻读了一个MBA，也就是工商管理专业硕士。这样的一种背景综合起来，走向工商人类学就是一种必然了。那么现在回过头来看，我觉得这种选择既是一种迫不得已，又是一种非常恰到好处的转折。假定我没有进行这样的转折，假定我在任何一个专业学科去做，都不会像我今天这样由于交叉学科的训练，而取得这么多的研究成果。能够在学术上开拓一片天地，那是很难的，所以，我觉得这种跨学科的综合训练是非常有意义的。比如说新闻学的训练，使得我对事物，对周边发生事情的时效性、敏感性极为强烈，这同其他学科的学者就有所不同。经济学的训练，让我对数字比较敏感，更注重从成本、供给与需求这么一个角度去思考问题。人类学的训练让我懂得从跨文化的角度，从他者的视角去思考问题。而工商管理硕士的训练，特别是市场营销方面的训练，让我懂得了什么是市场？怎么样去满足顾客的需求？怎么样发现有效需求、满足需求等？这样一种综合性的知识背景和储备组合，对我现在所进行的工商人类学研究帮助极大。

张：那您又是如何进入工商人类学这个学科的呢？

田：工商人类学，在西方特别是在美国，这些年来发展比较快，是一个边缘的、跨学科的一个分支学科。我进入这个学科，既是偶然但又是一种必然。在20世纪90年代初期，加拿大文科类的博士毕业生几乎都是很难找到工作的，人类学博士尤甚。在这种情况下，我的导师戴维·郎姆斯坦教授，他是约克大学白求恩学院院长，与中国政府的关系非常好，他当时说：你要把人类学作为一种方法，而不要把它作为象牙塔的理论去学、去应用。现在人类学的就业情况不好，但你用人类学的方法去进行工商管理这方面的研究，就有相当的优势了。他就推荐让我继续学MBA，于是我就报了名再次开始了学生生活。在学习期间还没毕业，就拿到了美国大学的offer。毕业之后，陆续接到了好几个offer，都是来自美国的，就这样去了美国，开始在商学院教书。传统的商学院是没有人类学这个课程的，而MBA是硕士层次的学历教育，这样在商学院将来我在职务晋升等方面，都会面临挑战，于是就想怎样给学生授一门把人类学和工商管理学结合起来的这么一门课。当时我做这个项目研究的时候，美国的工商人类学还不是很兴旺，那个时候很少人做这方面的研究。

到了2003年，得克萨斯州立大学教授安·乔敦（Ann Jordan），出版了她的著作《工商人类学》。这样我的教学算是有了一个正规的教科书，但是这本书的容量太小，英文版印刷出来才不到200页，给本科生做教材还有点不够，美国一个本科生一门课的阅读量应该在1000页左右。那么我又花了几年的时间自己编写了教科书，我把书名定为《工商人类学通论》，写好之后，很糟糕的是我的电脑整个crash，全都坏了，这大概是在2004年的时候。没办法又重新写，到2007年写完。写完之后我的一个同事麦克·利廉斯（Michael Lillis），读了我的稿子之后非常感兴趣，说能不能让他也贡献一章，于是就把他名字也放上去了。欧洲有一位学者阿芬斯（Alfons），当时周大鸣教授与我主编一本期刊叫《国际工商人类学》，也准备请他做编辑。阿芬斯看了我的书稿后写信给我："你这写的全是美国的故事、美国的案例，没有欧洲的，我给你贡献一些欧洲的案例，你能不能把我名字也放上。"我说也行，就这样有了我们自己的教科书。这本教科书容量是乔敦那个书的4倍，当时印出来是700多页，后来我又作了一些修订，最后修订出来是400多页，现在已经第二版了。我们的期刊也已经发表到第9卷第2期了，同时周大鸣教授与我还编辑出版了两本《工商人类学高级读本》，组织召开了8次国际性的工商人类学研讨会。正因如此，许多同事说我为工商人类学的发展立下了汗马功劳。

张：在加拿大留学攻读博士和在北美任教期间，您觉得加拿大等北美高校在学生培养上有什么特点以及你个人对学术理念的看法和理解。

田：我是那一年的6月去的加拿大的，开学是8月中下旬。就原来在中国学的英语那么点底子，坦率地说上课就看见老师的嘴一张一合，根本听不懂他说的什么。我的导师郎姆斯坦，对中国文化特别熟悉也对我特别关照。他说我知道你肯定听不懂，你可以跟教授要求，把他讲的内容用录音机录下来。他们那儿当时有一种录音设施，可以把速度减慢一些。征得教授的同意后，我就开始用这种方法去反复听老师的讲课和同学的讨论。第一学期我念两门课，一门是人类学前沿理论，我人类学基础理论都没学过，要学前沿理论真是赶着鸭子上架。再一门课叫人类学研究方法，这门课我觉得不难，我当时就学这两门课。西方学校对教学要求不同，他们对你每学期要上的课目要求很少，但给你大量的阅读材料。我在攻读博士学位的第一学期就上两门课，第二学期上3门课，总共才让我上10门课，然后就准备资格考。10门课，我还可以在寒暑假期间独立学习，叫作“independent study”，就是独立学习。找一个教授，指定读一些书，然后写一篇文章就可以通过了。我念了两门独立学习课，第一学期念两门，第二学期念3门，再加上我下一学期又念了3门，一共10门课完成了，成绩还不错，平均是A^-。在课程量方面，本科生一般一个学期只让念5门，要是念6门就要通过系主任、主管院长，学校教务处和学生处领导签字同意才可以。一般是绝对不能超过6门的，超过5门就得需要这么复杂的程序。但是每门课的阅读量很大，我们博士生一学期就两门课，要是按照我们中国人来想两门课很容易，但我们的压力非常非常大。我们上课就是老师“嗡嗡”地说几句，然后就是每个学生开始自己说，每个人都present自己学习老师指定的文章或者书的体会，谈自己的观点、自己的看法，然后教授在那儿给予点评。那一年我们专业一共收了6个博士生，在资格考当中，有两个没通过就只剩下4个。最后顺利毕业的只有我们3个，还有一个我知道入学8年后，还没有通过论文答辩。

在美国和加拿大读博士，你只要通过了资格考试，什么时候答辩都行，有的人可能一辈子也答辩不了。北美的大学无论是研究生还是本科生，都特别注重学生的自我学习和阅读，在老师指导下的自我阅读，而不是像我们中国整个“满堂灌”。另外就是考试，本科生一般的就是多项选择一半分，还有一半分是主观回答，像研究生就没有多项选择，基本上全都是主观的，就是自己自由发挥自己答题的那种考试。另外一个就是教授在授课中，西方教授更多的是引导学生去思考，因为学生阅读量很大，他就让学生去思考。老师也讲，不过他讲的都是超越了课本的内容，讲学科的新发展，比如说最近某个学者发表了什么论文，教授都会非常及时地介绍给学生。那么对课本的阅读，他认为你已经是本科生，已经有一定的阅读理解能力了，自己去阅读理解就行了，他讲课时都给你一些新的内容。研究生更是这样，研究生基本上没有课本，都是一些在不同期刊发表的文章合订在一起。像我们上博士方法论的课有两本教科书，一本是质性的，一本是量化的。在人类学前沿理论研习课，就没有书，全都是看文章。再一个就是做 presentation 的机会很多，我们 6 个人每人一学期要做 4 次，平均每 3 个星期就要做一次。一开始做 presentation 我也很累，英语说得也不是很清楚，但是每一次做完，同学们都给我鼓掌，老师给我鼓励，我知道我做得不好，但是同学都给我鼓励，老师都给我奖励说你做得不错，做得挺好。我就想这跟我们中国就不一样了，那在中国你要是做得不好，同学没有人会给你鼓掌，同学都会指出你的不是，老师也会尽量地说你哪里不对什么的。

记得我在汕头大学有一次上课，一位退休的老教授来听我的课，当时我也不知道她是要来听课的督导，学生在做 presentation，做完之后学生一个个都是 attack，指正说这点做得不对，那点有毛病。那门课程是全英语教学的，我在最后总结的时候就说，在加拿大上学，或在美国当教授的时候，我们同学做完了 presentation，我们首先去肯定哪方面做得好，首先老师是这样，学生也是这样，先从鼓励的角度讲评，然后再提出哪儿有不足的可以改进的地方。我们中国学者、学生，总是首先说你这不足、那不好的思想方法和学习方法应当改变。来听课的老教授是汕头大学英语系的，她非常感慨地说：田老师您说得非常对，您这个说法应当适用于全校的评学。对比中国和美国，在教学方法和思路方面我觉得是有差异的。在美国它是以鼓励、表彰为主的，是一种“positive”的态度，就是一种积极的看法去鼓励学生。我所在的美国大学，一个学生在自己家乡办的地方报纸发表了一篇豆腐块那么大的文章，系主任、院长都给那个同学鼓励、表扬。我一直是鼓励本科生写文章去发表，我到汕头大学前两三年的时候，指导的本科生每年都有好几篇论文发表。后来我就不这样做了，因为有人指责说我的学生发表的文章不是 CSSCI。我心里想，本科生写的文章能公开发表就已经不错了，为什么要求那么高？不现实嘛！

美国课堂上更多的是师生的互动，教师主要讲一个框架、主要的观点、主要的理论、主要的结论等。然后就是学生和老师的对话，学生提问老师，那美国的学生可真敢提问老师呐。有些学生提问是很激烈的，我自己就有这样的经历。一些学生提的问题我不能回答，那么不能回答的时候我们一般依然是鼓励，说你提的这个问题非常好，但现在对我来说还富有挑战性，现在还不能够立刻给予你回答，你下次上课的时候，我会给你一个满意的回答。我们一般都是这样，有时候学生的提问也确确实实促使老师们去思考。我在汕头大学教书，每一个课都给学生一定的参与分，参与分大概就是 10 分，就说学生一个学期要跟老师课内互动也好，课外互动也好，要互动不少于 10 次，就有 10 分，就用这种手段来促使学生跟我互动。

在学术上我主张兼收并蓄，要有一种海纳百川的胸怀和眼界。视野要宽，要善于同不同学科的持有不同观点的人去接触，要抓住一切机会接受最新的研究成果，这对于做学术研究来说是非常重要的。当下，我意识到要在学术上有大的突破是很难的，但我能够将不同学科领域的东西组合在一起，融合在一起。我觉得台湾有个教授讲得很好，他讲两个不同的学科就像两棵大树，两棵树在生长，树的枝叶越繁茂，它的根也扎得越深，根儿把周围的营养都吸取了，树叶把上面阳光给吸取了。我们要善于在这两棵大树之间，寻找一个隙缝，才能够成长起来。我的理解他就是鼓励学生进行跨学科学习思考的。刚才说过，如果我不是跨学科进行研究，无论在新闻学，还是在经济学、工商管理学，或是经济人类学领域，都很难有今天这样的成绩。同时我也觉得基本功要扎实。比如做经济学研究，特别是在中国，不读马克思的资本论，怎么研究社会主义经济啊？一些基本的经典论著，我觉得还是要学习的。学术上我特别注重对新生代的培养和锻炼，我做学术期刊编辑，周围就团结了一批年轻学者，做研究项目也尽量多带一些年轻学者，帮助他们。我常说当老师的就要甘于做人梯，让自己的学生踩着自己的肩膀往上攀登。

张：在当今复杂多变的国际经济形势下，我们应该怎样来理解人类学和经济学的关系？

田：经济学和人类学同属社会科学，也同属行为科学。经济学，按照西方的经济学原理来讲，它有一个大前提，也就是它的一个假设，人都是理性的，人为了自己的利益，就要理性，就要趋利避害，就要使得自己利益最大化，这是研究人的经济行为的一个原则。人类学也是社会科学，最古老的一门社会科学，属于行为科学，也研究人的行为。经济学研究人的行为是有“理性人”的假设，就是人们在趋利避害原则下的选择行为。尽管这种假设至今没有得到验证，没有得到证实，还是一个假设。人类学也有一个假设，它假设人们的一切行为都是受他所处的那个社会文化的制约，人类学认为每一个体人，在其所存在的文化环境中，都对自己文化的形成作出过贡献，这种文化形成之后，个体人就很难去改变它，一个人很难改变他的文化，必须受约于这个文化。经济学就是研究供给与需求，供需之间如何尽量去平衡。人类学研究人类族群之间的关系，怎样和谐相处。所以经济学和人类学可以说是殊途同归，最终都是为了让人类社会更好地发展。经济学注重用数学的、数理统计的方法进行分析研究，更多的是演绎。人类学更注重用质性的资料，包括参与式观察、深入访谈等手段所获得的资料去研究，是归纳，将自己获得的民族志原始资料进行理论升华，就像扎根理论所提倡的那样。两者的研究方法不同，获取资料的方法不同，但研究的成果对于社会的作用是相同的。现代社会和国际环境是非常复杂的，经济上有发达国家、发展中国家，有工业、后工业社会，工业化过程中的社会以及前工业社会等，经济形态都不同。从经济学的理论来讲国际上的经济交往，国际上经济交往最大的导向是什么？就是比较利益，这个利益就是国家的比较利益，关注对交易成本的研究。

人类学也研究人类社会的国际化和全球化，认为国际化、全球化是一种文化和文明的融合与冲突。现代社会的很多东西都是一种文明的冲突，伊斯兰文明和基督文明，东方文化与西方文化的冲突，都是现实存在的。一个学科很难全面地看清楚现实的世界，不同学科综合在一起来看就相当于看到一个立体的国际社会。国与国之间的问题，既有经济、政治，也有文化、军事等一些关系。说到底它是一种利益关系，以经济为基础，经济利益是决定国家利益、国家行为的一个最根本的方面。但光有经济利益还不够，还要考虑到政治和文化层面的问题，按照马克思主义政治经济学来讲，就是要研究经济基础和上层建筑之间的关系。

文明的冲突，归根结底是经济利益的冲突，但又以文化的冲突来呈现。文化作为一种形而上的东西，它体现人们的价值观，反映经济利益的冲突。所以在这种状况下，我个人觉得经济学与人类学学科的同仁，应当更好地合作，更紧密地合作。所谓合作就是分享各自的研究理念和路径，互相学习对方的研究方法，把两者之间的成果、最新的成果迅速地使得对方能够理解消化。这样一种研究，不光是经济学与人类学，还有其他的一些学科，包括政治学、历史学等都是这样，甚至于语言学，都应该及时地把自己的成果向其他学科的同仁传授，同时自己也要消化吸收其他学科新的成果，这样就可以用多学科的眼光来观察我们的世界。那么现在的世界，从经济总量上来讲，中国已经是世界第二位了，离美国的差距也不是很大，照目前这种趋势，估计在2025年前后中国就有望成为第一了。那么中国经济总量成为第一之后，世界又会怎样呢？世界的政治、经济、生活、文化、生态又会怎样呢？这是我们要思考的一个问题。对此，我和我的研究生写了一本书《中国成老大，世界会怎样》可以参考。

同时我们也要想到，中国无论怎么样发展，现阶段依然是一个发展中国家，我们要从发展中国家的指标去衡量中国的社会发展。过去我们在经济发展中执行一条片面的路线，过于考虑GDP的增长，而忽略了GDP的增长成果如何更公平地分配，忽略了过度物质化的发展会给人民的幸福生活带来什么具体的影响，忽略了人们生活的社会质量和生活幸福感的提高。我们牺牲了环境，促发展，保增长，牺牲了环境生态，也牺牲了我们原来固有的人与人之间的良好关系。现在人与人之间的关系与我们在20世纪80年代上大学的时候没法比，我确实很怀念那时候人与人之间的关系。现在就没有这种人际关系的存在，人与人之间变得非常冷漠，公民之间的信任度已经很低了，我觉得这是片面地用经济学理论体系来指导国家社会全面发展所产生的问题。未来人类学家要在国家战略制定上发出更强的声音，要不断地使决策者认识到社会发展是立体的、全方位的，而绝不是经济单方面的发展。

张：为什么中国现在需要工商人类学？

田：中国社会目前来说是处在一个转型的过程中，就是农耕社会向工业社会转变过程中。在改革开放之前，我们中国城市化的水平不到30%，70%的人都是农民或者农村的，现在城市化水平已经达到了50%，有的地方已经达到60%甚至70%，也就是说中国的工商社会已经来到了。而工商社会的到来，需要我们的经济学家、人类学学家等多学科的学者们共同研究，中国为什么需要工商人类学？这是相对传统人类学而言的，传统的人类学家像费孝通先生、林耀华先生，包括我的导师施正一教授，他们都是对初民社会、边民社会和村民社会进行研究。但当初民社会、边民社会已经缩小至不到30%的时候，如果还把田野调查对乡村经济社会的研究，作为人类学的研究主体内容，那就把中国工商社会这个特点给忽略了，同时也放弃了一个相当大的研究领域。从这个角度讲，我们这些做人类学研究的学者，应当积极主动地研究工商社会，这是中国工商社会或者工商文明发展的需要。

同时，从农耕社会向工商社会转型过程中出现了很多问题，像刚才我们讲到的文化冲突。农民进城务工，自然会遭遇文化的不适应问题。农民劳作与工业操作，从农民的时间概念就可以看出问题的存在，农民的时间是以季节或时辰计算的，叫播种季节、收获季节、农闲季节等。每日的工作时间概念是什么呢？就是日出而作，日落而息。你看农民他讲时间时就是一袋烟的工夫，或者是一个时辰、一炷香的工夫，因此时间量度是比较模糊的。但工商社会的时间概念就比较严密精确了，分分秒秒地计算。比如工业人类学的学者，就研究工人在生产线上怎么样生产，完成某个动作用几秒时间，怎么样操作可以更有效，都是很严密的。从这方面来讲，中国社会从传统的农耕社会向现代工商社会的转变，非常需要工商人类学。这个转变过程中出现的很多现象，需要人类学家研究，而且转变之后产生了什么样的新问题，同样需要人类学家去研究解决。在这个转变过程中，特别是由于现代技术的发展，人员的流动，我们就不能仍然用传统的人类学集中研究农民社会、初民社会的思路，去研究城市化和后工业化的社会。

从传统的农耕社会转到工业社会之后出现的一些新的问题，比如农民工的新族群意识和认同问题，城市新来者与原有居民之间的互动关系问题，新生代的教育培养问题，留守农村的老人、妇女和儿童问题等，都需要人类学家运用他的田野调查，采取参与式观察研究、深入访谈等这样的民族志方法去调查、去研究，为国家发展战略的制定作咨询服务。同时，由于人类学的研究方法特别注重一线的第一手资料，对所研究的社会就是一种自然的研究，而且研究成果更能够体现我们真实的、现实的社会，所以从多方面来说，中国当然需要工商人类学。

张：那工商人类学的本土化，或者说工商人类学在中国发展的途径和模式是怎样的呢？

田：工商人类学，通俗说就是用人类学的理论和方法，对工商社会的管理实践和工商社会的人际关系进行研究的学科。中国传统上是农业社会，现在转型到了工商社会，这是一个巨大的变化。此外，中国又是一个多民族的统一国家，这与世界上其他的民族国家有所不同。我们有56个民族，56个民族在整个工业化发展过程中，处于不同的发展阶段，与此同时不同民族间的交往日益频繁，这是中国的一个特点。从社会主义的计划经济体制，转到有中国特色的社会主义市场经济体制，转型过程中经济运行产生了很多问题。还有像中国的传统文化，不同学者会有不同的解释，但无论如何我们都应该认同中华民族的价值传统，我们作为中国人都要有理论自信、文化自信、制度自信和道路自信。

自信当然好，但是这个自信从何而来？中国的传统文化与西方文化有很大的差异，西方文化强调个人的奋斗、个人的努力、人与人交往中更注重隐私等。中国文化更强调集体，是以家庭为核心的，这个“家”在中国文化中扮演着极为重要的角色，家是中国社会最小的社会单元。中国民间讲的家和万事兴就是这么一个道理。所以对中国社会，无论你研究工商社会也好，还是研究别的什么社会，对中国的这个“家”，这个“家族”，没有深入研究的话，那就是对中国没有很好地研究。所以说中国的工商人类学研究，必须要有中国特色的研究范式，这个独特范式是由中国的国情、特色所决定的。

在本土化过程中，强调要把民族文化作为研究的导向。这里的民族文化指的是民族国家文化，而不是少数民族文化。把民族文化作为我们研究的基点、重点，就是要有大格局、大视野，从中华民族全局的角度考虑你所要研究的问题。将文化作为我们研究的导向，比如研究企业，就要把企业文化作为研究的主要内容。这样以文化为研究重点，就能走出有中国特色的工商人类学研究之路。文化作为未来中国社会发展的一个重要的经济领域，要以中国的传统文化为基点发展国家的软实力，这是中国共产党为我们制定的一个战略思路。同样，我们研究工商世界，也要从战略的角度考虑问题，比如说一个企业，管理注重的是什么，无论做什么他最后都要落实到提高企业的经济效率、降低成本、提高利润方面。无论是国有经济也好，还是集体经济或是混合经济也好，最后你的管理是否有效，都要体现在这个方面。

管理就是提高效率，企业文化，企业的内部文化，包括公司成员之间的和谐相处，是企业效率得以提高的重要源泉。你不能像富士康那样来个“十三连跳”。那个“十三连跳”实质是什么？就是企业文化制度的问题，是企业内部矛盾的极端表现。台湾商人郭台铭，来自资本主义市场经济成熟的地区，他对资本的运作，对资本市场的发展过程有深刻的体会。而郭台铭的员工大多数来自农村，农民刚才讲了作息时间都是以时辰、以一袋烟这样模糊的概念认知的，而郭台铭的现代化企业管理是分分秒秒来计算的，这必然产生了文化冲突。哈佛大学人类学家梅耶教授最早进行的“霍桑”实验，奠定了管理科学的人际关系学派。人际关系学派在管理学科形成就是因为这一次的“霍桑”实验，是由人类学家主导的，其结论就是告诉企业管理人员，你必须高度关注你的员工，要重视企业的非正式组织的文化功能。所以中国化、本土化就说是以中国民族、中国国家文化（为主旨），抓住这个特点。再有就是企业的文化，企业的内部文化，企业软实力的形成要走出中国的路径，走出中国的特点。总之，要以中国的文化为主基调，把富有中国特色的市场经济和企业文化、企业软实力发展相结合，走出我们中国工商人类学的特点。

张：您说的这个软实力是不是也包括我们的儒家文化？

田：对，那就是我们传统的儒家文化，儒家文化就是讲“和”，以和为贵。这实际上就是我们和谐社会的思想源泉，也是企业内部人际关系和谐的理论源泉。你再讲法家，法家讲的就是要规章制度，相对国家就是法律，相对企业就是规章制度。像《易经》里的阴与阳，阴阳就是要讲究平衡。我们管理社会也好，管理企业也好，都要注意利益的平衡。将各方面的利益平衡搞好了，效率也就会产生了，这就是软实力的功能。此外，在讲企业文化时，我们要注意既对显文化进行研究，也要对潜文化加以关注。比如我们讲公司规则有的是刻意写在墙壁上的，是规则文化，它还有一些潜文化，你不能写出来的，那就是潜文化，我们要注意显文化与潜文化之间的阴阳协调，这就是《易经》讲的平衡。总之，要将中国的传统文化与中国的国情相结合，与中国社会现阶段发展相结合，才能走出具有中国特色的道路。

张：如何解读现在经济领域的“泛市场化”这种倾向？

田：市场化本身是可以的，我们需要市场经济，市场是什么呢？所谓“市场”不同学科有不同的解释，按经济学解释市场就是一种机制，提供给供求双方进行交易的一种机制，它也可以是一种场所。泛市场化就是把本来属于经济领域中人们之间的相互关系，就是交换的关系，这种原则或规则，广泛地应用于人类社会的其他各个方面，包括人们的社会生活、精神生活、文化生活方面，甚至于在学校这样的一种教学场合，也都用交易的观念去处理人与人之间的关系。什么都能用来交易，你看什么初夜权、冠名权等，都可以被交易。现在的青年人中甚至出现了租个男朋友回家，租个女朋友回家，什么都来交易……这种现象我把它称作泛市场化。泛市场化现象，从人类学的角度，是违背了人类文化形成和发展规律的，是反人类的，我们不能提倡这种思潮，要对其进行抵制。市场化必须有一定的界定范围，这就是界定在人们的经济生活中，不能把这个经济生活中的市场原则，应用于人们的其他生活领域当中，在泛市场化的背景或者语境下，什么都可以交易且什么都必须交易，如此人类社会就会走向极端。

张：最近耶鲁大学学者斯蒂芬·罗奇发文章认为，如果没有中国的话，世界经济将陷入衰退。国际货币基金组织评估中国GDP每增长6.7%，世界经济就会相应地增长1.2%，如果没有中国的话，国际货币基金组织2016年对世界GDP增长的预测值就要从3.1%拉低到1.9%，那样的话会远低于全球经济衰退对应的2.5%这个阈值。那么在这样一个经济全球化的时代，未来的中国和世界是一种怎样的共融和发展关系呢?

田：中国在世界上经济地位本来是老大，历史上我们的GDP在唐朝时就已经是世界第一，最高的时候我们的GDP曾经接近世界的50%。后来由于内忧外患，造成了我们整个经济在清朝晚期开始下落。后来又受到八国联军侵略、日本的侵略等，使得我们经济总量一直处于降低下行状态。

目前中国与世界的关系，实际上说到底就是中国与美国的关系，中国与国际社会的关系，归根结底就体现在中国与美国的关系上面。中美两国目前一个是老大，一个是老二，两个国家在经济总量上逐步接近，但在意识形态领域，也就是思想文化领域的差距越来越大。牛津大学教授卡尔·格尔斯(Karl Gerth)，曾经写过一本书《当中国动起来的时候，世界都会跟着动》(When China goes, so goes the world)，意思是说中国对世界的影响力很大，因此当中国动起来了，世界上所有其他国家都会跟着动起来。中国现在的发展，在世界所处的地位不断地往前走，从原来的落后国家已经逐步过渡到了中等国家。从1978年GDP仅占世界总量约5%，到1995年的约10.7%，近年来经济总量占比世界总量已接近20%，排名一直上升，现在已经升到第二了。中国经济之所以这么迅猛地发展，是因为我们有庞大的人口基数，生产的任何东西，这么大的一个市场能够很快吸收消化。所以在中国新产品成功概率是非常大的，因为消费者众多，很容易形成规模经济效益。不过现在的领导人也意识到中国在世界经济中的地位和本国本民族发展的阶段性，依然坚持中国是一个发展中国家。

中国在世界上的经济地位越来越重要，但与世界各国相比，我们在教育上有较大的滞后。还有独生子女的问题，现在放开二孩了会好一些，可这一代的独生子女问题还是很严峻。在经济上，我们国家在世界上的地位确实一步一步在增长，与此同时我们的政治地位、文化地位，作为大国却并没有增长很多，这是一个值得思考的现象。

张：您早年参与了西部发展政策的制定，也是一个见证者。近20年来西部大开发的成果显而易见，很多像西宁这样的西部城市景观，有了天翻地覆的变化。近年来又成立了亚投行，推出“一带一路”倡议，周边国家也是纷纷响应，出现了一些新动向，像巴基斯坦瓜达尔港租借给中国，还有马来西亚的港口等。人类学或者说民族学学科在“一带一路”建设进程中可以起到什么样的作用，承担一个什么样的功能呢？

田：西部大开发，最早是在20世纪80年代初，时任中共中央总书记的胡耀邦等开始提出这个问题。从历史上看，中国的文明、中华文化的发源地就是在中西部，只是后来的发展使得中西部落后于东部了。中国的发展离不开西部，西部有它自己的特征，西部我们一般是指陕、甘、宁、青、新，加云、贵、川、藏、内蒙古和广西，都是边疆民族地区，少数民族大多数都是集中在西部。虽然西部的发展一直处于落后状态，但西部又是自然资源最丰富的地方，计划经济时代多是无偿或低价调拨给东部和中部，实行市场经济之后国家对不同地域资源无偿使用或者低价调拨的现象才逐步地减少了，资源补偿机制也正在形成之中，这对西部民族地区的发展而言，无疑是极为有益的。

市场经济造就资源配置，随着市场在生产要素资源配置上起越来越大的作用，西部凭借资源优势，能够取得一些超常的发展。我的老领导郭凡生在20世纪80年代初就提出过反梯度理论，意思是西部的发展完全可以跳过东部发展的过程，先行发展起来。开发西部还涉及民族地区区域自治、自然资源使用补偿等问题，这是更深刻的民族、族群之间的关系，是民族文化的问题。人类学是对文化进行研究的最有力、最好的一个学科，在西部开发中人类学家可以凭借自己对文化研究的擅长和特长，为国家在西部发展从文化的角度进行咨询。另外，从民族或族群的角度，如何使西部开发中原居住地的居民，少数族群同时感受到西部大开发的好处？这是需要人类学家来帮助解决的。人类学家要起到一种桥梁的作用，比方说大型企业进入西部地区，可能会有“水土不服”的问题。

水土不服是说对当地文化的不适应，人类学家就要起到文化咨询的作用，帮助企业去认识民族地区不同族群文化的特征，怎么样针对族群文化进行发展战略和经营模式的调整。同样，“一带一路”倡议是习近平总书记提出来的，是一个解决中国当前经济问题最重要的思路。所谓“一带一路”，我个人的一种理解就是利用国际市场资源，对我国的经济结构进行调整，把我们现有的一些过剩的“一带一路”沿线国家需要的产能进行疏散转移，同时将沿线国家和地区的资源与我国的资源进行必要的整合，取得共赢的发展结果。这跟我们刚才讲的西部开发具有同样的意义，把我们的过剩产能输过去，同时把他们的天然资源拿到中国来进行加工，然后再将这些产品卖出去，形成一种良性的互动。这样既解决我们的产能过剩问题，又解决了资源不够充沛的问题。同样，人类学家在这里也要扮演重要的角色，要以沿线不同国家和多元民族文化特征为出发点，进行必要的产业整合和战略调整。在不同的国家，进行经营、生产，必然要雇佣当地劳动力，总不能全把中国人弄出去，那不现实也不可能。这就涉及与驻在国居民的文化互动，人类学家可以通过自己的研究甚至之前的研究，为走出去的企业提供咨询，为国家的这个倡议提供咨询。

张：最后，贺州会议之后，您怎么看待国内人类学家关于人类学作为一级学科的建言?

田：人类学在西方，特别是在美国，就是一门显学，几乎每一个大学都开设人类学课程，不一定有人类学这个专业，但一定有人类学这个课程。在西方人类学就是一级学科，而且是很重要的一门学科。现实和历史都表明，一个国家越是发达，文明程度越高，就越重视人类学。再者，人类学也的确有其存在的经济和社会价值。比如第二次世界大战后，战胜国应该怎么处理日本天皇?就是根据人类学家本尼迪克特的研究而作出的决策，她的研究成果以《菊与刀》为名出版，是人类学经典著作之一。人类学家对美国社会发展每一个阶段的贡献都是挺大的。中国也是，费孝通早年进行的乡村经济研究，还有20世纪50年代人类学家参与的民族识别、民族政策的制定等，对民族区域经济社会发展政策的制定，都起到了良好的作用。作为人类学家，我们也应当要有学科自信，坚信我们的学科是重要的，是对社会有利的，你承认也好，不承认也罢，人类学学科对人类社会的发展，对人类社会的重要性都是不言而喻的。我们应当坚守学科发展中学术道路的自信、学术理论的自信和学术贡献的自信，要有这三个自信，努力把学科基础建设做好，将我们的学科理论、方法应用于不同的学科，比如工商人类学，如果说通过我们的努力，通过全体人类学家的努力，让我们的企业都认识到人类学家对企业发展有这么重要的作用，当每一个企业都来争相雇请人类学家作为公司首席人类学家的时候，我们何愁其他领域不承认我们是一级学科，这样我们的一级学科的地位自然而然地就确立了。

张：好的，感谢您接受我的访谈。

富有启示意义的著作

王天津

田广教授的专著《经济人类学理论与实践》出版了，开卷阅读，我内心随即泛起片片涟漪：我和田广教授是同班同学，于1984—1987年，我们在中央民族大学少数民族经济研究所共同攻读中国少数民族经济学硕士学位。在学期间我们就合作撰写过学术论著，而且尚未毕业他就主持了国家“七五”规划的重大课题——中国民族地区对外开放研究。毕业后，他去国家经济体制改革委员会工作，任职西部开发研究中心秘书长。几年后，他去加拿大留学，在著名的约克大学人类学系，攻读并获得了经济人类学方向的博士学位。毕业之后，他在美国从事了较长时期的教学与科研活动，曾经是南卡莱罗纳州俄斯肯学院商学系教授和南卡莱罗纳州库克大学商学院院长，后来成为纽约州布法罗大学的终身教授。他也是美国和加拿大合资的北美商务出版社副总裁、高级编辑，该出版社《当代中国系列丛书》编委会的美国执行主编。这套英文丛书已经出版20多种图书，被北美1100所大学的校级或学院图书馆、研究机构，欧洲700所大学的校级或学院图书馆订购收藏，美国部分参议员、众议员以及白宫新闻中心也收集了这些书籍。田广博士还是国际著名学术杂志《人类学家》《应用人类学家》的编委成员。2011年，他应邀被广东省汕头大学聘为资深教授，同年，他又应邀任湖南省吉首大学应用人类学高等研究院院长。2019年，他被湖南省怀化学院聘请为资深教授。

我和田广教授在学术方面有过很多合作。2001年，应美国南卡莱罗纳州俄斯肯学院商学系邀请，我前往该校用英语讲课，与田广教授共同承担了一门课程《中国现代化》，听课者是大学本科二三年级的美国大学生。2012年，我和田广教授合作主持出版了中文学术著作《环境人类学》，这本书获得2015年国家民委社会科学研究成果奖一等奖（民族问题研究著作类）。2018年，我和田广教授等人又合作在美国出版了3本英文学术著作诸如

“China Environmental Anthropology”等。我们还共同申请完成了几项科研课题，在这些合作之中，我为老同学田广教授的治学严谨、知识渊博所钦佩，更为他的乐于助人和爱国的赤子之心所感动。

深入阅读这部学术著作，新颖观点，系统理论，清晰论说，经典案例扑面而来，书中所引用中外参考文献多达431项，其严肃认真广纳博引的治学态度和精神，不能不令人敬佩。于是，我不由得提起拙笔，写出如下诸多感受。

一、经济、管理和人的多彩图画

《经济人类学理论与实践》基于马克思经典作家的理论，列举大量事例，深入分析了社会经济的种种情况，用学术语言描绘出历史发展的真实图画。该书首先强调，人类社会发展进程中，经济活动是其他一切行为的基础，并且多重角度阐述为了获得生产中的高效益，社会就必须组建、管理和保障一个完整的再生产过程。

马克思和恩格斯曾经简洁清晰地阐述：“人们为了能够‘创造历史’，必须能够生活。但是为了生活，首先就需要吃喝住穿以及其他一些东西。因此第一个历史活动就是生产满足这些需要的资料，即生产物质生活本身，而且，这是人们从几千年前直到今天单是为了维持生活就必须每日每时从事的历史活动，是一切历史的基本条件。”[①] 思索当下学术界时常有轻浮乃至谬误之风刮起，负面作用恶迹斑斑，“以其昏昏，使人昭昭”，但是田广这部《经济人类学理论与实践》却明晰了经济、管理和人类学三者之间的逻辑联系，展现出特有的系统性理论。阅读该书，透过字里行间，头脑里呈现如下多彩的图景：

人类生产从原始的采集业、狩猎业起步，缓慢地发展了传统的农业、养殖业和家庭手工业，接着建立了机器大工业、远洋航海业，现在进入人工智能、物联网络等高新技术业，这些变化就是一个从自然到真正的人类社会的发展进程。因为生产是对自然资源的人为加工、利用，这是一个系统过程，越是现代高新产业，越要求系统运行协调一致，所以组织管理机制就显得格

① 马克思和恩格斯：《德意志意识形态》，“第1卷 对费尔巴哈、布·鲍威尔和施蒂纳所代表的现代德国哲学的批判”，《马克思恩格斯全集》第3卷，北京：人民出版社，2002：31－32.

外重要。因为生产是对自然资源的人为加工、利用，这是一个系统过程，越是现代高新产业，越要求系统运行协调一致，所以组织管理机制就显得格外重要。

高端层次的管理操作能够很好地组织社会劳动人口，对生产经营过程的各个环节进行有效监控，目的是力求以最少资源耗费取得最大的经济成果。在这个过程中，不断更新的管理方式一次又一次提高了生产效率，增加社会供给总量。管理方式是否先进，最关键的衡量标准是人的思想是否得到解放。人是社会生产诸环节中最积极要素，唯有营造公平合理、自由交换、开放包容的经济环境，才能使人身体蕴含的工作潜力得到释放。也正是通过这种进展，人类逐步脱离动物界，建立起层级最高端的地球文明。人类学有很多种说辞，但最终就是指向这个目标。

这部书表述了一些案例，描绘了人的思想意识、行为和具体的经济、管理活动的情形。例如，“第十三章工商民族志案例：汕头老字号餐饮品牌发展研究”表述了广东省汕头市五家老字号品牌餐饮店，展示了当地的一些色香味俱全、十分诱人的食品。例如老妈宫粽球、飘香虾米笋粿、福合埕牛肉丸、无米粿甜汤等，他们的服务可心感人，商业操作规范，经营效益较好，一间间小小的店铺，四溢出丰富的哲理。那些老字号品牌在长期的生产经营活动中，形成了独有的精工细作工艺和鲜活的经营特色。他们既是满足居民生活必须的供给店铺，也是经营有方而获得了可观效益的经济单位，更是传承了中华民族灿烂的历史文化遗产。

同时，这部书也介绍了海外的有关理论，例如，奥美广告公司（Ogilvy & Mather）的贝里（Berry）首次提出活化老字号品牌的 7 个步骤，阿克（Aaker）在《管理品牌资产》中列举了品牌活化的具体方法。勒胡（Lehu）在深度访谈 3 家企业经理，以定性研究方法分析得出他们的 3 个品牌老化的原因。它山之石，可以攻玉。对于中国经济发展来讲，这些海外的经营理论很有启示意义。总之，特别是在目前国际时局动荡、外来文化入侵、市场不规则因素增多等不利情况之下，“中华老字号”品牌餐饮店立于潮头，搏浪击风，大力弘扬中华文化，提供更多的就业岗位，创新升级经济结构，为建立中国特色社会主义贡献自己的力量。

二、人类活动中的关键节点

《经济人类学理论与实践》着力阐述了生产中的关键性事项，即商品交换及其连带事物，这是自从人类进入文明社会之后经济运行中的标志性活动。该书列举的很多事实表明，各个生产环节的交换流转，循环畅通，是生产增值中的关键。在人类创建的各种生产方式之中，商品市场经济是迄今为止投入产出最高效的制度。马克思曾说："流通是商品所有者的全部相互关系的总和"①。市场商品的流通、交易就是财富的增值与积累。"因此，商品必须全面转手。这种转手就形成商品交换，而商品交换使商品彼此作为价值发生关系并作为价值来实现"。②商品是一种物质，是没有生命的死物。马克思明确指出："商品不能自己到市场上去，不能自己去交换。因此，我们必须寻找它的监护人，商品所有者。商品是物，所以，不能反抗人。如果它不乐意，人可以动用强力，换句话说，把它拿走。为了使这些物作为商品彼此发生关系，商品监护人必须作为有自己的意志体现在这些物中的人彼此发生关系"③。这就是说，商品交换不是物品间的自行的交易，而是一种以物的形式掩盖着的人与人的相互关系。

这部著作解说多个具体案例，意思表达均包含这样一个观念：容许商品交换的市场不是凭空存在的，是存在于具体的社会之中，而每个社会的生产、交易均是按照特定的分工条件进行的，这类社会分工有些固定的生存要求，例如劳动人口、部门结构、社会必要劳动时间等。如此，人口活动、生产组织和市场配置等，这些组成了工商人类学，这个在中国近些年来风生水起的新学科所包含的各个研究内容，例如，工商组织管理、人类市场行为、心理与销售、民族特色商品等。该书以马克思主义为指导，紧密结合现实社会中出重大问题，特别是涉及经商、财富、道德等深层次理念和影响的现实纠纷，阐述了独到的见解和理论。

阅读此书，使人不由浮想联翩。在天下纷争的我国春秋时期（公元前770年—公元前476年）的乱世之中，最初建都于营丘（今山东省淄博市临

① 马克思．资本论第1卷［M］．北京：人民出版社，1972：188.
② 马克思．资本论第1卷［M］．北京：人民出版社，1972：103.
③ 马克思．资本论第1卷［M］．北京：人民出版社，1972：102.

淄区）的齐国经过14代国君的治理探索，第15代君主姜小白（公元前？—公元前643年）即齐桓公，他于元年（公元前685年）任命管仲（约公元前723年—公元前645年）担任齐国相，尊称为“仲父”。管仲认为国力强盛的重要条件，是“国多财则远者来”①，即唯有国家财富雄厚，那么远方的百姓便会前来归附。他制定系列经济政策并积极推行，“伸轻重鱼盐之利，以赡贫穷”，具体措施包括发展盐铁业，铸造货币，调剂物价，同时，“禄贤能”，整顿吏治，“齐人皆说”②。管仲相齐，“通货积财，富国强兵”③，即通过交流货物，积聚财富，使国家富足，使军队强盛。齐桓公于“三十五年夏，会诸侯于葵丘。周襄王使宰孔赐桓公文武胙、彤弓矢、大路，命无拜”④。意即在公元前651年夏，齐桓公大会列国诸侯于葵丘（今河南省商丘市民权县）。诸侯国君共同臣服的天子周襄王派使臣送来多种赠物，例如彤弓矢，即赤色弓箭，还有大路，即诸侯朝服天子乘坐的金车，并且宣旨不用跪拜便可接纳使用。这就是说，周朝王庭承认齐桓公为诸侯列国的头领。齐国至此，正式成为春秋诸侯国之霸主，史称齐国为春秋五霸之首。孔子曾感叹说：“管仲相桓公，霸诸侯，一匡天下，民到于今受其赐。”⑤

主要由于奴隶主阶级或地主阶级的本性所致，在数千年奴隶社会和随后的封建社会漫长历史时期，剥削阶级统治集团一方面严格禁锢民众自由耕作，遏制民间行商积财谋生；另一方面，垄断商业贸易，贪婪至极掠夺社会财富，这种两面手段是王公皇族统治的主要方式。例如在公元前202年，刘邦于山东定陶建国称帝，国号汉，建立了基本承袭又极大扩展秦朝的中央统一各地的国家行政体制。西汉朝廷在经济方面采取了一种对后世影响极大的做法，即苛刻地遏制民间贸易、垄断商业经营和暴力打击商人。“天下已

① （春秋时期）管仲等撰，李山，轩新丽译注：《管子·牧民》，北京：中华书局，2019.

② （汉）司马迁撰，（宋）裴骃集 解（唐）司马贞 索隐（唐）张守节 正义：《史记·卷三十二·齐太公世家第二》，北京：中华书局，2014年9月.

③ （汉）司马迁撰，（宋）裴骃集 解（唐）司马贞 索隐（唐）张守节 正义：《史记·卷六十二·管晏列传第二》，北京：中华书局，2014年9月.

④ （汉）司马迁 撰，（宋）裴骃集 解（唐）司马贞 索隐（唐）张守节 正义：《史记·卷三十二·齐太公世家第二》，北京：中华书局，2014年9月.

⑤ （春秋战国时期）孔子弟子及再传弟子汇编，陈晓芬 译注：《论语·宪问》，北京：中华书局，2016.

平，高祖乃令贾人不得衣丝乘车，重税以困辱之。”① 开国皇帝刘邦不仅禁止商人穿丝绸衣服和外出乘坐马车，而且用征重税的方式既置商人于财务困境又羞辱人格。再如，1368 年，朱元璋称帝，国号为大明。太祖朱元璋在建朝初年，颁布圣旨，禁止国人从事海外贸易，“初，明祖定制，片板不许入海”②。封禁海疆，打压商业，闭关锁国。更为严重的事件，是明朝的海禁政策被后来的清朝继承，前后两个皇朝的禁止国人从事海外贸易的政策前后延续400 余年，且后者有过之而无不及。遏商禁海，既祸害经济，又危害海防③，使中国在封禁制度的禁锢中日渐衰落。

“以史为镜，可以知兴替。”④ 虽然这是唐代贞观十七年（643 年）李世民的话语，但是对于今人来讲依然具有启示意义。吸收精华，摒弃糟粕，以人为本，服务于民，促进经济，提升国力，这就是此书传播的可贵理念。

三、一个典范：民族经济学

中国地域辽阔，山川河流众多，气候变化多样，勤劳智慧的各族人民依据当地自然条件，从事方式方法各异的资源耕作、加工生产，他们的劳动组织形式也各不相同。《经济人类学理论与实践》较为深入地选择性表述了一些劳动生产事例，提炼了典型性的经济与管理运行理论，尤其是别有特色的中国少数民族聚居地方的经济发展、社会转型以及相关的引领性理论。阅读之后，令人爱不释卷。

该书第五章“中国经济人类学先驱者学术要旨探析”由三节内容构成，分别表述了几位著名学者和他们的很有影响的学术理论，例如，享誉海内外的费孝通先生和他的著作《江村经济》⑤，国内驰名的中央民族大学施正一教授和他的著作《民族经济学与民族地区的四个现代化》⑥ 等。阅读着大师们的理论，眼前豁然开朗。

---

① （西汉）司马迁．史记卷三十·平准书第八［M］．北京：中华书局，1992.

② （清）张廷玉等编撰．明史卷二百五·列传第九十三·朱纨传［M］．北京：中华书局，1974（1）.

③ 楚鲁鹏．浅析明清海禁政策对山东海防的影响［M］．祖国，2017（1）：63.

④ （宋）欧阳修、宋祁编撰．新唐书·卷一一零·列传第二十二魏徵［M］．北京：中华书局，2003.

⑤ 费孝通．江村经济——中国农民生活［M］．北京：商务印书馆，2001.

⑥ 施正一．民族经济学和民族地区的四个现代化［M］．北京：民族出版社，1987.

我国人口中占据绝大部分数量和比例的人口是汉族，其余约10%是55个少数民族，他们主要居住在位于国土西部地区的5个民族自治区和15个民族自治州等地，诸如新疆维吾尔自治区、西藏自治区和甘肃省临夏回族自治州等。由于历史、地理等原因，西部地区一方面是少数民族生产方式更加丰富多样化，也相对国土东部沿海地区滞后；另一方面，是通过40多年改革开放，民族自治地区经济实现了跨越式发展。特别是随着“一带一路”倡议实施，新疆维吾尔自治区对中亚、欧洲扩大贸易，广西壮族自治区对中南半岛、南亚增加贸易，均取得了巨大的进步。当然，曾经长期性的历史、地理造成封闭、落后不可能在几十年间被消除，西部地区在目前不可避免地存在明显的相对经济滞后。正是基于这一点，该书的表述，既总结了这种历史差距，又归纳了大师们的观点，提炼和提出了加速发展的建议。

例如，在推进西部地区经济发展的历程中，从20世纪80年代开始，施正一教授主导创建的民族经济学科教育（包括硕士生、博士生学位教育，还有博士后培养，成为一个高层次体系），提出的加速发展战略、西部经济开发、边境开放与边境贸易、民族地区城镇化与乡镇经济等观点和理念，均都取得了公认的理论建树，形成了教学、科研和实践综合一体的创新体系。这位智慧的学者以毕生精力探索少数民族经济发展理论，他领导的学术团队服务于民族自治地区的人才培养。以中央民族大学中国少数民族经济研究所为一个核心基地，培养了一大批少数民族干部，提出了很多源于具体生产、高于社会劳动的经济理论。

回顾现代世界经济增长历史，曾经一个时期，欧洲、北美工业化国家学者们向各国宣讲他们的经济理论，例如库兹涅茨的《现代经济增长》、刘易斯的《经济增长理论》等，宣称广大发展中国家应该照搬执行。其实，这些貌似金科玉律，其实是从“经济—技术”狭窄孔道观望丰富多彩的第三世界，内在则是推行西方知识—权力框架所塑造的霸权关系。《民族经济学与民族地区的四个现代化》等著作阐述了全新的、密切结合中国实际的理论，强调在我国这样一个统一的多民族国家内，一方面，西部地区建设要充分考虑少数民族群众的特殊的经济需求，实行多种优惠政策，不断加速当地脱贫致富奔小康的发展速度；另一方面，东部沿海省市要在持续地赶超世界经济潮流的大前提之下，大力支持西部民族自治地方发展，让民族特色经济绽放异彩。汉族与55个少数民族谁也离不开谁，全国经济一盘棋，各民族携手共进，建设具有中国特色的社会主义国家。这就是民族经济学科理论的精髓，来自中国国情，凝聚于社会主义初级阶段理论，发力在促进西部民族自治区经济发展。

借助该书的引导和解析，无论是在校的学生还是社会研究机构人员，或者实际奋战与生产第一线的劳动者，他们都可以从阅读中明白事理，茅塞顿开，在理论和生产的诸多领域为建设国家作贡献。

四、掩卷难忘　启迪心灵

当今社会生产已经进入信息革命时代，人工智能、电子计算机、物联网等高新技术横空出世。《经济人类学理论与实践》不仅在一些章节内简洁精练地表述了这种状况，而且从一个新的人类学视角，揭示了其中深刻的与内在的联系。该书第四章对经济演变的人类学诠释中第三节网络时代与新经济表述了目前这个新时代的若干重要特点，沿着上下文表达的观点，读者定能够展开遐想的翅膀：

物联网勃然兴起，数据链条将远在万里之外的生产循环景象传输到人脸面前，电子商务以强劲的势能向传统产业渗透。亿万价值随着鼠标被轻轻一点，瞬间完成了曾经耗时日久的账户转换，货币流通、周转为农业和工业肌体保持活力输送血液。原先汽车工厂内人头攒动的操作员工已经被机器人代替，这个曾经改变了数千年农耕社会的传统的工业体系，外相上看陷于崩塌而实则孕育新生，恰如大作家郭沫若所说凤凰涅槃。能够给人世间带来幸福的使者凤凰，她“每500年自焚为灰烬，再从灰烬中浴火重生，循环不已，成为永生”。凤凰，“投身于熊熊烈火中自焚，以生命和美丽的终结换取人世的祥和与幸福。同样在肉体经受了巨大的痛苦和磨炼后它们才能得以更美好的躯体得以重生”①。唯一的不同是500年太久，信息产业技术更新替代只有几年，甚至几个月或者数天。

这部书表述了一个清晰的理论，社会生产尽管是对自然资源的加工利用，但是管控复杂经济运行，特别是实现低投入、高产出，则是依赖科学思维，或者管理经营。思维，这是生物界物种才拥有的精神活动。恩格斯曾

① 郭沫若著．凤凰涅槃（1920），女神［M］．北京：人民文学出版社，2000.

说："地球上的最美的花朵——思维着的精神"[①]。科学思维，创造性改造自然界，重新安排山川河湖，永续利用开发，这是人类独有的本领，引导着自身不断推进文明向前。

这部著作吸取和介绍了世界很多国家不同时代人类学理论，那些优秀思想协助芸芸众生，克服重重困难，建造工厂、学校和城镇等，那些精神之火花虽然燃烧于昔日，但是今天依然闪闪发光。必须强调指出，人类发展文明的历程漫长，自然界的变化隐秘重重，真正认识客观规律并非易事，社会进展时常犹如在黑暗中行路，此时，最需要的是创造性的思维，并且由那个优秀理论指导实践。从经济、管理和人类三者综合回顾世界历史，中国人奉献了改变世界的伟大创造发明。马克思指出："火药、指南针、印刷术——这是预兆资产阶级社会到来的三大发明。火药把骑士阶层炸得粉碎，指南针打开了世界市场并建立了殖民地，而印刷术则变成新教的工具，总的来说变成科学复兴的手段，变成对精神发展创造必要前提的最强大的杠杆"。[②]

总之，阅读《经济人类学理论与实践》著作，总是能从中获得新的精神能量，心灵得到启迪，这是笔者每次掩卷后最想说的话。

---

① 恩格斯．自然辩证法·导言，《马克思恩格斯全集》第20卷［M］．北京：人民出版社，1971：379.

② 马克思．机器、自然力和科学的应用，《马克思恩格斯全集》第47卷［M］．北京：人民出版社，1979：427.

目　录

第一章

马克思主义经济人类学发展概论

本章摘要

马克思创立的历史唯物主义思想，对经济人类学的发展具有重大的指导意义和深远影响。论述马克思主义经济人类学及其流派的思想起源和发展态势及其主要观点与理论缺陷，剖析马克思主义对经济人类学理论在问题意识、研究方法及研究对象上的启发作用和指导意义，梳理国外经济人类学前沿理论对若干社会发展问题的研究，包括世界发展的不平等性、“发展”的范式以及非规则经济等。在此基础上，对新时代马克思主义经济人类学的发展进行初步探析，强调其对于解决我国当前不平衡、不充分发展问题的巨大参考价值。

引　言

马克思主义经济理论体系，含摄了大量的对经济人类学之论述，体现了对经济问题的人文主义认识。卡尔·亨利希·马克思（Karl Heinrich Marx）晚年对路易斯·亨利·摩尔根（Lewis Henry Morgan）的人类学进行了深入研究和思考，并计划借鉴人类学的研究成果来改进自己的经济理论研究，从而为马克思主义经济人类学的产生与发展，奠定了最初的理论基石。国外马克思主义经济人类学的研究在莱斯利·怀特（Leslie White）和朱利安·斯图尔德（Julian Steward）时期，得到了一定程度的发展，并在马文·哈里斯（Marvin Harris）的文化唯物主义中达到了高潮。长期以来，马克思一直被西方主流社会视为党派斗争的支持者和激进的革命主义者，但他作为一名伟大的社会科学家之地位，依然得到了普遍的认可，其思想和理论似乎可被不带任何党派色彩地加以应用。因此，马克思主义的历史唯物主义基本范式，对于国外经济人类学的发展产生了深刻的影响①。

马克思既是一个社会学理论家也是经济学理论家，倾向于用一种宏观且易于理解的方式，将经济生活具体化在人类的体验上，从而为经济人类学家创造了富有积极作用的工具。马克思主义是在对黑格尔的辩证法进行批判和改造的基础上发展起来的。毋庸置疑，弗雷德里克·黑格尔（Fredrick Hegel）的学说，为经济人类学提供了关于人类社会系统结构演化的理论，主张社会系统的各方面结合为一个整体，为所有人的利益而井井有条地运作。马克思吸收了黑格尔关于事物发展的系统性和过程性的辩证法之合理内核，抛弃了其唯心主义和谐观，转而重点探索人类社会体系各部分间内在矛盾及发展过程，从而创立了考察经济生活、社会活动和文化变革之内在联系及辩证发展的新观念，即辩证历史唯物主义。综观马克思的研究，经济人类学问题的探讨始终在其理论体系中占有重要的地位。这主要散见于他在各个不同时期的著作以及晚年的读书札记中，内容主要涉及：古代社会史状况、阶级的起源及演化、人类社会形态的不同阶段等问题②。

经济人类学理论的发展，始终与近代以来人类社会生产实践及经济发展相伴随。在马克思的研究视野中，人类的生产实践、经济活动和社会关系以及它们之间形成的矛盾运动等，仍是他的经济学和人类学研究的热点，而人类的社会形态与经济制度的历史演变及其基本规律和内在逻辑等，又是其研究的重点，并由此实现了伟大的理论突破，创立了历史唯物主义。这就为经济学与人类学的研究提供了科学的世界观与方法论，使它们之间相互渗透和融合最终走向某种形式的统一成为可能，也使它们都能在更高级的层次上和更宽阔的视野中拓展各自的研究，不断地重新发现自己，不断地实现升级换代。这就为新时代马克思主义经济人类学的发展，提供了坚实的理论基础和广阔的研究空间。

---

① 乔治·马尔库什．马克思主义与人类学：马克思哲学关于“人的本质”的概念［M］．李斌玉，孙建茵，译．哈尔滨：黑龙江出版社．2011.

② 隽鸿飞．马克思的人类学研究及其史学意义［J］．学习与探索，2006（5）：1－5.

第一节　马克思主义经济人类学的理论源泉

马克思作为一个革命的理论家，力图扩展黑格尔的观点，即文化和国家应以和谐互惠方式服务于全体人民。基于对路德维希·费尔巴哈（Ludwig Feuerbach）强调个人与群体之间紧张和对抗观点的研究，马克思注重研究团体的思考和行动方式。马克思借鉴黑格尔历史不断向前流动的观点，以及费尔巴哈处理社会系统矛盾的方法，在对两者进行辩证综合及革命性改造的基础上，创立了自己的新思维（辩证历史唯物主义），并将之用于对人类社会经济活动和历史发展的研究，取得了伟大的理论成果，震撼了世界。

黑格尔的"辩证法"指出，历史之流应是两个相反之力，以一种能走向成长和完美的方式相互对抗，即某种新现象或观点会伴随着来自两者冲突的调和而形成的综合体出现，且整个过程循环往复，永不停止。这种范式为马克思提供了一种可应用在文化与社会变革上的历史理论和经济转化。马克思和弗里德里希·恩格斯（Friedrich Engels）在《共产党宣言》中提出，"资产阶级的没落和无产阶级的崛起都是无可避免的，具有历史必然性。"[①]为人类的未来发展指明了前进的方向，同时也为马克思主义经济人类学的发展提供了理论源泉。

由于马克思强调变革的潜在动力是物质的、经济的，而非主观想象的，因此，其方法被代表性地称之为"辩证唯物主义和历史唯物主义。"按照马克思的观点，物质和经济的因素居于主导地位，其他意识和文化等人类活动处于从属地位。与马克思同时代的历史学家托马斯·卡莱尔（Thomas Carlyle），致力于分析少数英雄对历史的影响[②]，在当时的社会具有较大的影响。在同一时期，马克思完成了《德意志意识形态》[③]和《共产党宣言》，

---

① 卡尔·亨利希·马克思，弗里德里希·恩格斯．共产党宣言［M］．成仿吾，译．北京：人民出版社，1978.

② 托马斯·卡莱尔．论历史上的英雄、英雄崇拜和英雄业绩［M］．周祖达，译．商务印书馆，2011.

③ 卡尔·亨利希·马克思．德意志形态［M］．中共中央马克思恩格斯列宁斯大林著作编译局，译．北京：人民出版社．1961.

强调客观物质因素的发展会引发社会关系变革和群众行动，批驳了卡莱尔的“英雄史观”，提出了人民才是创造历史的真正英雄之“群众史观”。对社会科学理论的发展，起到了至关重要的作用。

在社会科学史上，除了上述黑格尔辩证法和费尔巴哈唯物主义之外，人类学的研究成果也对马克思主义的形成产生了较大的影响。比如，美国人类学家摩尔根的研究，就对马克思和苏联的人类学以及美国的人类学产生了极大影响。19世纪早期，摩尔根居住在纽约北部，对研究易洛魁印第安人产生了强烈兴趣，并且开始研究人类文化变革的理论，在其名著《古代社会》一书中，他阐述了人类文化变革的一般性进程，提出了从较低级的野蛮主义到另一个极端“文明”的七种文化类型，呈现了发展式的文化观点。摩尔根认为，每个极端都有其不同的文化，也或多或少地展示出其特有的生活方式。他得出结论：不管是物质性的文化、经济制度中的社会关系还是生产方式都是社会演变的产物[①]。

马克思主义创始人对摩尔根理论的研究成果，反映在恩格斯后来所撰写的著作《家庭、私有制和国家的起源：就路易斯·亨·摩尔根的研究成果而作》[②]之中。这一著作不仅以丰富的历史材料支持了马克思的历史唯物主义，也让摩尔根成了马克思主义者非常看重的人类学家。因此，在东方世界，摩尔根的思想声名大噪，并成为东方人类学理论的基础。然而在西方学术界，摩尔根则受到了较多诟病。例如，英国社会人类学家阿尔弗雷德·拉德克利夫—布朗（A. R. Radcliffle - Brown）就指责摩尔根是基于各种推测而非真凭实据得出的结论，不足为训。直到20世纪40年代末期，这种状况都没有得到改善。

在20世纪早期，资本主义西方世界的经济人类学研究者把相对孤立的小社会看成是稳定的个体，因此，他们往往倾向于进行社会结构模型研究。直到1943年，莱斯利·怀特在其著作《文化的能量和变革》中明确指出，人均拥有的能量水平对于人类社会结构的演化具有十分重要的意义[③]。此

① 路易斯·亨利·摩尔根. 古代社会[M]. 杨东纯，马雍，马巨，译. 北京：中央编译出版社，2007.

② 弗里德里希·恩格斯. 家庭、私有制和国家的起源：就路易斯·亨·摩尔根的研究成果而作[M]. 北京：人民出版社，1972.

③ White L. A. Energy and the Evolution of Culture [J]. American Anthropologist，1943，45（3）：335 - 356.

后，怀特又在他的两部著作《文化科学》[①]和《文化变革》[②]中进一步充分发挥和详细阐述了他的这一观点。20世纪90年代，当怀特作为一名年轻的助教接受人类学家训练时，阅读了摩尔根关于易洛魁人的著作，并且在1929年游历苏联和乔治亚州时，以各种直接的方式接触了马克思、恩格斯的文献，特别是关于文明的本质和发展的理论部分[③]。这些经历启发了怀特进一步将文化转变和经济因素相联系，拓展了摩尔根和马克思的研究。但是，怀特较为谦逊地坚称他仅仅是对摩尔根、马克思和其他早期理论家们的理论内容作了一些扩展，并不承认其在方法论上有什么"新"贡献。

贯穿怀特著作的一个最基本的观点是：文化乃人类自身的一种管理机制，这种机制通过引导和规范人类行为，对能量进行有效管控，使之更好地为人类服务。所以，人类社会文化系统的基本构成就是技术系统及其衍生的哲学系统两者共同组成[④]。怀特的这一论述的确很大程度上体现了马克思的历史唯物主义观点。马克思在《政治经济学批判》[⑤]的序言中指出，生产关系的总和体系形成社会的经济基础，并且有作为政治、法律和文化等社会意识的上层建筑竖立其上。因此，这一基础与社会意识具有辩证的统一性，而物质生活中的生产模式又决定了经济基础以及社会、政治和精神过程的一般特征，人的社会性存在决定了人的意识存在。

怀特的《文化科学》将文化看作驾驭能量的机制，提出了三个有差别但却息息相关的元素：基础设施、中层结构和上层建筑[⑥]。"基础设施"包括文化中重要经济能量的生产方面，比如生产方式。怀特认为从长期看来，基础设施倾向于从其他变量中独立出来，并开始影响其他更低层次的变量。"中层结构"指的是社会关系，比如等级区别、政治安排等。中层结构既能

---

① 莱斯利·怀特．文化科学：人和文明研究［M］．曹锦清，译．杭州：浙江人民出版社，1988.

② White, Leslie. Evolution of Culture［M］. New York: McGraw Hill, 1959.

③ Barnes H. E. Foreword: My Personal Friendship for Leslie White. Essays in the Science of Culture in Honor of Leslie A. White［M］. Gertrude E. Dole and Robert L. Carneiro, eds. New York: Crowell, 1960.

④ White, Leslie. Evolution of Culture［M］. New York: McGraw Hill, 1959: 390 - 391.

⑤ 卡尔·亨利希·马克思．政治经济学批判［M］．北京：人民出版社，1976.

⑥ 莱斯利·怀特．文化科学：人和文明研究［M］．曹锦清，译．杭州：浙江人民出版社，1988.

被视作基础设施的从属变量，也能被视作独立变量。基础设施和中层结构都能影响上层建筑的组成部分，比如意识形态和宗教等，因此他们又被看作从属变量。

与怀特的研究关注文化演变的宏观层面不同，其他许多人类学研究者，如朱利安·斯图尔德就认为，相比于怀特的宏观性变革理论，他则更加重视某种文化个案，特殊性的具体文化，按他的话说就是“关心某种具体文化胜过文化本身”[①]。当关注特殊性的文化个案之时，文化的一般规律分析就显得不那么重要了，甚至会造成某种先入为主的干扰了。因此，他主要采用多线性分析来研究进化问题以及文化转型的机理，特别强调地位、方法和环境等多种因素的平等和综合作用[②]。斯图尔德认为，文化既可以是大规模的变革，也可以是特殊的局部的微小调整。其研究的基本特点就是强调技术开发和环境改变是探索行为模式的地域特点的方法论前提[③]。他运用“文化核心”这一范畴来研究文化转型过程中的问题，包括人们对重大经济事件的态度以及由此采取的行动和建立的关系，也包括了许多与经济生产没有直接联系的人的活动。

E. R. 瑟维斯（E. R. Service）和马歇尔·萨林斯（Marshal Sahlins）等人则又进一步补充了斯图尔德和怀特的一些论点。他们强调文化演变的两个方面：其一，文化能够通过自身的适应性来不断调整并创造出层出不穷新旧交替的多样性；其二，新旧交替的进化推动了文化进步，使得高级的文化形态取代低级的文化形态而成为主流[④]。他们的著作与斯图尔德和怀特等人的著作一起，被看作是马克思和摩尔根的人类发展思想重新注入西方人类学主流理论所获得的重要成果。这些成果当然也是我们今天发展马克思主义经济人类学所应借鉴的重要理论资源。

从20世纪60年代开始，在社会人类学领域内，受到马克思历史唯物主义的影响的“文化唯物主义”已经在该领域发挥了持久的影响力，宣扬这

① 朱利安·斯图尔德. 文化变迁的理论［M］. 史徙华，译. 新疆：允晨文化实业股份有限公司，1984.

② 朱利安·斯图尔德. 文化变迁的理论［M］. 史徙华，译. 新疆：允晨文化实业股份有限公司，1984.

③ 朱利安·斯图尔德. 文化变迁的理论［M］. 史徙华，译. 新疆：允晨文化实业股份有限公司，1984.

④ L. A. 怀特序，托马斯·哈定，大卫·卡普兰，等. 文化与进化［M］. 韩建军，译. 浙江人民出版社，1987.

种范式的杰作是马文·哈里斯的《人类学理论的兴起》(*The Rise of Anthropological Theory*)[①]，表面上其是关于人类学思想的客观历史研究，实际上却印证了马克思主义分析方法的科学性。哈里斯采用的系统理论观点，强调一个改变会不可避免地在整个系统中引发其他改变。哈里斯赞同马克思的观点，认为能源的生产和利用对文化和社会生活影响深远。哈里斯将社会看作是存在于文化和生态环境下，由内在相联且互相影响的部分组成的系统，以有效的方式拓展了早期的马克思主义经济人类学模型。

作为一个唯物主义者，哈里斯相信文化是被设计的，是用于满足人类需求和欲望的机制，并集中研究搜集和生产必需品的方法，比如社会对能源的需求以及开发环境所需要的技术，如技术、工作模式、粮食的收获和生产方法等。由于哈里斯关心能源需求和能源管理，因此，他强调再生产问题和控制人口水平。故而，人类社会存在两种适应环境的方法：其一是生产能源/食物；其二是控制（或不控制）社会对能源和食物的需求（采用再生产和人口控制策略）。哈里斯主张将能源/食物的搜集和再生产方式相结合作为基础设施，这乃是对莱斯利·怀特观点的深入细化和精炼提纯。

在社会模式和人际关系构成的社会结构研究中，哈里斯将社会结构分成两个部分，即政治经济和国内经济。政治经济是指在社区内外管理生产、再生产和贸易的组织和机构，政治经济同时也管理物品、服务和能源的消耗以及能接触到剩余资源的人，比如精英群体。国内经济则是指住宅、家庭和关系模式等，包括微观层面的社会组织、本地交通、消费方式和再生产。哈里斯用上层建筑这个术语，以一种宽泛和复杂的方式展示怀特所说的基础建筑和社会结构，其包括行为和精神的构成。行为模块包括文娱活动、艺术、运动、民俗、审美和品位等一些现象。精神的上层建筑包括社会中的习惯性思维模式、人们对世界的理解方式、面对的挑战、评价人的方式等其他相关事物。

哈里斯认为，社会是趋向于成为稳定状态的系统。类似的技术在类似的环境中使用，就会产生类似的生产与再生产、分配与再分配的结构，因此就导致形成类似的社会群体形态，人们于是会有着类似的信仰体系与价值取向，并通过不断的合作博弈和试错纠偏而达成某种劳动协作和共同生产，从而最终收敛于某种稳态系统。如果对人类的经济活动和文化行为进行研究，

---

① Harris, Marvin. The Rise of Anthropological Theory [M]. New York: Thomas Crowell. 1968.

首先关注的就应该是人类社会的经济生产与文化生活所赖以存在的物质条件，也就是要考察技术—环境—经济—文化的内在决定机制和作用机理，就像我们要首先考察自然选择以便对不同时代的生产及再生产顺序进行研究一样。哈里斯接受马克思主义的观念，强调指出社会生活的内在决定因果链条为，基层结构——中层结构——上层结构，即为了满足人类社会的种种需要，物质资料的生产和再生产具有第一重要性和逻辑前置性。基层结构这一先在条件提供社会家庭和政治经济产生和发展的基础，而反过来，后者又会引导人们形成一定类型的符号、观念、价值与仪式，并以此来巩固一定的政治经济统治和社会家庭地位。

哈里斯关于人类社会演化的观念认为，物质性的基层结构首先变迁，随后是经济性的中层结构和文化性的上层结构相应作出变迁以及再变迁①。其中，社会结构和政治关系包括亲属关系、社会阶层、政治组织和战争冲突等。最终，上层结构也是由精神结构组成的，比如意识形态和认知模式，而意识形态和认知模式，比如宗教、艺术、音乐、舞蹈和运动等也被包括在上层建筑中。总体来说，文化之本就是受基础设施影响的结构，这种模型基本上就是对马克思在《德意志意识形态》② 中强调的经济作用的重述。当然，文化唯物主义受益于马克思之后超过一个世纪人类学研究的新发展，在一定程度上丰富和发展了传统人类学，使之显得更加科学严谨，更加具体而微。这一理论路向，可以看作是马克思主义在经济人类学中的具体运用。

文化唯物主义认为，社会文化系统的普遍结构依赖于人类本性的生物和心理常数，也取决于思想与行为、主位与客位之间的区别。马克思认为文化注定会像某一个具体的方向发展，而社会的经济基础必然对基于其发展的一切产生重大影响作用。基于这种思路，文化唯物主义者提出了分析模型和方法来预测文化的活动和发展趋势。简而言之，基础设施常常影响其次要变量，即结构的主要变量，反过来，结构又成为主要变量，凭借其自身的力量来影响成为次要变量的上层建筑。西方多数论者认为，文化唯物主义是一种科学而无党派的，用于解释文化如何发展和发展原因的手段，同时也是一种被修改和完善过后的马克思主义。当代经济人类学家对这种变化常常抱有非

---

① 孙晶．马文·哈里斯的文化进化论与文化唯物主义［J］．山西大学学报（哲学社会科学版），2000（1）：47－49．

② 卡尔·亨利希·马克思．德意志形态［M］．中共中央马克思恩格斯列宁斯大林著作编译局，译．北京：人民出版社，1961．

常浓厚的兴趣，因为建设健康而成功的组织，必须能够理解需求和欲望如何随着时间而转变以及文化何以时常改变。这当然也应该成为新时代马克思主义经济人类学研究的重点领域。

第二节 马克思主义经济人类学理论要旨

经济人类学这门学科，是20世纪40年代和50年代在西方国家兴起的。在其早期发展阶段，主要侧重研究原始人的经济社会生活。随后出现了60年代关于“形式与实在”的争论，此后又是70年代左翼思潮带动下新马克思主义思潮的滥觞。它的研究领域日益显得多样和广泛，几乎囊括所有积极性和经验性的有关人类经济制度以及经济行为的研究，包括市场营销、性别定位和非正式经济等交叉性及综合性的主题。传统的经济人类学，在研究方法上主要采用田野调查和民族志记述，重点是对前工业社会非发达地区（欧美以外）的封闭性、分散性和小规模的社会进行研究。因而，从社会科学主流的研究视野来看，这是一种孤立与静态碎片化式的经济人类学研究方法，因其缺乏对问题的全面和纵深的系统分析，故而很难科学地把握人类社会发展的内在规律。为克服其这一严重的局限性，越来越多有成就的当代经济人类学家，在对非发达地区（欧美以外）的社会进行研究时，都不同程度地运用了马克思主义学术观点，力图用辩证唯物论的视野和发展的观点来分析人类社会经济形态的演化过程①。

上述讨论的马克思模型研究了群体反应，而非个人反应，此外，也应用了科学的方法，而非人文学方法。恩格斯说马克思的工作是“科学社会主义”，从而与关于美好未来的乌托邦相区分，后者是空想家威廉·莫里斯（William Morris）天马行空创作出来的，而马克思早期曾抱有更加人文主义的观点，在《1844年经济学哲学手稿》中，马克思探讨了一些人文学或人类学的问题，例如，人的异化或人的疏离问题。西方许多论者认为这些著作可以让我们近距离了解更加真实的马克思。

马克思认为，在19世纪不断兴起的工业化生产系统紧紧地控制着人们

---

① 王燕祥．马克思主义对当代经济人类学的影响［J］．世界民族研究，1979（2）：38－41.

的需求和极限，削弱了个性精神，导致人们的关系越来越异化或疏离。马克思研究了现代社会是如何从劳动力、创作行为和人们自身这三个方面让人们异化或疏离的。比如，工厂环境减少了人们在劳动力结构方面的制约因素，因为工作流程日渐被严格的管理方式所控制，而且，这种无人情味的规定、盲目重复的工作难以给工人带来成就感，因此，工作变成了枯燥的任务，工人感觉不到成就感或满足感。马克思用“商品化”这一词来形容为谋取现金价值的非人道行为（减少人们劳动结果的过程）。马克思认为，尽管很多工作场所已变得越来越人性化，但仍存在潜在的非人道因素。因此，当人们被迫与自己以及与他人疏离时，或者变为内在的精神猥琐，或者表现为外在的敌意和对抗①。

法兰克福学派已经充分应用了马克思关于人的异化或疏离的理论，又叫批判理论，开始了一项寻求更加宽广、多学科观点的马克思主义导向的运动。批判理论倾向将马克思理论的各个方面与其他学科相结合，以创造关于人和经济之间的关系更健全的模型。久而久之，批判理论就吸引了更多的学者，包括文学评论家、历史学家和其他人文学者。此学派的代表人物有赫伯特·马尔库塞（Herbert Marcuse）、艾里西·弗洛姆（Erick Fromm）、狄奥多·阿多诺（Theordor Adorno）、卢·利文斯（Lew Lowenthal）和麦克斯·霍克海默（Max Horkheimer）。在20世纪60年代，法国哲学家让·保尔·萨特（Jean Paul Sartre）采纳了马克思主义思想作为“我们时代的哲学”，这是让存在主义以及后来的诸如后结构主义和解构主义的知识运动更加充分接受人文马克思主义思想的起源。20世纪70年代，批判分析的潮流发展到美国，此后一直影响深远，因此，人文马克思主义是一股很强大的力量，这种理论思维与之前讨论的科学社会主义有很大的不同。这也为新时代马克思主义经济人类学的发展提供了丰富的资源。

马克思的经济理论对古典经济理论的突破，主要体现在对资本主义的批判和解析方面。马克思主义经济理论科学地论证了资本主义的基本矛盾是生产资料资本主义私人占有制与人类的社会化大生产越来越不相适应的矛盾，它越来越成为生产力发展和人类的进步的障碍。资本主义在越来越不能驾驭人类的社会化大生产的同时也培育出了自己的掘墓人——随着社会化大生产

① 卡尔·马克思．《1844年经济学哲学手稿》研究：文集［M］．中共中央马克思恩格斯列宁斯大林著作编译局，译．长沙：湖南人民出版社，1983.

的发展而发展的工人阶级。人类未来的发展，就寄托在工人阶级的身上，因为人类的其他阶级（包括现在还占统治地位的资产阶级）都会随着社会化生产力的发展而衰落，只有工人阶级会随其发展而发展。因此，通过工人阶级的领导并借助它的日益发展的力量进行社会变革，就会使人类发展到更高的阶段。马克思在对商品、劳动、价值、土地、资本等这些古典政治经济学的基本范畴展开分析的基础上，还充分借鉴了当时欧洲先进的理论成果（如德国古典哲学和法国空想社会主义），抽象出了一个关于资本主义社会的客观体系，并通过这一客观体系科学地阐释了当时的社会矛盾和人们的观念冲突[①]。

尽管早期马克思曾推崇空想社会主义，并从其对资本主义劳动关系的批判中抽象出了人的异化和劳动异化的观念，但在后来的研究中，马克思强调了经济活动的首要因素是物质资料的生产，并把资本增值归因为生产劳动过程中工人为资本家创造的剩余价值的积累。马克思在《资本论》中深刻地论证了商品的价值实体乃是社会化的抽象劳动，资本正是商品发展到连劳动力也成为商品之时，通过剥削劳动力创造的剩余价值而成其为资本，当市场配置资源成了社会生产和再生产得以进行的主要手段，资本家控制的生产资料和雇佣工人的有机结合就推动了人类社会生产力的大踏步前进[②]。马克思还从其历史唯物主义的观点出发，对资本主义以前的各种社会经济形态演化过程进行了分析，一直追溯到史前人类的阶段，并从摩尔根等人的人类学著作中获益良多，晚年做了大量的人类学研究，留下了大量的人类学笔记。

正是通过这种经济学与人类学交叉结合研究，使马克思洞悉了资本主义社会的本质，而将其看成是对人类过去社会形态的溶解剂，而它最终也要被新的社会形态所溶解[③]。马克思还因此阐明了前资本主义社会形态的溶解以及资本主义所导致的人类生存状态的严重异化和激烈冲突，正是在资本控制下的雇佣劳动和生产资料的新型结合中所蕴含的[④]。但从人类历史演进的视

① 王德峰．论马克思的资本批判的原则高度［J］．江苏社会科学，2005（6）：42－48.

② 丁晓安．“资本雇佣劳动”及其产权逻辑批判——基于马克思主义劳动价值论的反思［J］．管理学刊，2011（4）：24－27.

③ 田广，罗康隆．经济人类学［M］．银川：宁夏人民出版社，2013.

④ Wilk, R. R. & Cliggett, L. Economies and Cultures: Foundations of Economic Anthropology [M]. Boulder, CO: Westview Press, 1996: 30.

角来看，资本主义使我们摆脱了自然依赖和人身依附的前资本主义的落后状态。因此，资本主义曾经大大促进了人类生产力和新社会经济因素的发展。马克思对人类发展阶段的科学划分和对经济活动规律的深刻把握，为当今经济人类学的发展奠定了科学的理论基础。

在马克思的经济学与人类学研究以及两者的结合研究中，阶级范畴无疑扮演了比较重要的角色。在马克思和恩格斯合著的《共产党宣言》中，他们明确指出，正是商品经济的发展使商业逻辑浸淫了社会生产的绝大部分之后，资本主义之前人类社会中较为复杂多样的秩序、身份和阶级状况才逐渐演化和简化为无产阶级和资产阶级这两大阶级之间的斗争，并成为决定着今后人类社会发展的内在矛盾。当然，他们也认为，一些旧社会残留的阶级在特定条件下仍然会在新社会发展中产生较大的影响，人类社会从来就是一个波浪螺旋演化发展的复杂巨系统，切忌简单化和教条化地看待经济因素和人类发展的关系。他们的这些思想为当今经济人类学的新发展提供了具有穿透力的独特视角。此外，马克思关于生产力与生产关系之间矛盾运动推动人类社会发展的理论，也给当今经济人类学的研究提供了科学有效的工具，使得研究者们在面对如今纷繁复杂瞬息万变的人类社会之时，有了探索前行的指南而不至迷失方向。

当前人类社会的政治、经济和文化等活动，与哪怕是最近的一百年前相比，又发生了许多巨大的变化，有的甚至是质的飞跃，使得全球化又达到了全新的水平。例如信息科技革命带来的生产方式和生活方式的变化就令人惊叹连连甚至猝不及防。几乎是在不经意之间，借助这些现代科技而拓展和深化的几乎无孔不入的网络联系，将全球不同民族、国家和阶层等都紧紧包裹在一起并越来越加速融合，形成了人类命运共同体。当此之时，经济人类学的研究如果继续固守传统的典型对象，只做显微镜式的考察，已经远远不能适应新时代发展的需要了。世界各民族、各国家和各阶层等都在自觉或不自觉地加紧打破封闭、孤立和沙化的状态，渴望融入全球化的经济、社会和生态等等的有机开放大循环体系。而融入这一大循环体系的形式与程度，或者说人类命运共同体的发展所达到的水平，也必然成为决定广大发展中国家或民族改变其落后状况的重要因素。

所有这些新变化新发展，都为新经济人类学的发展提供了广阔的研究空间。为此，新型的经济人类学研究在研究方法和研究对象上都要进行重大的调整或重心转移，更加注重从宏大视野对动态联系进行考察，才能对人类的经济社会发展形成更加全面和深刻的认知。而被一些人批判为过于“宏大叙事”的马克思研究经济人类学的方法，恰好适应了研究当今全球化新时代人类社会经济发展的客观需要。西方许多优秀的经济人类学研究者，正是自觉或不自觉地运用了或接近于运用了马克思的研究范式，结合对民族志述和田野调查的深入细致和长期大量的研究，并实证考察了广大发展中国家的经济发展状况及其面临的困境，在此基础上产生了一批优秀的论著，取得了一些颇有价值的研究成果①。

马克思所进行的经济人类学研究，当时主要是为研究资本主义工业生产的特有规律服务，他深入分析和阐明了在这一特殊阶段中人类历史发展的新纪元和新转折的内在经济逻辑。但是，马克思也通过解剖资本主义工业生产这一特殊案例而进一步揭示了他的历史唯物主义思想。因此，包括列宁在内的许多人都认为，在马克思那里，经济学与哲学等社会科学是高度统一有机融合的，它们不分彼此地共同为揭示人类社会的发展规律服务。为了走出当前经济人类学的研究低谷，这种“宏大叙事”的综合性的研究方法也正是我们所急需的。马克思的经济人类学研究还启示我们，“西方中心主义”的经济人类学研究否认非西方社会的自主演化，其实是一种包含了种族主义偏见和唯心主义臆想的妄自尊大的思想观念，它必然成为人们全面认识人类演化规律的巨大障碍。如今全球化的深入发展和人类命运共同体的日益成型也越来越证明了此点。马克思和恩格斯在维多利亚时期，通过对资本主义工业生产的特殊规律进行研究，就已经明确无误地揭示了这一点。这是他们的伟大之处。尽管很多人也误认为马克思恩格斯也是“西方中心主义”者，但熟知他们的人都不会怀疑，他们的思想是真正的人类主义和世界主义甚至是生态主义的典范。如今全球经济形态的发展已经处在由传统工业化升级换代为信息化生态化的过渡时期，我们如何善用马克思的启示，探索新时代马克思主义经济人类学的发展，则是我们理论工作者义不容辞的重大责任。

---

① 王燕祥．马克思主义对当代经济人类学的影响［J］．世界民族研究，1979（2）：38－41．

第三节 可资借鉴的西方经济人类学发展新趋势

20 世纪 70 年代和 80 年代，随着人类学在应用领域的发展，西方许多人类学研究者在发展机构供职。因此，发展问题，例如发展中国家的经济问题，尤其是农业发展方面的问题，也就成了他们关注的热点。美国发动越南战争的惨痛教训，使得一些人类学研究者感到了前所未有的困惑。他们模糊地意识到，对于贫困无助的人们而言，原有的经济学和人类学的知识或许被错误地应用了，政府旨在对落后地区居民进行帮助的反贫困决策，往往不能帮助他们解决贫困问题，反而使他们更深地陷入了贫困的漩涡，甚至导致毁灭。于是，许多人类学研究者开始怀疑原来的经济学与人类学的发展理论，他们试图进行某种新的结合，探索经济人类学的新方法和新视域。为此，他们开始走向实地调研，对具体项目的运行过程和机制及其如何造成对人们日常生活的影响进行了深入的考察。

与此大体同时，依附理论的兴起也吸引了许多人类学研究者注意探讨政治关系如何导致反贫困的发展战略和政策出现悖论：以帮助穷人为名而最终实际是为富人服务，贫富两极分化还是日益拉大。例如，许多打着绿色革命旗号的援助项目，原意是准备以生态的手段来提高当地的粮食生产效率，结果却使许多贫困的农民因为无法适应这种变革而被迫离开故土流入城市贫民窟[①]。结果就是，既没有解决农村贫困问题，还造成了新的问题——城市贫民窟问题开始凸显。这些实践中发生的悖论和矛盾，就为新时代经济人类学发展提供了极具价值的问题和议题。其中，关于贫困和发展的关系，非规则经济与超越发展以及可持续发展与新增长这三个方面的研究值得我们重点关注。

---

① 罗康隆，田广．论经济人类学与社会发展问题［J］．吉首大学学报（社会科学版），2013（5）：15－22.

一、关于贫困与发展的关系问题

有关贫困和发展的关系问题研究，西方研究者一般都坚持运用经济人类学传统的形式主义方法论为其指导，并且常常倾向于作出这样的学理分析和事实描述：贫困是因为“非理性”和“非逻辑”，从而将贫困的原因主要归咎于贫困者自身行为偏差。其实，这种观念恰恰是长期的种族歧视和文化偏见所导致的结果。事实与他们的这种看法相反，贫困者自有其理性和逻辑，而且往往能更加合理高效地、更加谨慎忍耐地利用他们所能获得的极其有限的资源，创造出人间神奇。他们重点聚焦于腐败现象、税务体系、政策公平和政府机构等方面的研究，因为它们会导致发展中社会的诸多严重问题，例如规模移民、都市颓废、地下（黑市）经济、贩吸毒品、摧毁雨林等经济、社会、生态和文化危机。克利福德·格尔茨（Clifford Geertz）的研究就是这方面的杰出代表，类似的研究奠定了此后经济人类学“文化转向”的基础。比较有代表性的是他的三部论著：《农业内卷化》采用传统的范式对爪哇经济模式进行了研究，并试图从中找出它之所以不发达的原因；《小贩和王子》对爪哇的市镇经济模式进行了研究，他将其区分为两种理想模型——“集市型”与“公司型”，前者代表大多数人自发的分散的街道经济活动类型，后者则与之相反，是指占少数的但比较集中化规模化的并由国家法律加以保护的企业，它们之间通过市场竞争和经济计算展开活动并力求避免发生危机。“公司型”的企业为了减少竞争获取优势则会寻求国家权力机构为其提供某种保障，以使它们的资本积累能够比较顺利地实现。而“集市型”的人群则是一盘散沙的竞争性个人主义者们的活动，因其孤立、分散和弱小等不利因素，他们的资本积累很难达到较高的规模和水平①。《尼加拉》重点研究的则是“集市型”，主要探讨个人如何在竞争性市场中进行合理性选择，同时他也指出，“集市型”存在的问题乃是国家霸权或国家垄断资本控制经济运行的条件下的必然产物②。

在当今的政治性改革导致了社会生产、居民生活以及企业路线发生巨变

---

① 〔美〕克利福德·格尔茨. 地方知识：阐释人类学论文集［M］. 王海龙，张家瑄，译. 北京：商务印书馆，2014.

② 〔美〕克利福德·格尔茨. 尼加拉：十九世纪巴厘剧场国家［M］. 赵丙祥，译. 上海：上海人民出版社，1999.

之时，许多现代人文学科转向了个人主义为取向的价值观和方法论。经济人类学研究者正是在这样一种氛围之下，开始参与探讨经济全球化与不平等发展之间的关系这一重大问题[①]。他们倾向于这样的结论：国家越发展和强大，国家的社会权力以及资本主义企业垄断也会跟着发展和强大，它们也就越有成为国家垄断特权主体的更大可能性[②]。随着"发展"问题日益成为我们时代的主题，越来越多的经济人类学研究者开始关注"发展"问题。但是也有论者批评他们的研究结果往往"不是在认真调研经济的增长和下降之间内在关系基础上得出的结论"[③]。工业革命时代，主流理论一般认为，在资本主义条件下，"发展"包含彼此相关的两个含义：获得资源的增长以及为了进一步增长所导致的对资源的破坏。这就是这个"发展"概念的内在矛盾悖论和恶性循环，也是许多经济人类学研究者常常用来批判资本主义制度的切入点——在这样的"发展"逻辑下，贫困国家和地区的人们所面临的悲惨遭遇和所付出的沉重代价。詹姆斯·弗格森（James Ferguson）的《反政治的机器》[④] 就揭示出莱索托发展项目的存在的严重问题——以当地农民脱贫致富为目标的经济行动，最终却以城市居民的利益大幅提升而告结束。他的另一部著作，《现代性的前景》通过对赞比亚产铜区居民的生活状况进行考察，也发现了同样的问题和悖论。他在该著作中的经济人类学研究也借鉴了一些自由贸易学派的观点（如伊古德曼等曼彻斯特学派的观点）进行分析[⑤]。因此，整个思路存在明显的二元论的特点，好多问题的研究并未透彻。

贫困与发展问题研究促进了跨学科的合作以及空间范围内学术分工的细化。在20世纪50年代和60年代，占主导地位的观念认为，现代化就是使世界变得更加丰富多元而又有机统一。因此"传统"的东西应该被"现代"的东西包含和超越。例如，资本家们通过拥有和控制资本这一关键因素，将

---

① 许婧．西方经济人类学理论发展的历程［J］．西南民族大学学报（人文社会科学版）2010（1）：56－60.

② 寿思华．坚持公有制是社会主义的核心（下）——马克思主义社会主义是必由之路系列研究之二［J］．改革与战略，2017（9）.

③ 陈庆德．昆明：发展人类学引论［M］．昆明：云南大学出版社，2007.

④ Ferguson，James. The Anti－Politics Machine：Development，Depolitization，and Bureacratic Power in Lesotho［M］．Minnesota：University of Minnesota Press. 1990.

⑤ 詹姆斯·弗格森．现代性的前景［M］．杨芳，王海民，王妍蕾，译．北京：社会科学文献出版社，2017.

科技与教育，民主与法治等因素以城市为中心重重组合起来。虽然这会导致不平等问题的加剧，但由此带来“发展”的收益将会补偿那些不利方面，最终还是能改善大多数人的生活状况的，于是不平等问题的加剧似乎变得可以接受。但是随着20世纪70年代资本主义经济危机的日益严重以及马克思主义理论的广泛传播，研究者们开始意识到这样的“发展”观念对人类社会的进步是极其有害的。这样的发展最终造成了发展中的穷国对资本主义发达富国的依附性越来越大，被动融入其控制的全球资本体系中，并居于低端和外围的地位，无法实现自身真正的发展。在这种情况下，它们要发展就要求发达资本主义国家退出，改变自己零和游戏中的边缘人和受害者的地位，但是一旦脱离了全球资本体系，他们的发展又会因丧失了外部的支持而陷于困顿。这一典型的两难处境与福斯特（Foster）论著中提及的“好农民”所面对的困境恰好相互印证①。

如何解决整个西方工业化发展过程中日益凸显的城市贫困与物质进步之间的矛盾，始终是经济人类学者关注的重点问题。他们习惯于运用计量经济学的数学模型来试图精确量化“贫困”问题，并高度关注具有较强技术性的测量和计算。虽然这些数学工具的应用对研究很有意义，但如果属于“宏大叙事”的定性问题上不正确，数学工具就会暴露出它的巨大局限。对此，曾获诺贝尔经济学奖的华西里·列昂惕夫（Wassily Leontief）极其尖锐地指出，对数学建模的过度迷恋和不加甄别地滥用，恰恰暴露了我们研究内容的贫乏以及理论的缺失②。国际经济研究机构及欧盟高级经济顾问、波兰前副总理格泽高滋·W. 科勒德克（Grzegorz W. Kolodko）对于主流经济学的数学崇拜也不以为然，他曾经不无深刻地指出，主流经济学家中许多人太过自信，以为他们的那些数学模型都是唯一正确的，可以包打天下。也就是说，他们完全漠视了人类经济活动在不同人文环境条件下的变化性和复杂性。经济学在这些人那里真正就成了“人（类）学空场”，只见数学公式而不见人及其文化。众所周知，经济学和人类学的研究范围和对象都是极其宏大和复杂的，数学的抽象和拟合只是权宜之计，未来真正进步的科学的经济学研究，它的数学工具应该越来越简明，而文化背景的嵌入则会越来越深

① 田广，罗康隆．经济人类学［M］．银川：宁夏人民出版社，2013：66－67.

② 〔美〕华西里·列昂惕夫．经济学论文集：理论、事实与政策［M］．北京：北京经济学院出版社，1991.

人。也即是说，经济学研究将含摄越来越多人类学的内容，进行更多的文化研究[①]。这也为新时代马克思主义经济人类学发展提供了契机。

二、非规则经济与超越发展

迈克·戴维斯（Mike Davis）在其论著中用“贫民窟中的一颗恒星”来描述第三世界国家的城市。他写道：“街道充满着小贩、乞丐、小偷、骗子、搬运工、皮条客、的士司机等不同的人群混合体，热热闹闹充满生气。但他们几乎没有从一份‘真正的工作’中获得过什么好处以便维持其生计”[②]。在狄更斯的作品中，出现了很多这种现代早期街道经济的名字术语，像“地下”“监管”“隐藏”“黑市”“第二经济体”等。如果说人类学家在对官僚主义和民族主义的激烈批判中并没有兑现多少关于发展的诺言，那么，他们至少在对发展的研究过程中贡献了“非规则经济”（或“非正式经济”）这一概念和范畴。

实行“文化转向”之前比较有影响的人类学研究，是上文曾提到的克利福德·格尔茨（Clifford Geertz），他曾著有四部关于经济人类学的书，其中最有代表性的《小贩与王子》论述了关于印度尼西亚企业家们存在的两面性的问题。他指出，大部分印度尼西亚爪哇的城镇居民进行的经济活动是“集市型”街道经济[③]，而“公司型”规则经济的主体则主要是西方的现代股份制企业，它们受到国家法律的保护，并根据规则来计算和规避风险和系统化地进行资本积累。这就是韦伯等人所定义的所谓“理性企业”。与之相比，“集市型”经济则是个人主义和分散性的竞争，几乎不可能进行资本积累。更为不利的是，官方只承认现存的企业，而他们的经济活动则是“非规则的”或“非正式的”的，其资本积累受到了起点和规则的双重限制而几乎不可能成功。这样一来，集市模型必然败给公司模型，而后者在19世纪后期，随着规模化生产和企业流水线的发展，它会更加增强垄断地位而成为国家资本主义的基石[④]。这就是资本主义体系下为何贫富两极分化问题会

① 格泽高滋·W. 科勒德克. 主流经济学过时了［J］. 中国经济周刊，2013（14）：66－67.

② Davis, M. Planet of Slums［M］. New York: Verson, 2006.

③ Geertz, C. Peddlers and Princes: Social Development and Economic Change in Two Indonesian Towns［M］. Chicago: University of Chicago Press, 1963: 26.

④ 马克斯·韦伯. 经济与社会［M］. 林荣远，译. 北京：商务印书馆，1997.

越来越严重的主要原因。

一些世袭的王室王子继承工厂之后继续聘用政府雇佣军，很少管理这些企业或者完全没有按照经济原则进行管理。他们让自己的工人在任何环境下工作，不管利润如何，重要的是维持自身追随者。这是一种与资本主义的规则经济或理性企业相对立的模式。哈特在完成对西非城市内贫民窟中经济规则极度不合理的地方的研究之后，便尝试将他的经济人类学经验传达给发展经济学家①。路易斯在关于发展经济学家的二元模型中，尝试将农业劳动力迁移到城市的市场，这种尝试对正式和非正式名词的概念建立起着很重要的影响。正式和非正式方面的经济是联系在一起的，因为非正式的想法在继承制度上对于组织社会而言，是沿着正式的路线来努力的。

在关于“发展”问题的政策决策层，“第三届世界城市失业”问题所造成的恐慌，就是20世纪70年代全球性经济危机的主要体现。政府和企业的习惯性思维就是特别注重所谓“正规就业”。在马克思和凯恩斯等人的经济学观念中，也特别强调国家在经济发展和增长中扮演的关键角色。但今天令人困惑的问题在于：“我们”或官僚和顾问们如何提供住房、卫生和就业？等等。而需要这些的人们或称之为“他们”的又是些什么样的人？如果不会发生“什么”——例如城市暴乱或革命的幽灵再现，那么因“失业”而导致大量危险人群骚动的大萧条场景是否就不会发生？这整个的故事和一连串的设问，与哈特在阿克拉贫民区超过两年的领域工作经验不同。他想说服发展经济学家放弃习惯性思维认定的“失业”的模式和想法，研究更多基层经济。他没有太大的理论野心，只是试图在关于工业化发展面临问题的持续辩论中，插入不规则的经济活动，建立这样一个特定的民族志的学科视野。根据一些极不发达地区和国家（例如肯尼亚）的资料，在他们的国际劳工部门中，“非正式部门”已经成了使用频率极高的关键词，并据此可以帮助顾问和官僚们作出决策②。可以这样认为，一个“非规则经济”的想法，具有二重性的含义，这既反映了官僚主义（国际劳工部门）的发展，也反映了民族志意义上的“人民”的发展。

在新自由主义影响下，使得世界经济以及国家经济在“正式”与“非

① Hann, Chris & Hart, Keith. Economic Anthropology [M]. Cambridge, UK: Polity Press, 2011: 112-116.

② Bangasser, P. E. The ILO and the informal sector: an institutional history [M]. Genvea International Labour Organization, 2000: 8.

正式”的区别上越来越模糊，机构精简、企业外包和劳动临时合同等几乎遍地开花；对公共职能进行自由化改革并没有减少腐败，而只是使得腐败现象更加普遍化或半公开化了；非法武器以及毒品走私行业似乎爆发性地增长了；“知识产权”的争夺成了新的全球化战争；假设中央和地方是整个国家的利润驱动器，利润就总能钻到法律的空子，挖掉法律的墙角，使法律最后成为利润的守护神和保护伞。官僚机构和国家政权的制高点或迟或早会在市场狂热的氛围下由非正规经济接管。典型的例子是，大部分（70%—90%）非洲国家，已然承认“非规则经济”是合法的，它允许资本主义非法形式融入原有经济体系，相互渗透难分彼此。于是整个非洲似乎就成了一个庞大的“集市型”经济体，一个外来垄断资本可以肆意运作榨取财富的冒险家乐园。这其实是非洲为何深陷贫困泥潭难以摆脱的重要原因之一。古哈（Guha - Khasnobis）认为，“非规则经济”作为新自由主义所推动的全球化结果之一，已有很长的历史。从传统的角度来看，也许我们会歧视“非规则经济”的活动，但久而久之似乎习以为常不足为怪了。但是，如果怀抱着真诚的提高贫困地区生活水平的发展愿望，那么在现实情况之下，我们还是不得不尝试着运用政府权力来协调和引导自我组织的发展[①]。

如果说，第一次世界大战前10年的全球化，是以大规模欧洲人口迁移到温带地区，大量亚洲“苦力”迁移到热带地区为标志，那么，今天与之不同的则是大量的发展中国家贫困人口迁移到西方发达国家和地区。垄断的西方资本操控着大规模崛起的工业文明时代的世界经济，促使富裕家庭从殖民地的廉价劳动力中脱颖而出，但可惜数量比例还是不高。现在，巴西提供最低价农产品，中国提供最便宜制成品，印度提供最廉价信息服务，俄罗斯提供最好性价比的受过较好教育的移民等。当然，伴随着大规模移民潮从贫穷国家的涌入，西方发达国家的本国劳动者也面临着前所未有的激烈竞争，这也是新自由主义全球化经济政策面临新的问题和挑战。资本全球化的程度如此迅速和深入，使得生产、消费、交换、分配以及积累等似乎都扩展到全球资本大循环中来进行，例如久处边缘的亚洲就是在最近几十年间迅速融入其中了。但种族、宗教、文化等的无形壁垒仍然森严，因之造成的收入差异的鸿沟非但没有缩小反而拉大了，这已然成为这个真正的资本全球化的一个

① Hann, Chris & Hart, Keith. Economic Anthropology [M]. Cambridge, UK: Polity Press, 2011: 116.

普遍现象，它在各种规模和各个层次上不断地复制着发展着[①]。

三、可持续发展与新增长理论

随着人类经济、社会、生态以及文化等危机的日益严峻，使得大家不得不开始对当前人类的组织原则进行深入的反思，以重新构想更加合理模式。经济人类学者对此责无旁贷，他们不仅要研究人们处在全球不平等问题日益严重的条件下，贫困地区如何就地组织起来形成合力以缩小与富裕地区的差距，而且还要研究如何在发展名义下，使社会可以创造出更多实实在在的财富，大大增加其总量。现在，世界上越来越多的国家开始重视发展过程中对生态环境的保护，纷纷提出“可持续发展”战略。这一战略的前提是，现在的穷人们不能再模仿富人们的生产生活方式，那样就必然导致地球环境资源难以为继。因此，人类必须寻找一种创新的模式，使穷人、富人和环境之间能实现共赢。为了发展经济和限制人口之间实现耦合，西方及亚洲一些国家再次对“有限增长”理论产生了兴趣。这一理论是 20 世纪 70 年代由梅多斯（Meadows）等人首先提出的[②]。富人精英们向来都很担心贫困人口的无限制膨胀会影响自己的生活水平提高甚至威胁自己人身财产安全。但残酷的现实是，现在贫困人口确实达到了全球较高的比例，并且最近的将来还看不到大幅降低的可能。

内生增长理论即新增长理论则认为，假定开放与经济增长之间存在因果关系，但它承认经济增长的原因是复杂的以及由人力资本的积累所决定。新增长理论侧重于研究由技术投资所引发的经济增长。因此，相对于新古典经济模型，新增长理论视技术为一个内生变量。无论是由私人还是由公共部门所实行的 R&D（研发）活动都认为会增加经济中的技术存量，其中的一些也许会促进创新和技术进步以及增加利润。因而，R&D 通过影响全要素生产率促进经济增长，在资本和劳动力既定的情况下，新技术使生产方式更有效率。

新增长理论强调 R&D 活动和创新的人力资本的重要性。人力资本存量

① Hann, Chris & Hart, Keith. Economic Anthropology［M］. Cambridge, UK: Polity Press, 2011: 118.

② 〔美〕德内拉·梅多斯，乔根·兰德斯，丹尼斯·梅多斯等．增长的极限［M］．李涛、王智勇，译．北京：机械工业出版社，2006.

的增加不仅有利于创新，并且有利于整合其他领域发展的知识。因此，该理论认为经济的长期发展与致力于研发的人数增加有关，因为它对创意的增加有积极的影响。因规模报酬递增，人类知识的进步将会使创新的成本下降[①]。总之，人力资本的增加，会促进技术创新，而这些从长期看会促进经济增长。

随着开放性的日益重要，新增长理论承认国内制度的重要性。开放性经济社会的知识产权保护和经济增长之间有着密切的联系。通过构建一个有利于技术创新和知识积累的环境，知识产权将有助于经济增长。另一个关于知识产权的争论来自其静态和动态效果。一般来说，在静态环境中，知识产权并不是福利最大化，因为在一轮创新后，理性的企业家便成为合法的垄断者。然而，一旦创新发生，外溢效应便可能扩散到经济体中的其他部门。研发活动需要大量的沉没成本，如高层次人力资本的建立，因而临时性的垄断是需要的。如果新发明被广泛的知识产权制度所保护，继续进行创新的激励将会变得更大。

在动态环境中，专利保护是合理的，因为市场参与者从事有风险的活动，促进技术进步并且扩散到其他部门，这对社会进步是有益的[②]。在全球范围内，知识产权的保护也有非对称的影响：有效的知识产权保护有可能并不会使每个国家的福利最大化。知识产权的净进口国也许需要付出更多的特许权使用费。因此，国内知识产权制度的建立，其本身可能无法保证经济增长。一方面，发达国家倡导知识产权需要无歧视性地保护，这样市场力量足以推动技术创新。另一方面，发展中国家认为无歧视性的知识产权保护可能会阻碍本国的 R&D，并且它们怀疑私营跨国公司会转移最新技术和支持国内学习。现在看来，发展中国家的知识产权保护还须在借鉴发达国家经验的基础上有自己的创新和特色。同时，还须和世界上大多数国家保持良好的知识产权合作关系，在互利共赢的基础上，把提升自主创新能力作为自己的核心目标，并搭建起良好的交流平台是创新成果能更快更好地转化为现实生产

---

① 潘士远，史晋川．知识吸收能力与内生经济增长——关于罗默模型的改进与扩展［J］．数量经济技术经济研究，2001，18（11）：82－85.

② Dunning J, Narula R. Foreign direct investment and governments: catalysts for economic restructuring [M]. London: Routledge, 2003.

力，从而形成良性循环加速发展态势①。

根据新增长理论的假设，因不合理的机制所导致的与外部 R&D 接触较少通常与较低的生产力增长率有关②。由于跨国界的外部性和知识外溢是不可避免的，发展中国家的全球经济一体化将有助于其经济增长。Diao 等人论证贸易开放影响对外国 R&D 的吸收：如果一国能有效地利用外国技术，收益将显著③。Lederman 和 Maloney④ 检验了 R&D 投资和发展模式，验证了虽然发展中国家 R&D 投资回报率更高，但是其他制度变量应该计算到 R&D 投资决定中。尽管发达国家投资回报率较小，证据表明其在 R&D 有更多的投资。这表明拥有国家创新机制的国家可以更好地融入世界经济。

总之，基于新增长理论的假设，有政策导向的文献表明，贸易开放和外国直接投资是促进外溢和生产率增长的重要渠道。由于新贸易议题包括技术密集型的行业，例如通讯服务、理论和实证的争论对贸易政策和贸易谈判有重要的影响，并且有可能影响国内的 R&D 政策。因此，知识产权的保护已经是当代贸易议题中最有争议的问题之一，并涉及有关政策空间和国内制度建立的争议。这也是新经济人类学发展过程中必然重点关注的议题。

本章小结

从卡尔·马克思到路易斯·亨利·摩尔根，再到现代文化唯物主义人类学，整个基本过程为研究经济和技术模式与文化、社会系统与意识形态的相互影响提供了相关工具。然而很多研究马克思理论的学者只关注了单线发展，比如莱斯利·怀特研究在文化和经济历史上的一般性趋势，其他的多线模型则承认了不同文化有不同的发展方式。这些马克思社会学理论的变体都十分重要，因为他们提供了坚固的模型来预测经济人类学家感兴趣的课题：

---

① 王亚星，周方．开放经济体中知识产权与经济增长关系的实证分析［J］．重庆大学学报（社会科学版），2015（1）：61－68.

② Schiff M, Wang Y. North－South and South－South trade－related technology diffusion：an industry－level analysis of direct and indirect effects［J］. Canadian Journal of Economics/Revue canadienne d'économique，2006（3）：831－844.

③ Diao X，Roe T，Yeldan E. Strategic policies and growth：an applied model of R&D－driven endogenous growth［J］. Journal of Development Economics，1999，60（2）：343－380.

④ Lederman D，Maloney W F. Research and development（R&D）and development［J］. Policy Research Working Paper Series，2003，3（3）：327－350.

经济实力的变化如何引发相应的行为变化，这个变化又如何反作用于经济发展。从系统理论观点来看（按照马文·哈里斯的看法），这些模型就更加重要了。当经济人类学家分析未来趋势，研究特定人群在市场中、在生产中，甚至在日常生活中的反应时，马克思主义经济理论就提供了非常具有实际意义的指导。

随着实践的展开，世界和经济的“发展”概念，被不同时期的学者们重新加以定义。第二次世界大战之后，随着新兴科技广泛运用于工业生产以及战后重建拉动了经济高速发展，使得富国更富、穷国更穷的两极分化也发展了，全球不平衡发展的问题变得相当严重。研究发展问题的经济人类学研究者向来就对世界不平等和发展不平衡等问题非常关注，于是他们把人类学田野调查方法大量应用到对这些问题的研究中，对于发现问题和解决问题作出了较大的贡献。他们发现，“非规则经济”其实在很多情况下乃是对“规则经济”天然的必要的补充。这种体现着个体之间激烈竞争关系的“非规则经济”，在其经历各种严酷条件的考验而顽强生存之后，最终往往能被官方所认可而有机融入当地的“规则经济”之中，并促进了它的演化过程。可以这样说，有关可持续发展和超越发展等社会经济新增长理念的提炼和弘扬，经济人类学研究者功莫大焉，善莫大焉。可持续发展仍然是时代的主题，无论是发达国家还是发展中国家，都应该为此而努力。在开放性的经济环境背景下，内生增长理论仍然是经济增长的理论基础，创新、R&D 活动和知识产权保护是关注的重点。

总之，马克思主义人类学能够把达尔文的生物进化论与人类发展论对接起来，使得马克思的历史唯物主义得到完善和发展，而马克思主义经济人类学则是为之提供深入、精确和具体理论基础。另一方面，马克思主义经济人类学也是经济学与人类学不断发展和相互渗透的产物，它将人类行为的经济逻辑作为研究对象，从而使经济学的研究拓展到人类学领域，又使人类学的研究精确到经济学水平，从而使得无论是经济学还是人类学的发展都迈进到一个新的阶段和新的境界。传统的西方经济人类学主要是以西方知识史和传统方法论来研究人类行为的经济逻辑，局限性无疑是巨大的，其研究成果经常被其他领域的社会科学家认为过度微观和非典型而使其理论与实践的价值大打折扣。新时代的研究者必须在马克思主义的指引下，用更广泛的视野和更科学的方法来考察人类的行为及其经济逻辑，才能发现关于人类社会发展的更多真理。具体而言，经济人类学不仅要开展跨领域研究，还要扩大到历史的中观和宏观层次，以实现马克思主义的显微镜与望远镜的有机结合。今天，我们在习近平新时代中国特色社会主义思想的指引下，为解决人民日益增长的美好生活需要与不平衡不充分发展这一主要矛盾，正在积极进行各方面的实践和探索，马克思主义经济人类学的新发展因此也具有了现实需要的紧迫性。它的发展正当其时，值得期待。

第二章

马克思主义经济人类学理论要旨

本章摘要

马克思既是一个社会学理论家也是经济学理论家，他晚年学习借鉴路易斯·亨利·摩尔根（Lewis Henry Morgan）的人类学理论和研究成果，将之运用到其经济理论中，增添了对经济问题的人文主义认识，从而为马克思主义经济人类学的产生与发展奠定了基石。以揭示人本身的奥秘为基本要义的马克思主义人性论，是我们用以从事一切社会科学研究的重要武器。从对马克思和涂尔干关于人性及经济发展理论的比较出发，不难发现马克思对人性及社会功能的独到见旳，使之成为马克思主义经济人类学三大理论学派的重要思想源泉。以此为基础，从理论、研究内容及贡献等方面入手，对英国社会人类学、法国新马克思主义和美国马克思主义这三大马克思人类学主流流派进行梳理和说明，强调马克思主义经济人类学研究者，对社会发展研究所作出的突出贡献，为我国马克思主义经济人类学的本土化研究提供可参考的先例。

引　　言

卡尔·马克思（1818—1883）的研究与写作生涯长达40多年，其作品涵盖哲学、历史、经济、政治和广泛的时事。他是政治及学术的追随者和批评者，至今，马克思的理论作品已被翻译成数百种语言并出版发行。如果仅谈人类学，马克思主义的书目会很容易地填满整篇文章，但是我们就不能公平地评价超过这些文献碎片的真实价值。在第一章的研究中，我们对马克思主义经济人类学思想起源及其各流派的发展态势、主要观点与理论缺陷，进行过初步梳理，揭示了马克思主义思想理论对经济人类学在思想意识、研究方法上的启发与指导意义。在对国外经济人类学前沿理论对世界发展的不平等性、非规则经济及可持续发展等若干社会问题研究进行分析整理的基础上，对新时代下中国马克思主义经济人类学的发展情况做初步探析，并结合党的十九大报告内容，阐述了马克思主义经济人类学对解决我国当前发展不平衡、不充分等问题的重要指导意义①。本章拟在笔者之前研究的基础上，从马克思作为一个哲学家的角度，来认识探讨其对人类社会活动动机的研究，并与涂尔干对人类社会的概念进行对比。

人性的解放，是马克思主义的基本出发点和最终归结点。针对彻底的社会科学而言，马克思曾经指出，所谓彻底就是抓住事物的根本，而人的根本就是人的本身。因此，以揭示人本身的奥秘为基本要义的马克思主义人性论，是我们用以从事一切社会科学研究的重要武器。什么是人性？马克思主义认为自由的意识活动就是人类的族类最根本的特征。这种自由的意识形态，使得人们能在自己创造的世界中直观地看到本身的力量。对于马克思而言，意识是不能简单地靠宇宙学或群体成员的礼节性经验来定义的，相反，意识是被一个更基本的人类活动来定义，这就是工作②。受涂尔干和马克思的人类经济学思想的启发与影响，在人类学界诞生出了三个主流理论体系。一是E. E. 埃文斯·普里查德（E. E. Evans - Pritchard）、A. R. 拉德克利夫·布朗（A. R. Radcliffe - Brown）和迈耶特长（Meyer Fortes）的英国社会人类学；二是马克思主义的历史宏观经济，包括依附理论（dependency theory）和世界体系理论（world systems theory）；三是法国和美国的新马克思主义者。本章就上述内容从应用与影响的不同维度进行探讨。

第一节　马克思关于人性与经济发展的理论

马克思把政治因素直接注入经济学的研究。个人主义的新古典主义学派

① 杨东昌，田广．新时代马克思主义经济人类发展探析［J］．学术前沿，2018（08下）：88－103.

② Eduardo del Río. Marx for Beginners［M］. New York，NY：Pantheon，2003.

是明确不与权力挂钩的，而是确定个人是自主的决策者。人们的选择直接反映了自己的喜好和利益，并受到自己所接触到的信息种类所限制。只有符合自己目的时，人们才会工作更努力，而人们创造的社会是个人选择的延伸。如果人们呼吸污染的空气，饮用不纯净的水，吃不健康的食物，人们就会付出努力来结束那些事情。同样，人们如果想要清新的空气和足够健康的食物，就会为此付出努力。这种观点坚持个人主权是绝对的立场。持这种观点的学者认为，如果政府通过了清洁空气和干净水的法律，它就限制了人们的选择，把成本转移给不想要的人①。

马克思跟涂尔干一样，认为人的经济理性深深嵌入社会中，人们属于群体，人们的选择反映了其没有权利的社会和历史结构。跟涂尔干思想不一样的是，马克思认为社会并非一个统一团体、并非一个单一的利益集团，社会上有因为拥有不同财产而被定义为不同阶层的人存在，他们有自己相应的工作，不同阶层之间存在相互争夺和冲突②。他们为了支配和控制权利而奋斗，其意识被他们在社会中的位置所定义，并把政治贯彻到社会生活的各个方面。马克思认为，政治不是领导者个人或政党的平台，而是由人们的经济利益所定义的不同阶层之间无可避免的冲突。他认为，阶层而非社会定义了其成员的意识和社会分工。因此，马克思从不平等与同质性开始研究分析，包括对权利和财产分配不平等问题的研究分析，这正是新古典主义所主张的个人主义所未能解决的问题③。

虽然马克思说过阶层塑造了人的意识，但他从未断言阶级或社会力量可机械地决定人的意识。他一向认为，人类制造了其生活的世界，因此也可改变这个世界。要了解社会与个人之间的相互关系，我们需要学习马克思对人性概念的理解，并深入分析其历史缘由。马克思曾指出，人类与其他物种之所以不同，是因为我们在群体中共同工作，真正的人类生活是不可能不属于一个工作社区的。他认为，即使没有迫切需要，人们也必须工作，因为“自觉的活动”是我们“人类物种”生活的一部分。因此，在一定意义上

---

① 杨长云．公众的声音：19 世纪末 20 世纪初美国的市民社会与公共空间［D］．厦门大学，2009.

② 李慧男．马克思《1844 年经济学哲学手稿》中的私有财产思想及其当代价值［D］．中共北京市委党校，2016.

③ 凌新，高园．论权利的不平等——马克思主义平等正义观的基本原则［J］．江汉论坛，2004（9）：8 – 11.

说，人类通过劳动建立自己，因而不同于其他物种[①]。

工作或劳动，是马克思分析社会生活的中心基石。通过工作，我们表达自己，发现我们是谁，行使我们的自由，并可重塑我们自己和我们的身份。在马克思所向往的经济体制下，劳动是价值的最终和唯一形式。人们并非总要保留自己的劳动产品，他们可相互合作并交换自己劳作的产品。如果产品以生产其所需要的工作量相对应之比例来交换，则反映出其真实的“使用”价值。马克思认为，这种形式可能存在于很早、非常原始社会。但随后所有的人类群体中，相对于人们生产的价值，人们通过交换可获得或多或少的新价值[②]。

马克思将人们生产所得的真正价值，与他们所需要生存价值之间的差值，定义为剩余价值。这一剩余价值是了解经济的关键，因为它是人们产生的超出其生存所需的价值，而这种价值又可用于再生产中，因为它是“额外”的，所以可以用于投资或用于改善生产领域。通过从根本上追寻剩余价值的流动和流动方式，例如它来自哪里、被何人取走，我们便可以从根本上定义社会本质和社会流动性等概念[③]。

借鉴欧洲历史和路易斯·亨利·摩尔根（Lewis Henry Morgan）在美国的民族志研究，马克思根据社会的不同发展阶段以及不同的社会类型来追溯提取剩余价值的发展路径。在马克思去世后，恩格斯完成了其光辉巨著《家庭、私有制和国家的起源》，这是一本对马克思主义经济人类学形成具有重大影响的著作，在这部著作中恩格斯指出，提取剩余价值的第一种形式发生在家庭中，妇女和儿童生产的剩余价值被丈夫和父亲取走。在社会中，剩余价值是通过奴役和强迫劳动，并通过贡物和税收而提取。而在资本主义体制，剩余价值是从工人身上提取的，并以工人生产所产生的价值和工人得到的工资的价值之间的差额的形式所体现[④]。

马克思和恩格斯认为，所有这些系统的不平等，从根本上是源于私有财产的分配，因为社会制度保护财产和分配特定权利给某些人，例如男性、户

---

① Karl Marx, Friedrich Engels. Karl Marx, Frederick Engels: collected works [C]. New York, NY: International Publishers, 1975, p. 276.

② 冯海波．马克思“劳动”与“资本家”概念的原生态意义［J］．前沿，2011（9）：8－11.

③ Richard R. Wilk. Economies and cultures: foundations of economic anthropology［M］. Boulder, CO: Westview Press, 1996, p. 85.

④ 弗里德里希·恩格斯．家族私有财产及国家的起源［M］．张仲实，译．长春：新中国书局，1949.

主、贵族或工厂所有者等享有特殊权利者。私有财产是提取和积累剩余价值的基本手段。事实上，很难想象一个没有私人财产存在的世界。马克思和恩格斯记述了这一事实，使之成为他们分析历史和社会的关键要义。马克思在波恩和柏林大学学习的期间（1835—1841年），历史知识大多是关于唯心主义的。随着时间的推移，人们的观念随着学习、所受启示和经验而转变。随时间的进展，社会也确实在逐渐地改变，因此，对于乔治·黑格尔（Georg Hegel）这样的哲学家来说，书写历史意味着追溯思想和信念。

马克思说，黑格尔把事情完全弄相反了，人们的思想并没有也不可能形成历史。相反，历史的形成必须通过物质方面，主要是生产系统方面，包括对劳动产品斗争中所涉及人的真正理解。马克思说，思想主要是社会阶层、经济结构和社会地位的产物。思想虽然能使经济结构调整合理化，但思想并没有能力决定该结构的形成，而是由物质生活的生产方式决定了社会、政治生活过程的一般特征。它们的存在并不是由人们的意识决定的，相反，它们的社会存在决定人们的意识①。为了表明社会的物质基础是如何改变历史的，马克思把社会制度分为三个部分。

首先，有一个“经济基础”。这包括工具和技术、人们的生产技能和劳动、人们为了工作而形成的社会群体（生产力量）以及由于剩余价值的移动所形成的人与人之间不平等的特定关系（生产关系）②。

其次，在这个基础之上是“上层建筑”，包括两部分。第一部分是法制和政治系统。这命令和调整着整个社会，不过通常服从于经济上占统治地位的“法律—政治上层建筑”所在社会群体的直接利益。第二部分是思想体系，包括宗教、哲学和宇宙观，又称为“思想上层建筑”。它解释了经济体制并使其合理化，并以此来说服富人与穷人双方，其主旨思想认为社会工作的方式是“自然”。

最后，经济基础和上层建筑的捆绑通常被称为一种“生产方式”。虽然该术语有时仅被限指为“基础”。马克思认为，一个社会及其历史发展的动力是由生产方式决定的。马克思定义了几种类型的生产方式，包括封建主义型和资本主义型；后来的学者用世界历史上更大范围的比较社会和经济数

---

① 吴兴明．从价值论看上层建筑与经济基础的关系［J］．四川大学学报：哲学社会科学版，1991（4）：38－42.

② 马英华．经济体制改革与上层建筑改造［J］．学术研究，1985（5）：40－43.

据，来定义其他社会形态的生产方式类型，我们可以粗略地以图 2－1、图 2－2 的概念图表示。

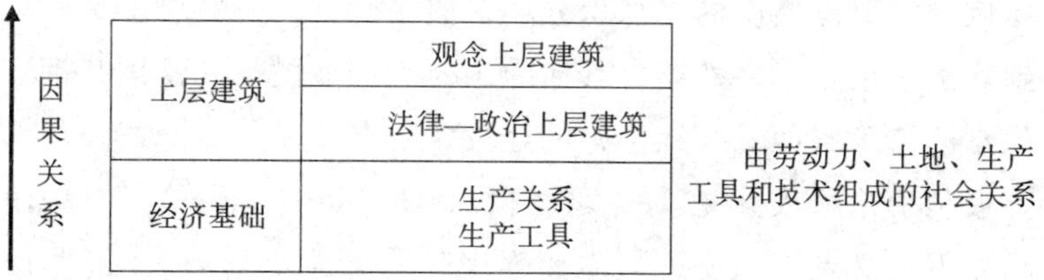

图 2－1　由生产方式所组成的社会形态

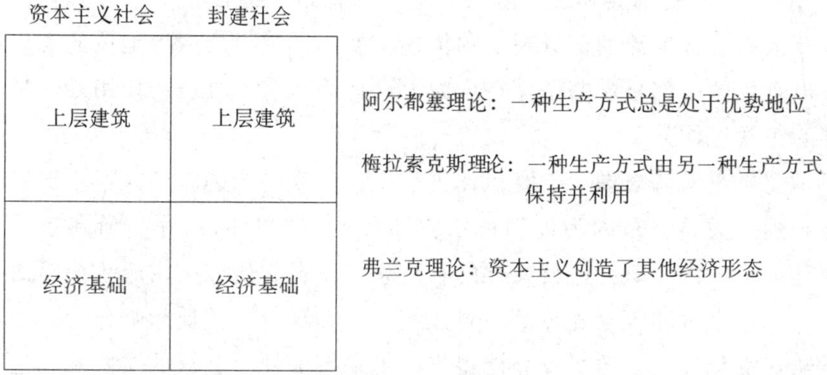

图 2－2　社会形态包括两个或者更多个相互关联的生产方式

注：法国结构马克思主义者认为，经济基础是上层建筑的决定性因素，资本主义的生产模式总是与其他生产模式紧密相连的。

毫无疑问，马克思把基础视为每个生产方式的支配因素。这也引起很多反对的声音，谴责他的是一些机械唯物主义者，他们认为物质经济世界直接决定了所有人类社会的一切。这种谴责的力量是很薄弱的。马克思补充说道，他所定义的基础包括人与人之间的关系，还强调社会的各部分存在永恒的相互关系，任何一部分是不能简单决定其他部分的。而且，部分之间也并不是天衣无缝地合作的，期间总会充斥着各种矛盾和冲突，威胁着社会秩序。尤其是，当意识形态试图掩饰这个不完美、不平等的系统，并使其尽量理性和正当化时，此时的冲突将是历史得以向前发展的永恒推动力。

意识形态和思想观念，已经成为现代人类学在马克思主义理论争议和辩论的一个最有趣的领域。马克思的早期追随者主要是关注于：发现培养并鼓励阶级意识，使工人意识到他们是如何被资本家剥削和划分的。据推测，这种意识会导致工人认识到他们的共同利益，并共同努力来推翻剥削制度。早期的马克思主义者认为，阶级意识是理性的、独立的，并远不同于涂尔干所说的群体认同是更深层次的无意识立场。假以时日，马克思主义者将会清晰地意识到除了阶级立场之外还有其他的东西，例如民族和性别，都会影响着人们认识自己和了解他们在社会中的地位。

从意大利理论家安东尼奥·葛兰西（Antonio Gramsci）（1891—1937）开始，马克思主义者开始反思“思想意识”与“意识形态”。葛兰西问工人甚至奴隶，法西斯主义和种族主义是怎样压迫和伤害他们的思想的。葛兰西的“霸权”，是指精英和统治阶级的主导思想始终包含一些对穷人和无权的人以及他们日常生活的部分现实的描述。换句话说，占主导地位的意识形态只说出真相的一部分，并使其在表面上讲得通，它们真正的作用是保持剥削制度的正常运作①。

马克思主义者对虚假的意识作出纠正，认为一个国家的人们不能看清统治与剥削的关系，是因为他们被宗教和其他“群众的鸦片”所迷惑了。葛兰西是最早专注于研究流行文化的马克思主义者，研究的内容主要是流行音乐、艺术、宗教和大众媒体等，对人们意识和身份的重要影响作用。他们认为，流行文化和大众传播媒介使得当时不平等的社会大众的头脑和嘴巴很难反抗和挑战剥削他们的社会系统。

流行文化是现代资本主义阶层动态的关键因素，这也是马克思主义理论的主要研究思路，例如，哈贝马斯（Habermas）专注于有影响力的法兰克福（Frankfurt）学校的社会学和哲学学说②，这也是非常有影响力的英国马克思主义理论家威廉斯（Raymond Williams）所研究工作的中心问题。

第二节　马克思关于资本主义的理论

20 世纪 80 年代后，人类学家进一步扩充了“霸权”的概念。葛兰西的“霸权”概念最初只谈到阶级意识，但人类学家现在讨论的“霸权”上升为

---

① 仰海峰．葛兰西的霸权概念研究［J］．山东社会科学，2005（11）：39－44.

② Habermas J. Communication and the evolution of society［M］. Boston, MA: Beacon Press, 1979.

“文化霸权”概念。“文化霸权”研究者们思考思想意识、礼仪、地区、艺术和其他符号系统是如何运作以及使人们相信世界是按照自然规律运作的，并引领他们接受社会上总是有些人权利凌驾于其他人的情况。这种霸权主义和强权政治的更一步的讨论可以追溯到皮埃尔布迪厄非常有影响力的书——《实践理论纲要》（*Outline of a Theory of Practice*）（1977）[①]。后来的研究者虽然基于马克思主义的方法，但是研究成果远远超过马克思，包括给予世界各种思想、信仰和符号，使人们更加明白社会的工作和生产系统。

在马克思的日常研究中较少关注人类学和社会学，他一生都在研究资本主义经济制度这个经济系统。在他的分析中，资本主义的基础是生产资料私有化，这使所有的共同财产转变为少数人的私有财产。使人类劳动转化成商品，意味着人类劳动像土豆或者其他物品一样在市场上购买和出售。

马克思说，在资本主义制度下，社会被划分成一个小的拥有生产资料（资本家）和一个广泛的无产阶级。无产阶级是没有生产手段，只能靠出卖自己劳动力来维系生存的社会阶层。资本主义持有工人劳动生产创造的剩余价值，并用它来进一步积累和发展资本。马克思以此为基本分析制定出了一系列资本主义生产方式的“运动定律”，并已被证明是非常准确的[②]。他预计，公司将变得越来越大，并寻求建立垄断。而资本家将投资越来越多的机器和技术，推动不断的技术创新，这会导致繁荣和萧条、扩张和紧缩的持续性经济周期。他还预见到了行业不断寻求新的和更廉价的劳动力的趋势，这将降低许多行业的工资。

他还做了许多没有引起人们注意的预测。首先，他设想的经济会越来越倾向于受国家或中央协调控制（这显然只是发生在世界的一部分国家或地区）。其次，他预计社会将出现更大的两极分化，富人和穷人之间形成更大的分裂。但是，他没有预料到工会的成功和中产阶级的持续壮大。最后，他预计工人将日益显现出阶级意识，从而导致更多的阶级冲突，来夺取实际经济工作生产资料的所有权。

在这一点上，我们可以看出马克思和涂尔干之间的异同。他们都主张人类社会的性质和经济是社会力量的产物，而不是由个人决定或行动决定的。

---

① Bourdieu, P., & Nice, R.. Outline of a Theory of Practice (Vol. 16) [M]. Cambridge, England: Cambridge university press, 1977.

② 吴兵. 马克思经济伦理思想的方法论特色及其当代价值 [J]. 理论与改革, 2012 (6): 32-34.

他们认为，人的意识是由社会关系决定的，他们一点也不信任常识和实践理性。双方提供了一个整体的角度，认为经济活动是社会关系的一部分，是不可分离的。此外，他们都使用一个渐进的、历史的分析框架来把社会划分为几个类型和阶段。

不同的是，涂尔干强调所有社会功能的统一性，但马克思则关注不平等的现象，马克思认为，不平等会不可避免地导致冲突而产生改变；涂尔干强调了社会融合和稳定功能，而马克思强调基于生产关系地位不平等的动力导致社会阶级冲突。由于马克思把社会分为不同的群体，群体之间为了共同的集体利益而一起合作。他把我们引向对权力、对资源的控制和政治问题的关注。因为他密切关注经济上的差异，所以针对不同的社会形态，相较于比涂尔干，马克思提供了更详细的经济术语①。

很多经济人类学家的灵感来自马克思。如今，马克思主义学者仍然为“马克思到底是如何解释的”，在外界看来是很次要的问题而争论不休，而且争辩的场地蔓延至不同领域，包括人类学和许多其他社会科学（有一些以“反思马克思主义”和“辩证人类学”为标题的期刊）。但“马克思主义人类学”的大体观点是相当清楚的：

集中研究权力和剥削的议题；

关注冲突和变化；

物质生产系统和财产所有权的出发点；

分析由于财产控制权不同而定义的不同社会群体之间的政治权利斗争的各种行为。

虽然经济行为以生产的形式来塑造政治和社会结构，而阶级行为也往往出于自身的利益，但是在马克思的计划中很少找到个人理性决策的理论。因此，除了上述的这些差异，马克思和涂尔干之间的差异性关键在于他们对人性的看法。他们都没有谈及微观经济以及在启蒙运动中“自利的人”和“理性选择”。各种象征文化的形式，如艺术、礼仪、宗教，所有的理想和观念在马克思看来都是“上层建筑”，而不是人类行为的基本动机。对涂尔干而言，“仪式”是一种神奇的胶水或润滑剂；马克思认为，“仪式”可以把人们捆绑在一起，使人们盲目地追求自己的最佳利益。人类是一个社会动

① 安东尼·吉登斯，吉登斯，郭忠华，等．资本主义与现代社会理论：对马克思、涂尔干和韦伯著作的分析［M］．上海：上海译文出版社，2013.

物，而不是一个象征性使用符号，这是马克思和涂尔干达成的共识。

第三节　马克思主义宏观经济历史观

在法国的马克思主义计划中，经济成为一个更加动态的元素，不同的经济体系相互接触和相互连接，这就是生产方式。马克思对社会变革基本上持线性的想法，认为社会必经过一系列的阶段，从原始自治到资本主义，然后到社会主义，最后发展为共产主义社会。法国马克思主义者，尤其是皮埃尔—菲利普·库姆斯（Pierre - Philippe Rey）和路易斯·阿尔都塞（Louis Althusser）都采取了马克思的“生产方式”的概念，并试图用它来建立一个更详细和准确的世界经济史[①]。

他们的基本计划是定义一系列的前资本主义生产方式。他们认为，在现代世界，资本主义已经不能简单地直接取代以前的生产方式。相反，殖民时代的资本主义在捕获和改造了其他经济体后，同时保留它们原有的某些特点。用他们的行话来说，虽然资本主义始终保持其统治地位，但资本主义与前资本主义的生产方式仍以不同的方式相互连接着。

梅拉索表明，西方资本主义的到来并没有引起以往社会和经济制度的彻底改革。相反，任何一个地区的殖民资本主义的发展都依赖于前资本主义经济的剥削。因此，资本主义尝试封装（encapsulate）和保护前资本主义的生产方式，通过贸易和交换来控制、利用他们。最终形成资本主义占主导地位，而其他生产方式的存在形式由其与资本主义的连接方式所决定[②]。虽然如此，梅拉索点明了重要的一点，群体本身并不是资本主义，但即使那些不使用钱的社会，仍有可能是世界资本主义经济制度的一部分。

法国学者对马克思主义的分析融合了全球经济的生产方式——依附理论（dependency），主要由拉丁美洲经济委员会的经济学家和历史学家发展壮

---

① William Roseberry. Political Economy [J]. Annual Review of Anthropology, 1988 (17): 161 - 185.

② Leigh Binford and Scott Cook. Petty Production in Third - World Capitalism Today. In Alice Littlefield and Hill GATES, eds., Marxist Approaches in Economic Anthropology [M]. Lanham, MD: University Press of America, 1991, pp. 65 - 90.

大。在20世纪40年代和50年代，关于经济发展的主导哲学是现代化理论。这种观点认为，从原始到现代的经济变化，每个国家都遵循单一道路。在第二次世界大战以后的乐观主义中，经济学家认为每个国家都可以仿效美国的历程，从农业的资本主义过渡到繁荣的现代工业消费社会①。同时，有人认为，正在进行现代化的国家可能会在“二元论”的一个阶段结束，经济学家向世界表明，这是一个充满活力、现代化和繁荣的群体与古老、贫穷和传统的群体共存，一个暂时的过渡阶段。

然而，依附理论家作出预测，认为这样的过渡会持续一个很长时间。其实，在世界上许多地方，事情在逐渐恶化而不是变得更好。到了20世纪60年代，越来越明显的是，现代化奇迹对世界大多数人来说是海市蜃楼。保罗·巴兰（Paul Baran）以现代化理论来回应，他认为“现代化”与其说是为贫困国家的发展铺路，不如说是阻止第三世界发展和增长的障碍。他指出，欧洲和北美的增长是靠系统地榨取来自贫困国家的盈余和原材料来实现的。换一个说法，就是“发展”创建了附属物和贫困。贫困地区丧失饲养和教育人们的劳动能力，只能通过贷款和援助的方式以资助经济的“增长”，这实际上使贫困问题变得更恶化②。

安德烈·贡德·弗兰克（Andre Gunder Frank）把依附理论应用于拉丁美洲的文化和历史。他认为，从原始到现代，这个逐步演变的“二元论”概念其实是一种幻想。在原始向现代演变的过程中，资本主义和殖民主义带来的“不发达的发展”致使拉丁美洲转变成最“传统”的社会，即那些被孤立、变得贫穷和被旧风俗所左右的社会③。像中国和印度，他们曾经拥有伟大的文明和经济权力，但商业资本主义系统地耗尽它，并使它停滞不前。而他们所共同的文化并不是前资本主义国家的产物，而主要是资本主义的直接产物，并已成为一个资本主义独特的外围，这意味着被边际化或边缘化。

当经济学家们对关于发展的现行思想进行争论时，其他的学术研究开始运用世界体系理论转向了有关欧洲历史的思考。如果欧洲是一个孤立的地区，从十字军东征开始，欧洲历史的发展已经在传统上被视为是一个内部问

---

① Gunnar Myrdal. The Soul of Modern Economic Man [M]. Chicago, IL: University of Chicago Press, 1983.

② Paul Baran. The Political Economy of Growth [M]. New York, NY: Monthly Review Press, 1957.

③ Andre Gunder Frank. Capitalism and Underdevelopment in Latin America [M]. New York, NY: Monthly Review Press, 1967.

题。这传统的历史意义仿佛没有在世界其他地方开始，直到欧洲人将其征服并开拓为殖民地。在殖民时代之前的很长时间，集中在经济联系的历史新视野已经把与欧洲、非洲和亚洲联系起来。伊曼纽·华勒斯坦（Immanuel Wallerstein）用他称之为“世界系统论”的方法，改写了一系列经济体制的周期性扩张和崩溃的世界历史①。他说，整个现代世界的战争、战役和征服，乃至世界的文化和政治制度，都是被交易和生产之间必然的因果关系捆绑在一起的。人们可以在全球的任何一个地方来积累财富和实施“边缘化”②。

世界体系理论和依附理论，迫使新马克思主义的人类学家更加紧密地研究经济和政治的历史关系。这些理论主要用于思考文化变革的“文化渗透”，即通过孤立原始人而简单采用现代西方文化，到更为复杂而有趣的西方扩张的政治、经济和文化，对世界其他地区影响的研究转变。这已经是一个在北美的人类学家中更新的新马克思主义者所研究的特别领域，我们将接下来作进一步探讨。

法国马克思主义的思想源自涂尔干，而美国马克思主义者的智慧植根于本国的关于自然环境的人类学传统，并且他们在该领域研究有着很强的经验基础，例如，朱利安·斯图尔特的文化生态观点：在社会的基础上，把生产性经济坚决地放在“文化核心”里③。他说，社会的其余部分被生存的必要性和科技与工具所影响，它们共同构成了“生存系统”。

“文化生态学”是最新发展起来的，研究侧重于文化变迁的进程和人类与自然环境之间相互关系的连接，企图振兴早期人类学有关文化冲突研究思想规律，体现了实用主义学派的思想。在其假定中，文化以特定的形态出现，提高了工作效率和残存文化特征。他们认为社会与自然环境的适应性，提高了系统的效率和稳定性。这与马克思主义生产方式的概念相类似，但马克思主义者认为推动社会变革的是冲突、不平等或者矛盾。

美国人类学家，尤其是埃里克·沃尔夫（Eric Wolf）和悉尼明茨（Sidney Mintz），他们以朱利安·斯图尔特（Julian Steward）的观点为框架，把冲突和政治这些元素放到文化生态的研究中，更注意个人在社会变革中的作

① Immanuel Wallerstein. The Modern World System [M]. New York, NY: Academic Press, 1976.

② Chase - Dunn, Christopher, and Tom Hall. Core Periphery Relations in Pre - capitalist Worlds [M]. Boulder, CO: Westview Press, 1991.

③ Julian Steward. Theory of Culture Change [M]. Urbana, IL: University of Illinois Press, 1955.

用。与其说他们的研究倾向于孤立或古代社会的演变和适应，还不如说他们对当社会陷入西方资本主义扩张的困境所引发的各种长期动态和冲突更感兴趣。比如悉尼明茨基于奴役和食糖生产的民族志与历史研究表明，加勒比岛国文化从来都不是孤立的、自给自足的。

这一代人研究了农民、奴隶、起义、战争以及由独立的农民变为无土地的工人的转化。其他新马克思主义者用了人类学的工具去揭露非传统科目，例如纳什（June Nash）对玻利维亚煤矿工人的研究（1979）①，斯科特·库克（Scott Cook）对墨西哥制砖工人的研究（1984）②，还有翁爱华（Aihwa Ong）对马来西亚工厂妇女的研究（1987）③。新马克思主义者的一些研究形式，构成了美国近代的经济人类学研究格局。

传统马克思主义经济人类学研究是基于工资、工厂或种植园的全球生产体制和受本地控制的农业、工艺品以及小规模产业为基础的地方经济的遭遇。美国的学派通过描述不同遭遇方式，来区别于依附理论家和法国新马克思主义者。美国的学派允许各种结局，例如反抗、适应以及统治。当地的文化不只是不幸的受害者，他们会进行斗争，也不仅是被压倒、排斥、边缘化、封装和剥削，有时他们甚至取胜了。这场激烈竞争的历史方法有两个很好的例子，即唐纳德·阿特伍德（Donald Attwood）的《提高甘蔗》（1992）和米歇尔—罗尔夫·特鲁约（Michel - Rolph Trouillot）的《农民和资本》（1988）。

唐纳德·阿特伍德展示了农民如何控制印度西部的大规模食糖生产，远离被动和被剥削的地位，这些农民是社会流动性的，他们积极参与政治活动。在他们与政府和大型工厂业主之间的冲突中，他们成功地捍卫他们的利益。除了几个规模较大，雇佣数千没有土地工人的糖厂外。唐纳德·阿特伍德发现了一个由独立的农民自己参与管理的工厂，呈现一派相互合作的繁荣景观。

特鲁约研究了多明尼加（Dominican）历史悠久的香蕉种植业。在他看

① June Nash. We Eat the Mines and the Mines Eats Us [M]. New York, NY: Columbia University Press, 1979.

② Scott Cook. Peasant Capitalist Industry: Piecework and Enterprise in Southern Mexican Brickyards [M]. Lanham, MD: University Press of America, 1984.

③ Aihwa Ong. Spirits of Resistance and Capitalists Discipline: Factory Women in Malaysia [M]. Albany, NY: State University of New York Press, 1987.

来，农民最终远远超过“生产方式”。他们拥有自己的历史，他们以各种方式来制定战略和抵制侵略，以捍卫自己生存所需的自主权和控制权。他们以单独和群体的方式进行斗争，来维护他们的身份和经济。

埃里克·沃尔夫（Eric Wolf）的《欧洲和没有历史的人民》（1982）把美国的新马克思主义带到全世界。跟许多人类学家一样，他发现依附理论和世界体系理论过于原理化和机械化，资本主义作为一个统一的主宰出现，其他一切只是成为“前资本主义”。沃尔夫解释说，在过去超过500年的时间里，资本主义本身采取不同的形式。由于世界各地有着不同的文化，各文化有着自己特色鲜明的生产方式，所以西方的经济扩张方式也有很大不同。这是清晰的包括政治的经济史，而不是文化决定论或功能论（functionalism）。埃里克·沃尔夫驳斥了失去历史文化冲突的历史，包括被教科书所覆盖的西方稳定而统一扩张的历史。在这个过程中，他将经济人类学带向了全球范围。他重新定义了学科主题间正在进行的不同经济制度和政治斗争的结果，把其定义为赢家和输家，文化后果反映了人的丰富经验。

第四节　新马克思主义者与经济人类学

在20世纪的大部分时间里，英国人类学以结构功能主义为主。在其最广泛的概括中，它接受了涂尔干的大部分关于人性的假设：人根本上是属于社会的，个体意识是在社会背景下塑造和形成的，不同社会背景下形成了不同“类型”的社会[①]。由于不同部分和不同机构之间的功能关系，社会紧密地绑在一起。拉德克利夫·布朗在他的第一个民族志著作——《安达曼岛民》中很清楚地表达了这样一立场：

一个社会主要依赖于其成员的头脑对它的体系持怎样的感情，而体系是用来规范个人的行为以适合社会的需要；

每一个社会制度本身和每一个事件或客体以任何方式影响着人类的福祉，或说社会的凝聚功能成为这个感情系统的目标；

① 徐超，殷正坤．试论涂尔干对功能主义和结构主义的影响［J］．华中科技大学学报（社会科学版），1999（1）：70－74.

在人类社会中，人的情绪问题不是天生的，而是在他的社会行动中形成的；

一个社会的礼仪习俗是在适当场合集体表达感情问题的方式之一[①]。

任何试图通过理性个人活动或者思想，来解释社会生活的都被视为内在心理学研究，而不是人类学。可以肯定的是，经济以这种方式被视为社会的一部分，这仅仅是因为经济是社会生活的公共表达方式，例如安达曼岛民通过相互交易来建立社会关系。拉德克利夫·布朗认为，人们在种植农作物或建造房屋的过程中，也正是他们建立真正社会关系的过程。

拉德克利夫·布朗主要的分析单位是社会结构，包括由于不同社会地位而形成的不同群体（通常建立在亲属关系或者非工业社会），人们根据社会规则、权利和义务来开展自己的社会活动。福特斯（Fortes）和埃文斯·普里查德指出，人们开展这些社会活动的目的是为了保持社会系统的正常运行。因为没有系统是完美的，总需要一个司法制度来解决争端，并使事情回到正常的运作轨道上。人们致力于一些结构和规则，即使它不是自己最佳的直接物质利益，但因为受神话、教条、礼仪、信仰等价值观影响，使人们认为这是共同利益[②]。

拉德克利夫·布朗根据人们所遵循的社会规则和体现的亲属关系把社会分为不同类型。人们根据自己所处社会地位的相对应习俗，按照当地“经济”的规则进行工作、交换和消费。如果从社会结构的关系来分析，社会的经济机器会以新的视角出现。由于商品的交换和服务是相互依存的，所以结果会使得人与人之间的网络关系和人的集合保持一定的结构[③]。

如果我们按照这个逻辑得出结论，会发现经济不是特别有趣，因为真正的难题是社会结构。无意中发现古典作品变得很清晰，像普里查德的《努尔人》中介绍了一群在苏丹南部的牧民（最近几十年武装冲突破坏的同一地区）情况。该书的前两章介绍了努尔的生产和交换系统的一些细节，解释了牛对努尔人生活的重要性，并概述了他们所在社会组织的生态环境。但展示的内容只是静态现实的集合，主要是为了显示努尔的生活环境对经济施

---

① 拉德克利夫—布朗．安达曼岛人［M］．桂林：广西师范大学出版社，2005.

② Fortes, Meyer, and E. E. Evans - Pritchard. African Political Systems [M]. London, UK: Oxford University Press, 1962, p. 18.

③ A. R. Radcliffe - Brown. Structure and Function in Primitive Society [M]. New York: Free Press, 1965 p. 197.

加的限制和努尔人克服自己国家自然贫困的方式[①]。

埃文斯·普里查德在其文中虽然只告诉我们，社会结构与经济生活是密切相关的，但是对于两者之间的因果关系我们是毫无疑问的。努尔人在很大程度上依赖渔业、小米及其他农作物。但由于“牛”在亲情和政治方面的社会功能，他们的注意力与“牛”紧密相连。在早期工作中，他认为花很大精力来研究所谓的经济是不必要的，一个人不能处理努尔人的经济关系，因为他们总是作为其中最普通的一员，成为直接社会关系的一部分[②]。至于结构功能主义其余的内容，经济永远不是矛盾或动力的来源，它只产生了平衡、限制和使社会结构得以运行的物质。至于经济行为的目标意义——寻求决策，几乎没有走进民族志学的研究领域。相反，他认为人们处理彼此关系是由一系列附加物决定的，包括家庭、联合家庭、宗族、氏族、年龄、亲属关系、礼节等[③]。福特斯指出，任何转向周围的事物并试图表明社会组织如何对经济或生态作出影响的观察被称为“决定论”，并被结构功能主义者否认[④]。

如前所述，马克思主义人类学在现代有三个主流流派。第一是以雷蒙·威廉斯（Raymond Williams）为代表的英国文化马克思主义，他们侧重于意识形态、消费主义、媒体和大众文化的研究。第二是以莫里斯·古德利尔（Maurice Godelier）和梅拉索克斯（Claude Meillassoux）等人物为主的法国马克思主义，他们严格认真地阅读和研究马克思和有关他思想作品。第三是建立在艾瑞克·沃尔夫（Eric Wolf）和西尼·敏兹（Sidney Mintz）的工作基础上的美国马克思主义，他们的思想是以朱利安·斯图尔德（Julian Steward）的文化生态学为基础，而不是对马克思文本的直接解释。法国和美国的马克思主义者都在追问，马克思的思想是否可以适用于非工业社会？如果能，如何应用？他们也研究政治、社会组织和经济基础之间的连接关系。

马克思把资本主义的历史发展作为一个本质上的周期过程，但他没有着重关注欧洲以外的前资本主义制度的内部运行机制。阶级意识的思想主要适

① 普里查德，褚建芳．努尔人［M］．北京：华夏出版社，2002.

② 吴世旭．牛日子里的牛“钟表”：《努尔人》的一种读法［J］．西北民族研究，2007（2）：98－104.

③ 周娓．牛在努尔宗教中的作用［J］．华章，2010（20）：22－30.

④ Meyer Fortes. Kindship and the Social Order: The Legacy of Lewis Henry Morgan［M］. Chicago, IL: Aldine, 1969.

用于资本主义社会。但是社会中如果没有阶级，什么决定人们的意识呢？

梅拉索和其他法国马克思主义者认为，马克思的剥削、意识形态和权力的概念，确实可以用来了解没有国家或复杂的政治层次的社会。他们认为，亲属关系是政治经济的一部分，甚至在“传统”的平等主义的社区和家庭、群体之间存在剥削关系。实际上，很多人类学家喜爱的“传统”的思想观念和象征，只是用来隐藏剥削和为其辩解的。梅拉索定义的“家庭的生产方式”是通过以往大多数人类学家所谓的“亲属制度”，年长的男性通过控制妇女和年轻男性的劳动来剥削他们。年长的男性控制新娘的财富、血统和他们女儿的婚姻。然而，在资本主义的生产方式中，财富是基于对财产的控制。在家庭模式中，财富是基于对人的控制。宗族长老通过控制通往财产和婚姻的道途，来控制他们的妻子、子女及其他亲属的劳动。年长的人决定谁与谁结婚，孩子属于什么血统和谁得到农场某片土地。通过习俗和家庭关系，经济剩余产生了①。

对于英国的结构功能主义者，亲属关系是社会结构的奇妙表达方式。这个系统赋予每个文化一个独特的身份，同时也作为把每个文化分类到不同的古典类别的基础，例如“父系”和“入赘”。然而，对于法国的马克思主义者来说，亲属关系是具体控制劳动和劳动产品的权利系统。这似乎是以前的人类学思想的一个重大突破。法国的马克思主义者趋向研究同一种“结构”抽象概念并致力于此，而英国人类学家则更多研究“类型”。他们从未把个人带入研究的图画中，共享着人类隐没在整个社会的假设。他们不把每一种文化视为一个孤立的整体，相反，他们愿意去思考它们相互联系的方式。尽管如此，他们传统的人类学研究目标，仍表明经济是社会的产物、是社会秩序的一部分。

在法国马克思主义者完成的最明确的特定民族志的案例研究，主要有莫里斯·古德利尔的《伟人的决策》（*The Making of Great Men*）（1986）。这本书是关于巴鲁亚族（Baruya）——在高原和新几内亚约1500人的园艺群体。他们从某种草灰烬里产出它们在贸易中使用的盐块。这本书的主要论点是：在无阶级社会，经济实力与政治权利之间没有关系。一些巴鲁亚族男子通过买卖盐、园艺和狩猎成为富人，但他们不能把财富转换成权力，成为首领。

① Claude Meillassoux. Maidens, Meal, and Money [M]. Cambridge, England: Cambridge University Press, 1981.

相反，政治权力来自对亲属关系的操纵。亲属关系是巴鲁亚族社会的一切权力差异的真正基础。宗教把大部分生育权利给予了男性，通过血统的规则和婚姻交换，男性行使权力来统治妇女。通过仪式和神圣的思想，全社会汇聚在一起并赋予其意义，成为一个团结的社会来克服他们之间的分歧。

古德利尔学习马克思主义的驱动力在于他对权力和剥削、存在的经济基础（虽然不是权力）和“文化大革命”的关注。“文化大革命”基于社会政治和社会组织控制人们和剩余财富的方式为基础来寻求社会的“类型”。鉴于涂尔干意识和经济融入社会，还有马克思把个人隐没在阶级中，古德利尔忽略了个人，取而代之的是性别的类别、年龄和嵌入超自然力量的宗教观念的亲属关系。他说，人们可能出于“自身利益”而采取行动，但他们的利益，甚至他们“自我”的想法，是他们的社会地位和性别的产品。

总之，古德利尔说，在巴鲁亚族社会组织所定义的社会“类型”中，经济完全是由亲属关系控制的。但是，为什么这种类型的社会会出现在这个特别的地方？他没有回答。为什么这种类型的社会会变化到另一种？同样地，他沉默不语。巴鲁亚族的政治经济是不变的、完整的整体。正如威廉·罗斯贝里（William Roseberry）说到的结构马克思主义者，所有冲突都是以结构之间的矛盾，而不是人与人之间的矛盾形式发生。任何一个活跃的人类主体被认为是一个“黑暗的罪恶”[①]。

在20世纪90年代，美国的新马克思主义学派开始应付当代世界各地的贸易、旅游扩张和新工厂生产的问题，不断增长的网络通信技术使全球广告、营销和消费成为可能。跨国公司可以自由地跨越国界移动资本，而工人则通过建立“跨国”的群体来连接第三世界的村庄与第一世界的城市，来赢得他们的流动权利和移民权利。各种新的世界性文化和混合文化出现了，使得文化不再仅植根于某一个地方。全球政治经济的美国学派和英国马克思主义启发的“大众文化”研究使得各个学科之间有了衔接，而且英国的马克思主义者几十年来一直致力于电视，流行音乐，街头节日和其他各类大众传播媒介的文化研究[②]。所有这些工作，马克思主义者总在底线上追问一系列问题：谁控制了文化？谁拥有文化生产、销售、和沟通的途径？谁拥有工

---

① William Roseberry. Anthropologies and Histories [M]. New Brunswick, NJ: Rutgers University Press, 1989, pp. 160 - 161.

② David Morley and Kevin Robins. Spaces of Identity: Global Media, Electronic Landscapes, and Cultural Boundaries [M]. London, UK: Routledge, 1995.

厂和电话线？如何用金钱、如何用政治对文化政策施加影响？面对日益增长的种族战争，一个马克思主义者可能会问：谁从纷争中获益？种族是如何操纵媒体？种族如何被媒体、政治家和强大的金钱利益所影响？当一种文化认为是全球“反恐战争”时，另一个文化如何使恐怖主义合理化？

本章小结

马克思关于人性与经济发展的理论与涂尔干经济理性理论，都认为人的经济理性深嵌于社会中，人们属于群体，人们的选择反映了他们没有权利的社会和历史结构，他们都主张人类社会的性质和经济是社会力量的产物，而不是由个人决定或行动决定的，人的意识是由社会关系决定的。双方提供了一个整体的角度，认为经济活动是社会关系的一部分，是不可分离的。他们都使用一个渐进的、历史的分析框架来把社会划分为几个类型和阶段。

但是在社会功能的观点上，马克思并不认同涂尔干关于“社会统一性”的观点。他关注不平等的现象，认为人们因拥有的财富不同，而划分为不同阶层，并且不同阶层之间存在相互争夺和冲突。在涂尔干和马克思关于人类经济学思想的影响下，形成英国社会人类学，法国新马克思主义和美国马克思主义三大马克思人类学主流流派。马克思主义人类学研究聚焦于权利与剥削、冲突与变化，以物质生产系统和财产所有权为出发点，分析由于财产控制权不同而定义的不同社会群体之间的政治权利斗争的各种行为。

英国社会人类学以结构功能主义为主，接受了涂尔干关于人性的假设：人根本上是属于社会的，个体意识是在社会背景下塑造形成的，不同社会背景下形成了不同“类型”的社会，以社会结构为分析单位，研究社会结构与社会活动、经济生活的联系。法国新马克思主义的人类学家，以世界体系理论和依附理论为主，开始研究经济和政治的历史关系。这些理论主要负责思考从文化变革的“文化渗透”，即通过孤立原始人而简单采用现代西方文化，到更为复杂而有趣的西方扩张的政治、经济和文化，对世界其他地区影响的研究转变。美国马克思主义者植根于本国的关于自然环境的人类学传统，侧重于将文化变迁的进程和人类与自然环境之间相互关系的连接。强调整个社会适应自然的环境，以提高系统的效率和稳定性。而下一代美国人类学家，在斯图尔特文化生态观念为框架基础上，把冲突和政治这些元素放回文化生态的研究中，更注意个人在社会变革中的作用。

新马克思主义者的一些研究形式，构成了当前西方马克思主义经济人类学研究格局，马克思主义经济人类学家在社会制度、经济问题、文化变革及社会变革等问题的研究探讨中，为弱势群体争得应有的权益；为经济发展与人、生态环境的和谐共存的必要性提供证据；为文化变革及社会变革的影响及原因予以证明等。西方马克思主义经济人类学者的研究及理论，也将是中国马克思主义经济人类学发展的厚实基础和强有力借鉴。总之，马克思主义经济人类学前景广阔[①]。

① 田广，万永安．马克思主义经济人类学前景广阔［N］．中国社会科学报，2018－2－13.

第三章

经济人类学先驱思想

本章摘要

社会结构主义与心理结构主义，对经济人类学的形成与发展有着巨大的影响作用。社会结构主义探讨文化现象及其模式，心理结构主义则探讨群体的普遍心理结构。存在主义及后结构主义理论，也对经济人类学的发展产生过一定的影响。从梳理黑格尔主义与文化本质论入手，探讨社会结构主义、心理结构主义、后结构主义理论要义及其对经济人类学的形成与发展之影响。

引　　言

19 世纪末 20 世纪初，人类学与心理学以及其他社会科学结合在一起，被确立为一门独特的学科。其在诞生之初的研究对象多集中在原始部落，如美国的印第安社区、澳大利亚土著、太平洋岛屿等。因此，人们对人类学存在着这样一种罗曼蒂克式的想象，认为其研究对象是传统的、非工业的、原生态的，是远离现代生活的一种孤立存在的“他者”。近年来，人类学开始呈现出新的研究动向，将研究视野扩展到现代文明，审视人类学的理论发展及其专业化进程因此被赋予了独特而重要的意义。①

德国哲学家弗雷德里克·黑格尔是人类学理论的重要奠基者之一，他对

① 田广．西方经济人类学先驱思想理论脉络探析［J］，湖北民族学院学报，2019，37（4）：116－123.

社会的审视，极大地影响了人类学者对文化的认识。将文化视为一个整体的精神体系，其对人们生活的影响表现在各个方面。社会结构模型，或者说是社会结构主义思想曾经主导着人类学理论的发展。社会结构主义探讨特殊的文化现象及其模式，而心理结构主义探讨群体的普遍心理结构。这两种理论在经济人类学的形成与发展中都发挥了显著作用。在这个以结构模型为主体的时代，各种衍生理论，如后结构主义理论等，都与经济人类学的发展息息相关。国际著名应用人类学专家阿尔法·瓦力（Alf Walle）教授，对此曾经进行过比较系统的研究[①]，本书拟延伸探讨瓦力教授等学者的相关研究，并对经济人类学先驱思想与理论脉络进行梳理。

第一节 黑格尔主义与文化本质论

弗雷德里克·黑格尔是19世纪伟大的哲学家和德国唯心主义领导者。"唯心主义"认为，人们看待世界的方式，很大程度上取决于他们的思维方式。换句话说，人们所"看到"的，在某种程度上，反映了观察者自己内心的想法，而没有准确地反映出被观察对象的内在品质[②]。尽管科学家和经验主义者声称是以"客观"方式看待论据，但理想主义者却坚持认为，思想的透镜（因人而异）会对人们的思维和决策产生深刻的隐性影响，他们曾试图挑战用一种非正式的研究方法来进行系列研究，而这一理论也为后来定性研究方法的出现提供了重要依据。因此，黑格尔唯心主义论所塑造的文化观点对人类学理论、研究方法及其发展的影响可见一斑。

在黑格尔之前，有一位重要人物值得一提，他就是曼纽尔·康德。康德认为，科学的、经验的、理性的思维并不完全客观，人的思维天生就能够分析事实，人类获得思想和知识是本能所在，并非是完全基于经验所得，因此仅仅通过严谨的设计与应用，研究者无法感知和理解所有事物的潜在本质[③]。通过对正式严谨的研究方法提出质疑，康德给人类学家以及其他拥护

---

① Walle, A. (2017). Business Anthropology, Anomie, and Dysfunction: Transcending the Tyranny of the Majority. International Journal of Business Anthropology, 6 (2): 13 - 21.

② 赵纪河. 正确认识和科学评价哲学唯心主义［J］. 理论月刊, 2016 (3): 32 - 37.

③ Kant, Immanuel (1999). Critique of Pure Reason. London, UK: Cambridge University Press.

定性研究方法的研究者提供了新研究范式的突破口，黑格尔也对此深受启发，他将康德的思想与重视情感力量的浪漫主义原则相结合，将“民族性”与“文化”视为由具有鲜明个性的个体所组成的集合体，同时又将文化视为具有情感和个性的高等社会成员①。这一观点非常接近于当今大多数人类学家对文化的广义认识，同时也影响了社会科学研究的传统结构与方法。

另一位值得一提的重要人物是珍·巴普蒂斯特·拉马克（Jean Baptiste Lamarck）。拉马克是一位法国博物学家，于1809年创造了“生物学”这个词，并且阐述了生物进化的本质是一种理智的沉思②。50年之后，查尔斯·达尔文才在其《物种起源》一书中为这一观点提供经验论据③。从生物学角度出发，黑格尔提出世界和它的产物（如文化、知识传统等）类似于一个生物体，将世间万物视为不同成分所组成的大集合，人们通过一起劳作获得个体所不能具备的协同效应，并将这一模式运用到其特定的文化分析之中，提出文化也是由千千万万不同成分组合而成的，如文化和民族，通常被描绘为是由相互关联的部分组合而成，以某些特殊的方式进行结合④。这一观点至今仍在为人们所用。

然而在“结构—功能”这一经典模型中，为了更有效地处理社会系统各个部分之间相互联系、相互依存的关系，往往忽略了社会变迁和文化冲突。这一事实使得人们逐渐将目光转向美国系统科学家、经济学家肯尼斯·鲍尔丁的“钟表”模式。鲍尔丁的控制论系统在“钟表”模式中的体现逐层变得愈加复杂，并且不同于简单且一成不变的钟表装置系统，尤其不同的是，信息的传输和解释构成了该系统的一个重要组成部分⑤。当然也有一些批判“钟表”模式的声音，外加近年来“结构—功能”这一分析范式受到了不少人士的批判，认为它死板、硬套只能在表面上解决一些冲突问题，甚至有恶意抨击者直截了当地说“结构模式”是处理社会关系问题上的一大过失。需要明确的是，功能主义试图通过参考生物学研究想法，将结构或功

① 陈炳辉．文化与国家——黑格尔国家哲学新论［J］．政治学研究，1999（3）：74－82.

② 薛天烈．进化论的奠基人——拉马克［J］．生物学通报，1998（5）：41.

③ Darwin，C.（1859）．The Origin of Species by Means of Natural Selection. New York，NY：Modern Library.

④ Wood，Allen，W（1990）．Hegel and Ethical Thought. Cambridge，MA：Cambridge University Press.

⑤ Boulding，K. E.（1956）．General Systems Theory——The Skeleton of Science. Management Science，2（3）：197－208.

能看作是“社会”的肌肉或骨骼，使社会科学更加“科学”。不可忽视“钟表”模式在处理社会协作问题上作出的贡献，黑格尔利用“钟表”模式来比喻有机体，借此处理关于文化和社会历史的重要问题，并将这一范例与文化独特性相结合，证实了社会结构主义依然是一个功能强大的模式系统①。

社会科学通常把社会中绝大多数的人群描述为已经被同化的实体，通过拥护这个实体的“精神”和“风格”来达到维持和睦的目的，并使之具备可预测性。如日本人通常表现为拥有某种集体时尚，美国人则更注重个人主义。当然，在一个特定文化的个别成员之间，差异也确实存在。在黑格尔之前，极少有人对个人行为进行抽象地概括和描述，受到黑格尔思想的影响，学者们开始注意到，民族、国家以及文化传统都可被视为一个大规模的同种族集合实体。在这样的背景下，黑格尔并没有研究某个特定的人，而是将兴趣放在文化和民族之上，认为其发挥功能的前提是各个部分（语言、文学、艺术、信仰等）相互协作，共同效力于文化或民族这一实体。黑格尔的这一观点也受到了德国哲学家约翰·戈特弗里德·赫尔德反启蒙运动思想的启发②，赫尔德批判文学，认为并不存在通用的模板可以应用到所有的文学中去，因为每一个社会或文化都具有其独特的民族精神和特征，在研究特定的民族或文化时，必须考虑其自身条件③。人类学最终也接受了黑格尔的将文化视为一个实体这一观点，并将其作为研究民族和文化的奠基石。

受黑格尔和他的“民族精神”概念的影响，奥格斯特·孔德、赫伯特·斯宾塞等人的代表性著作都应用了“有机体”这一比喻，埃米尔·迪尔凯姆在“有机体”基础之上，将其发展成为“一个完全成熟的社会结构主义”④。除此之外，奥斯瓦尔德·斯宾格勒⑤、阿诺德·托因比⑥、阿尔弗

---

① 诺曼·莱文著，赵玉兰．马克思与黑格尔思想的连续性［J］．马克思主义与现实，2008（5）：43－56.

② Herder, J. G. (2002). This Too a Philosophy of History for the Formation of Humanity: Em Philosophical Writtings. Cambridge, MA: Cambridge University Press.

③ Bunzl, Matti (1996). "Franz Boas and the Humboldtian Tradition" In Volksgeist as Method and Ethic: Essays on Boasian Ethnography and the German Anthropological Tradition, George W. Stockington History of Anthropology Volume 8, Madison, WI: University of Wisconsin Press.

④ Durkheim, E. (2013). Durkheim: The Rules of Sociological Method: And Selected Texts on Sociology and its Method. Palgrave Macmillan. New York, NY: Free Press.

⑤ 奥斯瓦尔德·斯宾格勒．西方的没落，（上册）［M］．齐世荣等译．北京：商务印书馆，1963.

⑥ Toynbee, Arnold (1934－61). Study of History. London, UK: Oxford.

雷德·路易斯·克罗伯[①]的“生命周期论”，法兰兹·鲍亚士的“文化排他主义”[②]，埃米尔·迪尔凯姆[③]、塔尔科特·帕森斯的“结构功能主义”[④]等都可追溯到黑格尔时代。

从文化本质的角度来看，许多早期人类学家所形成的观点趋向于将文化视为一个实体，该实体根据其独特的性格和原则而逐渐发生演变，而这一观点的形成，也得益于黑格尔在他们之前就已经提供了一种可供遵循和效仿的模式。黑格尔思想比较普遍化，强调社会协作和统一以及文化于社会的重要性[⑤]，从而适用于多个学科，自然也对人类学流派适用，如鲍亚士的文化排他主义和英国的结构人类学等。遗憾的是，黑格尔思想忽略了压力、变化、竞争等必然存在的社会因素。就一般系统理论而言，黑格尔模式与肯尼斯·鲍尔丁的“钟表”模式相似，把“系统”看作是稳定且有利于集体利益结构的内在平衡系统，并在他的范例中谈到了民族精神，特定的文化都有其独特的精神气质或本质。之后“文化”和“民族特征”概念的形成，也深受黑格尔思想的影响。

第二节　社会结构主义

人类的行为结构不仅指代人类心灵的普遍内在结构，也包括外来文化，针对“内在结构”或者“外来文化”的研究离不开结构主义[⑥]。作为认知心理学派中的一个分支，结构主义理论的起源最早可追溯至20世纪初。当时西方有一部分学者对现代文化分工太细，只求局部、不讲整体的“原子论”倾向感到不满，他们渴望恢复自文艺复兴以来中断了的注重综合研究

---

① Kroeber Alfred Lewis (1917). The Super - Organic. American Anthropologist, 19 (2): 163 - 213; Kroeber, Alfred Lewis (1915). Eighteen Professions. American Anthropologist, 17 (2): 283 - 288.

② Bendeict, Ruth (1934). Patterns of Culture. Boston, MA: Houghton Mifflin.

③ 迪尔凯姆. 社会学方法的准则 [M]. 狄玉明译. 北京: 商务印书馆, 1995.

④ Parsons, T. (1937). The Structure of Social Action. Sociology. Thought and Action, 1 (1): 32 - 46.

⑤ 安宝洋. 市民社会与政治国家的统一——黑格尔市民社会理论对和谐社会建构的启示 [J]. 文教资料, 2007 (4): 77 - 78.

⑥ 廖梦溪. 列维—斯特劳斯结构主义人类学浅析 [J]. 商, 2015 (21): 122 - 122.

的人文科学传统，因此提出了“体系论”和“结构论”的思想，强调从大的系统方面（如文化的各个分支或文学的各种体裁）来研究它们的结构和规律性。

劳德·列维·斯特劳斯第一次将结构主义语言学方面的研究成果运用到人类学上，他把社会文化现象视为一种深层结构体系来表现，把个别的习俗、故事看作是“语言”的元素。对于原始人的逻辑、图腾制度和神话所做的研究就是为了建立一种“具体逻辑”。不靠社会功能来说明个别习俗或故事，而是把它们看作一种“语言”的元素，看作一种概念体系，因为人们正是通过这个体系来组织世界①。他随后的一系列研究成果引起了其他学科对结构主义的高度重视，于是，到了20世纪60年代，许多重要学科都与结构主义发生了关系，结构主义获得了深入发展。

社会结构主义主要论述如何以其自身形象来改变全人类，其强调的重点不是人类，而是对社会机制的需求以及人类如何由此成型。承认某种“人性”总是存在，同时关注文化的需求、规则和漏洞，在文化运行的过程中，人被看作是有极大可塑性的原材料。例如，迪尔凯姆的研究曾经涉及当城市化和工业化的压力导致传统生活方式发生转变（或趋于灭绝）时，会给人类造成压力感和紧张感。他认为，现代工业化社会削弱了传统的社会关系（迪尔凯姆称之为“机械团结”），即人们通过共享相似的生活方式、日常接触、或亲密关系来凝聚人心②。这种农业小规模的文化氛围可能被现代都市所替代，而现代都市的环境结构形成于“有机团结”的大背景之下，其特点包括“劳动分工”“专业化模式”“没有人情味”等，并最终打破人与人之间的紧密联系。

迪尔凯姆对于文化要素之间的互相配合很感兴趣。当尼采声称“上帝死了”的时候，迪尔凯姆写作质疑道，一旦上帝的伟大榜样形象和权威力量从人类心灵中消失了，社会习俗和行为规则该如何幸存？基于此，迪尔凯姆开始从社会学的角度分析宗教，论述社会和集体的问题，而不是个人所面对的心理问题③。基于对澳洲原住民的研究，迪尔凯姆指出宗教为文化提供

---

① Lévi – Strauss, C., Gurvitch, G., & Moore, W. E. (1945). Twentieth Century Sociology. New York, NY: Philosophical Library.

② 迪尔凯姆. 社会学方法的准则 [M]. 狄玉明译. 北京：商务印书馆，1995.

③ Durkheim, E., & Swain, J. W. (2001). The Elementary Forms of the Religious Life. American Journal of Sociology, 16 (3): 399 – 404.

道德准则，宗教及其道德要求成为人们之间相互联系的纽带①。作为一种自我崇拜，宗教是信徒的镜像，这种方法论涉及文化（宗教）如何运作，才能更好地维系社会正常运作。迪尔凯姆也因此明白，文化是不断变化发展的。但同时他也强调文化的发展具有保守倾向，通过各部分之间互相协同来促进文化的稳定性。

20 世纪 30 年代，英国人类学家对迪尔凯姆的许多思想进行了细化并形成了两大流派：其一为马林诺夫斯基领导的“功能主义”，专注于个体的需求②；其二为德克利夫·布朗领导的“结构主义”，侧重于社会实体而非人类本身，描述文化的各个部分如何以协同的方式相互促进发展③。

社会结构模型也极大地影响了美国的社会思潮。在 20 世纪 30 年代后期，美国社会学先锋拥护社会结构主义，其中以塔尔科特·帕森斯和罗伯特·默顿为主导力量。帕森斯认为，人们相互合作是因为他们有着共同的目标和价值观，从而使文化得以巩固和延续④。但是帕森斯模式过于复杂，其主体包含四个部分：文化系统、社会环境、人类个性和行为特征⑤。将社会视为一个整体，其各个部分又被某些阶级组织所控制，这些阶级组织之间相互合作、发挥作用，社会成员间的共同价值观、规范和信念是文化稳定与和谐的关键因素。乔治·霍曼斯发展了帕森斯的观点，指出社会结构既存在显性影响因子，也存在隐性影响因子⑥。

很多学者批判社会结构方法论，原因在于其没有充分考虑到社会变迁的因素。迪尔凯姆最早用“社会失范”来解释了社会变化如何导致痛苦和绝望，使得社会自杀率越来越高。“社会失范”即，当个人或团体之间发生矛盾，管理人际关系的社会习俗被打破，人们继而产生压力，对生活失去希

① Durkheim, Emile (1975). Durkheim on Religion: A Selection of Readings with Bibliographies with W. S. F. Pickering. London, UK: Routledge & K. Paul.

② 杨群．民族学、人类学学科的历史转折点——重评马林诺夫斯基和他的功能主义学派［J］．贵州民族研究，2003（2）：36－41；Malinowski, Bronislaw (1949). The Dynamics of Culture Change: An Inquiry into Race Relations in Africa. Edited by Phyllis M. Kaberry. New Haven, CT: Yale University Press; Malinowski, Bronislaw (1952). Sex, Culture, Myth. New York, NY: Harcourt, Brace, World.

③ Radcliffe－Brown, Alfred R. (1952). Structure and Function in Primitive Society. Illinois, IL: Free Press.

④ Parsons, Talcott (1937). The Structure of Social Action. Illinois, IL: Free Press.

⑤ Parsons, Taloctt (1968). International Encyclopedia of the Social Sciences. New York, NY: Macmillian and Free Press.

⑥ Homans, G. C. (1950). The Human Group. Harcourt Brace & World, 54 (2): 261－263.

望。罗伯特·默顿扩展了迪尔凯姆的这一概念，他认为社会规范一方面给人们提供了追求目标；另一方面，也提供了实现目标的方法，并且这些方法容易被社会所接受。随着时间的推移，社会结构（或者说是社会经济环境）可能会发生变化，社会成员不再能够以社会可接受的方式得到认可和荣誉，因此产生社会反常行为。

之后人类学就“主位”和“客位”研究方法展开了激烈的辩论。对此，克利福德·格尔茨作出了“眨眼”与“抽搐”的经典比喻：抽搐仅仅是一种不自主运动，并没有任何意义；相比之下，眨眼是一种有意识、有意义的行为，需要从主位的角度来对其进行解释。因此必须从社会系统环境的大背景下解读人类行为，因为在不同情景下的“眨眼”行为都包含了不同的意义①。

格尔茨侧重于符号学，而维克多·特纳立足于广阔的社会背景之中，研究符号价值和象征性行为，对于如何处理社会内部矛盾、缓解社会结构的紧张局势有重要贡献。面对社会系统内部变化和紧张局势，在应对群体内部潜在的冲突问题时，看似并不明显的亲属关系尤其重要，如果我们仔细研究同样的社会单元内所产生的一系列社会问题，就会了解其不同的社会制度，进而观察其社会结构的原则。

“在实地考察期间，我注意到，特殊群体在社会生活中会遇到很多问题和麻烦。某一群体很有可能被分裂为两个相互对立的派别，而这两个派别之间难免发生各种冲突，引发冲突的原因包括：违约、危机感、补偿、分裂后再统一等。”②

将人类行为置身于不同的社会和文化背景，进而研究应对冲突的措施，这是一种动态的应对方式。结构人类学的经典模式可能会倾向于一种静态的“钟表”模式，而这种动态方式便能弥补其不足之处。

---

① Geertz, Clifford (1973). Interpretation of Culture: Selected Essays. New York, NY: Basic Books.

② Turner, V. W. (1972). Schism and Continuity in an African Society: A Study of Ndembu Village Life. Manchester, UK: Manchester University Press.

第三节 心理结构主义

许多人类学家对于文化和社会如何发挥功能比较感兴趣，这时，人类心灵的内在本质不再是人们关注的焦点，而人类的思想、智慧以及其与生俱来的特性仅仅被视为是文化原材料。这种趋势是典型的人类学和社会学的社会结构主义传统①。其他社会理论家则主要关注于人类心灵的本质。他们认为，文化和社会是人类思想的产物，而不是仅是利用人类去实现其目标的一个超机体。许多这类学者可以被认为是“心理结构主义者”，因为他们完全不分析社会结构这个重点。

自 19 世纪后期以来，心理学与社会结构的对应物并列发展。以西格蒙德·弗洛伊德、卡尔·荣格、克劳德·列维·斯特劳斯的著作为代表，其研究方法都旨在了解人类思想的内在结构。其中弗洛伊德和荣格极大地影响了社会科学界思想，列维·斯特劳斯则倾向于解决心理学结构主义的实际问题。

弗洛伊德的分析法从根本上指出，人们在多数情况下并没有完全明白那些激励他们行为的真正动力，不同的精神力量相互竞争，产生冲突和紧张感，当意识到这种先天的心理学框架之后，我们更容易去预见某些个人、社会团体和文化行为。弗洛伊德认为，人类生活需要在动物本能和文化与文明要求之间取得平衡，在这两种力量之间不断斗争。人的精神结构包括自我、本我和超我②。自我不知道许多行为背后的真正动机，它实际上来源于本我，文化规则通过社会给个体生成本我，建立超我。人的心灵具有某种特定的结构，个体与社会环境之间存在一种固有的紧张关系，而社会的紧张局势由人的心理结构所致。

卡尔·古斯塔夫·荣格是弗洛伊德的学生，弗洛伊德以“性欲”为主要载体来研究人的意识。荣格则不然，他认为人类在进化过程中形成了一种天生的遗传习性（荣格称之为“原型”），以可预见和结构化的方式去应对

---

① 廖梦溪．列维—斯特劳斯结构主义人类学浅析［J］．商，2015（21）：122－122.

② 张胜男．弗洛伊德人格结构理论的生态探析［J］．科教文汇旬刊，2017（10）：149－150.

问题[①]。“原型”是一个广义的理论，包括人的出生、死亡、鬼魂、地球等等，当被置于特定的文化背景之下，“原型”也被赋予不同的意义。蕾斯莉·费尔德就特定的文化原型也做了一定研究（如美国小说的“原型”等）。与新弗洛伊德学派的观点相似，他们试图摒弃“性欲”是行为的主要动机这一观点，同时保留弗洛伊德分析法的其他方面，如压抑、自我/本我/超我范例，并注重潜意识行为的动机。

与弗洛伊德和荣格一样，列维—斯特劳斯探索人的天性和普遍个性，并从这一角度透视文化和社会。不同的是，列维—斯特劳斯不依赖心理学，而是以语言学理论为依据[②]。第二次世界大战后，列维—斯特劳斯流离失所，后定居美国，与结构语言学家拉曼·雅各布森（另一位因战争而流亡国外的知识分子）成为同事。受雅各布森以及其他一些俄国形式主义民俗学者的影响，列维—斯特劳斯开始用语言学的观点来研究文化，并且对对神话和民间传说表现出极大兴趣。

列维—斯特劳斯通过观察推断来探索事物的本质，他意识到了特定文化的独特性，同时也试图发现这些文化之间的相似之处。语言学家利用所观察到的经验论据（话语），梳理出了那些不能被直接观察到的基本模式。在此基础上，列维—斯特劳斯认为，可以通过类似的方法去研究其他社会现象（从社会结构到民间故事）[③]。故此，列维—斯特劳斯开始和特鲁别茨柯依的结构语言学建立联系，特鲁别茨柯依总结的结构语言学特征包括：（1）从“有意识的”语言现象研究转移到了“无意识的”基础结构研究；（2）没有将“术语”作为独立的实体，而是作为其术语之间“关系”的分析基础；（3）介绍了“系统”的概念：“现代音位学并未只表明音素始终是系统的一部分，它显示出具体的音位系统，并阐明了其结构”；（4）通过“归纳”或者“逻辑推理”赋予其特征，发现其一般规律。

后来列维—斯特劳斯开始专注于神话学。一般来说，神话结构可以从结构或时间的角度来进行阐释。列维—斯特劳斯发展了这一观点，从博罗罗神话的案例入手，到南美神话结构，向人们展示一种有用的方法论和基本原

---

① 贾晓娜，范红霞. 荣格的“原型理论”初探［J］. 史志学刊，2010（6）：147－148.

② Lévi－Strauss, C., Gurvitch, G., & Moore, W. E. (1945). Twentieth Century Sociology. New York, NY: Philosophical Library.

③ 列维—斯特劳斯. 结构人类学：巫术宗教艺术神话［M］. 陆晓禾，黄锡光译. 北京：文化艺术出版社，1989.

则。他的观点的前提是，神话不能被孤立地理解，而是需要系统地去解释[①]。通过使用列维—斯特劳斯的结构方法，研究者可以看出不同神话间的共同特点。使用二元对立的概念，列维—斯特劳斯解释了人的心灵是如何工作的以及人类的思想和行为是如何构成的。二元对立的概念与“是与不是”这个问题相似。生命的存在就可以被看作是一个二元对立，如是生或者是死，然而也可以进一步细化分析其他的“是/不是”问题[②]；又如动物是可食用的还是不可食用的？动物是生食还是熟食？等等。一系列的二元对立适用于任何情况的描述。

在文化的大背景之下来看这些关系和转换，人们可以看到各种神话（或一个神话的不同例子）如何揭示潜在的文化和社会结构。列维—斯特劳斯旨在创建一种结构方法论[③]，将神话作为一门学科，以此提供有关神话的见解以及正在研究的各种神话的具体例子，以了解人类行为/人工制品如何反映人的心灵结构，这对文学批评和民俗学产生了深远的影响。在本质上，文学作品、民俗传统、神话等受人类心灵的内在结构影响，被视为人工制品。基于这一假设，二元对立线索的情节研究，很大程度上影响了作者和文化。通过分析这些线索，人们可以更好地理解影响它的文化和主要动机。

第二次世界大战后期，列维—斯特劳斯的心理结构模型对人类产生了极大的影响。通过结合列维—斯特劳斯的结构主义（源于人类学）与其他人文学科（如文学批评和民俗）所提供的分析选项，产生一种全新的方式去设想文化的本质。结构模型已经在很大程度上不再像结构主义等方法那么流行，他们源于学术传统，逐渐主宰着关键领域。尽管如此，列维—斯特劳斯以及他的心理结构主义[④]，在现代社会理论中仍然发挥重要作用。尽管这些理论指出，人们反应的普遍趋势是统一的，是与生俱来的，然而心理结构的方法却具有灵活性，这使得他们能够用特定的文化，而不仅仅是凭通用模式，去应对这些反应。

---

① 克洛德·列维—斯特劳斯．神话学，生食和熟食［M］．周昌忠译．北京：中国人民大学出版社，2007.

② 马腾．个体生命的存在形式及其体育意义［J］．教育理论与实践，2017（24）：36－38.

③ 闫慧．列维—斯特劳斯的人类学结构主义［J］．大众文艺，2010（17）：99－100.

④ 刘登．列维—斯特劳斯的结构主义方法浅析［J］．现代交际，2013（9）：53－54.

第四节　结构分析的替代方案

存在主义和后现代主义是哲学思想的两家派别，第二次世界大战后，他们在法国的声望越来越高，影响甚远。战争结束后，存在主义立即成为主流，而后现代主义，源于存在主义，经由后结构主义。两者都提供了替代结构性思维的选择。结构分析在19世纪出现，并且在20世纪成为社会思潮的主流。然而，即使结构模型是主流，相互竞争的知识分子们（例如索伦·克尔凯郭尔和弗里德里希·尼采）却关注于个体的困境和观点。虽然他们的观点不同（克尔凯郭尔倡导宗教，而尼采却批判它）但是他们都反对集体/结构模型，因为这些模型没有充分地处理好个体所面临的问题。

克尔凯郭尔坚持认为，人们需要拥护信仰[①]。这一立场与黑格尔的截然不同，黑格尔侧重于文化以及它的先决条件，其中包括人们服从于政府的义务和现行的社会结构。克尔凯郭尔则将个人主义观点，与黑格尔的结构和有机社会模式相提并论，主张人们根据真正感情和信仰去做决定。

受克尔凯郭尔的个体观点和达尔文的适者生存观念的影响，尼采在19世纪后期提出：所有个体天生渴望权力。尼采赞颂那些通过洞察、力量和决心获得成功的人，而批评社会机构（如宗教）忽略至关重要的艰苦奋斗这一事实[②]。他在深入研究之后，得出结论：没有一个道德体系普遍适用于所有情况。他反对人们在赞颂英勇善战领导者的同时却服从于社会中的结构力量。倡导摒弃阿波罗崇拜的乐观心态，以及信仰上帝，接受现实的思想。

第一次世界大战给存在主义的发展创造了沃土。战争前，人们一直都是乐观心态。社会达尔文主义者告诉欧洲人，他们的文化是优越的，科学的进步必定会带来人间天堂。因此，尽管尼采指出，进化证明了人类的兽性[③]；社会达尔文主义者却只看到了人们向上进步的最高利益。然而，第一次世界

① 李新．克尔凯郭尔孤独个体的生存与信仰［J］．安徽师范大学学报（人文社科版），2017（3）：337－342.

② 王齐．看、听和信——克尔凯郭尔和尼采视域下的信仰［J］．哲学研究，2015（3）：73－78.

③ 杜春峰，李玉文．简析尼采的“超人”学说［J］．甘肃理论学刊，2008（1）：56－59.

大战及其后果，给乐观主义抹上了一层悲观的阴影。尽管19世纪曾被认为是技术的奇迹和福利，但战争表明了，这些同样的工具也会以可怕的方式发展。此外，虽然拿破仑倒台后，欧洲享有了一段繁荣和相对和平的时代，但是战争却是毁灭性的，之后的经济恐慌延长了这种痛苦，维多利亚式的乐观精神逐渐衰退。

让·保罗·萨特是这个幻灭世界的产物。单从他的学术生涯来看，他似乎只是在更新胡塞尔与海德格尔的著作，并在后期受益于卡尔·马克思。然而，这种知识谱系却是扭曲的，因为他的背景，使他成为社会以及他所提出的社会结构的敌对分子。萨特严厉指控中产阶级，从少年时代早期开始，萨特就认为自己是一个受虚伪的和霸道的社会系统压迫的个体（虽然没有完全被压倒）。成年后，萨特对文化的敌视并没有削弱。始终认为，强迫自己去忍受别人才是最大的惩罚。人们也因为萨特思想而重新思考自己与社会的关系，并在这个混乱的世界中建立起一种个人道德。其存在主义思想强调，人必须作出选择，拥护行动，并面对后果。

然而，到了20世纪60年代，萨特将他的注意力重新转向了政治问题，而非哲学思想①。与此同时，存在主义受到了列维—斯特劳斯心理结构主义的挑战。由于萨特只全神贯注于他自己的思想，其他人便去反驳心理结构主义。此外，该时代是一个政治动荡的时期。1968年5月，抗议的学生和工人几乎搞得法国政府濒临垮台。在很多人的眼里，他们不仅质疑现实，同时也不再信任法国共产党，因为它支持苏联的压迫。在这种环境下，归依结构主义和后现代主义是有吸引力的。

在这个过程中，值得一提的是雅克·德里达的说法，即“结构主义不存在了”，这种说法与他的解构主义有关，这是一种个人主义的分析方法，着眼于文本，以找出必须存在的冲突和内部矛盾。德里达认为，稳定的结构是不存在的，他侧重于把读者看成是“创造者”，即使他们的成就来源于别人的努力（作者）。分析表明，文本包含着各种矛盾含义。由于这种不一致性，一篇文本可以从多个方面去解释，这便强调了读者的作用，而削弱了结构的概念。

尽管这样的后结构主义思想提供了一种分析文本的方法，但它最初却不能处理更广泛的实质性问题。因此，很多知识运动（包括女权主义、黑人/土著研究、同性恋/女同性恋激进主义等）逐渐拥护后结构主义。后结构主

① 贝尔纳·亨利·列维．萨特的世纪［M］．闫素伟译．北京：商务印书馆，2005.

义模型假设人们从个人主义角度看待世界，因此它提供了一种超越世界观的方法，并且社会结构的使用，可以为他们的立场辩护。正当社会结构分析因现状辩护，而遭受攻击时，后结构主义却通过专注于个体，而不是客观的社会结构[①]。当然，拥护后结构主义也可能导致其他后果，假设个体（或者由类似的个人所组成的团体）以他们自己独特的方式去看待这个世界，就可能会与那些更强大的社会或社会机构所倡导的立场相对立。然而，这些含义却是不稳而多变的，从而有了新希望。于是，人们分析文本时开始摒弃现状及其传统观点。

后现代主义是后结构主义的一种延伸，而不是一项独立的运动，也可以说是对较早方法的一种超越。在接下来的讨论中，我们将介绍一些法国知识分子，他们超越存在主义，说明了同样的领导人是如何结合这两项运动的。当然，后现代主义和后结构主义更加复杂。尽管如此，人们还是经常利用他们去探索特定群体的独特性。此外，对于那些寻求推动社会运动并维护女权主义以及种族/民族平等和团结的人来说，后现代主义和后结构主义十分有用（见表3－1）。

表3－1　　　　后结构主义先驱的思想及贡献

德里达	哲学家	文本之外并无内容，要关注文本本身，不要关注其他意义，是一种寻找真实意义的“解构主义”	决策者感兴趣的很多行为都受到潜意识因素的影响
巴特	批评家	将结构主义和后结构主义应用于文学和文化	同时运用结构主义和后结构注意来进行文学批评
卢卡	精神分析学家	认为心智的结构与语言相同，这种结构有可能崩溃，发展了传统精神分析学	将心智类比为语言，提供了一个简单实用的理解和沟通观点
傅科	历史学家 文化观察者	关于人类的精神生活和文化对此的影响的历史学分析	为文化如何影响行为提供线索
克里斯蒂娃	激进主义者 女权主义者	最年轻的后结构主义者，也是其中唯一的女性	代表后结构主义的巅峰，研究具体团体，这一策略对经济人类学家研究具体团体及他们之间的差别来说，非常有价值

① 周怡．社会结构：由“形构”到“解构”——结构功能主义、结构主义和后结构主义理论之走向［J］．社会学研究，2000（3）：57－68.

后结构主义是一项多维运动，其观点受很多思想影响，包括哲学理论、精神分析方法、文学批评、历史学分析和文化/社会激进主义等。但是，此运动的参与者纷纷都忽略了社会的模式，转而关注个人，并类比处理个人的方法，来寻找处理同种团体的方法。此外，后结构主义创始者的多样性也有益于研究方法的多样性，因此一些在某种特定环境下的概念，比如自我、男性和女性、人文主义等，会受到从另一个角度的无情检验，人类学家对这些问题也十分关心。

“真相”不是刚性、静态的存在，而是随着时间推移，新思想学派必然出现，从而揭穿旧思想①。当研究者设法超过社会的和精神的结构，从更加个人主义的角度来思考影响和趋势时，结构主义的想法就显得缺乏价值了。很多时候，人类学家关心的是具体团队的差别以及人们在其负责期间内如何表现得问题，结构主义模型在这种情况下能发挥作用。虽然结构主义（作为一个思想整体）有一些首要共同点能够在不同思想者之间延续，不同的思想者仍然有其个人的研究工作，保持其个人的理论命题，这就让这项运动丰富而灵活②。当然，现在已经有很多结构主义思想者，不仅仅是以上提到的五位，因此，我们无法为这项运动创作一份概述。尽管如此，作为一个团体，后结构主义者不可避免地试图去解散（或者至少超过）结构关系，这种趋势是好坏掺半的。

本章小结

黑格尔的哲学思想，是人类学理论的重要源泉之一，他将文化视为一个整体的精神体系，认为这个体系对人们生活的影响表现无所不在。黑格尔强调社会协作和统一以及文化于社会的重要性，从而对人类学的形成和发展产生了重大的影响。“文化”和“民族特征”等重要人类学概念的形成，深受黑格尔思想的影响。但黑格尔思想忽略了压力、变化、竞争等必然存在的社会因素。

社会结构模型，或者说是社会结构主义思想曾经主导着人类学理论的发

---

① 黑格尔．精神现象学，（下册）［M］．贺麟、王玖兴译．北京：商务印书馆，1979.

② 郑深．建构主义：从结构主义到后结构主义的演变［J］．集美大学学报，2003（1）：20－23.

展。社会结构主义探讨特殊的文化现象及其模式，而心理结构主义探讨群体的普遍心理结构。这两种理论在经济人类学的形成与发展中，都发挥了显著作用。在以结构模型为主体的时代，各种衍生理论，如后结构主义理论等，都与经济人类学的发展息息相关。

第四章

对经济演变的人类学诠释

本章摘要

人类社会的经济发展演变过程，是经济人类学的一个重要研究领域。经济概念在人类社会中应用广泛，渗透在人类经济社会生活的各个方面。经济理论伴随着人类社会的发展而变化，而经济人类学对人类经济的解释，也随着时代的变化而变化。随着网络时代的来临，一切看似有序的背后之关系，变得错综复杂，经济形式也日趋多样化。从经济人类学的视野出发，探讨经济问题何以产生以及经济理论随时代发展而出现变化的历史轨迹。

引　　言

人类社会的经济发展演变过程，对经济人类学而言，是一个重要的研究领域。经济人类学是研究人类社会各种经济生活、经济制度及其演化规律的人类学分支学科，是人类学与经济学的对话，它将人类的经济行为当作研究对象，但又不完全等同于经济学。经济人类学更多关注经济与人的关系，经济与文化的关系，因此对经济有着与其他学科不同的解读。“经济”一词来源于希腊词汇，意为家庭事务管理，最早给其下定义的亚里士多德提出此概念的本意，在于维护公民在战争中的利益，认为长期的战争，是封建制度矛盾具体化的表现。亚里士多德指出，人类只有生活在社会中才有意义，因此他把人类称作“政治动物”，认为我们需要的是一个具有共同规范的社会，一个城市或者包括腹地的城邦，就是一个具体的有着共同规范的社会。社会是人类天性的表现，也是大自然逻辑的体现，其核心是每一个家庭都应该拥有自己的房屋，但并非所有的房屋应该属于同一个普通家庭。亚里士多德的设想是，让重要的大地主拥有大房子，同时拥有奴隶、工匠、土地、果园和家畜等，以此实现以大地主为头人的家族自给自足。[①]

经济人类学原理认为，家族只有管理好自己的家庭事务，并遵循一定的开源节流原则，才能达到自给自足的理想状态，这也就是家庭实务管理的实质。随着人类经济社会的发展，由于受到城市贸易经济和军事上的冲击，封建时代形成的大地主既有财产观发生了变化，他们需要更多的钱来满足其对奢侈品的需求，更重要的是他们必须为战争收敛钱财。亚里士多德强烈抨击市场以及为了独特奢侈生活而毫无限制地进行贸易的行为，他认为这种贸易行为与两千多年前美索不达米亚人通过强盗掠夺而实现物品的流转，在本质上并没有区别。尽管亚里士多德等学者极力保护农奴经济，抑制贸易的发展，但市场贸易作为一种收敛财富的活动和有效的家庭事务管理手段，似乎并没有因此而中断其发展。可以说在整个奴隶经济时期，商业历经兴衰成败，跌宕起伏，直到最后市场终于成为工业资本主义的主导原则。[②]

对经济演变的历史，不同的学科自有不同的说法，但研究目的却具有共同点，即从历史的角度阐述经济社会发展的规律，并对人类社会未来经济的发展提出方向性的建议，从而促进人类经济社会的全面发展。对人类社会经济演变历史的研究虽然是经济人类学的一个重要领域，但这方面的研究成果还有待系统化和从理论上进行升华。之前，笔者曾在《广西民族研究》2014 年第 5 期发表文章，介绍了德国经济人类家魁斯·哈恩（Chris Hann）与英国经济人类学家克斯·哈特（Keith Hart）有关经济人类学几个重要问题的研究结论，[③] 本章在前文的基础上拟重点介绍他们从经济人类学视野出发，对经济发展历史轨迹进行讨论的有关阐述，供国内经济人类学界研究参考。[④]

---

① 亚里士多德．亚里士多德选集（政治卷）［M］．北京：中国人民大学出版社，1999.

② 石云霞．试论亚里士多德的政治学方法论及其历史地位［J］．武汉大学学报（哲社版），1995（5）：103－108.

③ 田广．论经济人类学的若干问题［J］．广西民族研究，2014（5）：41－48.

④ Hann, Chris & Hart, Keith. Economic Anthropology［M］. Cambridge, UK: Polity Press, 2011.

第一节 对经济的古典诠释

一、经济理论在中世纪的发展

在《尼各马科伦理学》(Nicomachean Ethics)一书中，亚里士多德吸收了柏拉图的理论，认为交易源自于劳动分工，并且指出只有在公平的前提下，也就是说收入和费用是对等的，交易才真正存在。中世纪欧洲的学者认为均衡可以通过调节需求来达到，他们修正了亚里士多德的理论，把费用具体分为生产所需的时间和劳力。比如托马斯·阿奎纳(Thomas Aquinas)就认为如果没有均衡的交易，一个建立在劳动分工基础上的城市将会衰落。在小规模生产中，我们假定收入和费用是均衡的，这是建立在一个拥有农奴作为被动劳动力的体系之上的。但是托马斯的经济学理论并没有很清楚界定需求究竟是一个条件还是贸易价值的调控手段。作为一个神学家，托马斯必须使经济学理论和当时的神学教育相一致，使之符合神学的发展。阿奎纳一方面谴责高利贷，另一方面又论证商人在某一程度上追求利润的合法性；他支持原来的规范，但同时为当时活跃的资本主义辩护。贸易在这个时期被一定程度的认可，但是大部分学者和亚里士多德一样仍旧坚持：经济的目的是为了保存社会资源；社会是自然的一部分，而农业生产是核心和灵魂；自然是上帝的产物，而经济是处理人和神关系的一个原则。

“经济”的这一发展历程，不只是出现在崇尚神学的西方国家，欧洲和亚洲所有的农业文明的国家都认识到了由于城市贸易和传统农业的对抗而带来的压力。印度的种姓制度就是一个极端的例子，设立了祭司、战士、商人和仆人四个不同的等级，而且禁止不同的种族通过金钱进入另一个更为高尚的等级。在中世纪的欧洲，犹太人被禁止获取利润，但是他们可以拥有自己的土地和居所。在我们中国向来有重农抑商的传统，孔子的儒家学派认为应该限制自由贸易，商人在当时的地位非常低下。在家庭保持着这样一个传统：长子是理论上的继承人，第二个儿子是军人，而第三个儿子才是商人。

尽管受到压制，中国依旧具有商贸发展的优良的条件，特别是在港口。①

亚当·斯密对一个国家的完整的本地市场表示了很大的赞扬，相比之下，他觉得18世纪欧洲分散的市场没有太大的吸引力。尽管贵族阶级为了维护他们的土地和权利而一再抵制贸易的发展，城市贸易的发展和依靠暴力维持的土地权利还是对农业造成了冲击，这也使人们开始质疑亚里士多德关于农业和贸易无关的观点。②

二、经济理论的伊斯兰主义

伊斯兰教国家经济的发展带来了欧洲的复兴，即使到了今天，它在世界经济体中依然扮演了一个很重要的角色。在11世纪，开罗是连接西班牙到印度的一个文化中心。在那个时期，安萨里（Al－Ghazali）是当地最著名的经济学思想家，但是他主要是在埃及、叙利亚和伊拉克等国家传授自己的知识。他当时最为关注的经济中和公共利益相关的地方，并且很好地区分了必需品、舒适品和奢侈品。他认为，钱财如果只能维持生存那是不够的，但是过多的财富可能会带来灾难，所以他建议人们不要奢侈浪费和过度追逐利益，适度的钱财就足够了。此外，安萨里还对交易、生产、金融和国家的角色等问题提出了自己的看法和建议，他强调在市场中讲究道德，并且认为生产和供给必需品是商人的一种义务。所以在他的眼里，囤积居奇是不道德的，商人不该一味地为了利益相互竞争，而合作才是值得赞美的，和平和稳定才是经济发展的前提。③

相比于托马斯·阿奎纳等人，阿拉伯学者伊本·赫勒敦（Ibn Khaldun）更进一步发展了亚里士多德的思想，使之向现代经济学理论跨进了一大步。早在亚当·斯密前几百年，伊本·赫勒敦就声称一个国家的财富是蕴藏在作为商品的艺术和手工艺品中，他还就价格发表了一些不同见解。不同于其他致力于研究所为的公平价格的学者，伊本·赫勒敦更多地解释当前的价格。他认为如果西班牙的小麦价格比南非的高，那是因为在南非生产加工小麦需

---

① 唐庆增．中国经济思想史［M］．北京：商务印书馆，2010.

② ［英］亚当·斯密．国民财富的性质和原因的研究（下）［M］．郭大力，王亚南，译．北京：商务印书馆，2008.

③ Ghazanfar，M. & Islahi，A. Economic Thought of Al－Ghazali［M］．Jeddah：King Abdulaziz University，1998：20－21.

要更加多的劳动力生产费用，而不是说南非食品稀缺。他提倡理论分析和经验资料相结合，而不只是依靠所谓的道德标准，在他的眼里，所有的社会财富都是劳动创造的。[①]

尽管当时穆斯林的学者对商业进行了辩解，但是由于穆斯林的手工艺者却不被允许买卖商品，从而不能形成一个支撑早期欧洲资本主义萌芽的生产体系。最早把社会作为一个经济市场的是说英语的国家，创新发明了蒸汽机的 17 世纪的英国在政治、经济、科学和贸易等不同领域都发生了革命。现代经济学才从一个新的政体中产生。在传统的群主政体国家中，公众只是依照国王的命令办事，所以很少能自己决定什么。但是当你不得不杀死国王怎么办？一个新的政体，必然引起不同的争论，其中主要有两个阵营，将人的推理可以作为知识来源的理性主义和以事实为依据的经验主义，他们代表人物分别是达德利·诺思（Dudley North）和威廉·配第（William Petty）。[②] 现代经济学依旧遵守这两个理论，并且在此基础上分别发展了微观经济学和计量经济学。

三、关于经济的经验主义

约翰·洛克（John Locke）是经验主义的开创者，他开创的哲学体系帮助乡村贸易从社会附属品变成社会文明的中心，主导社会的发展。他在其所写的《政府论》中，指出了人类历史发展的三个阶段：在第一个阶段，人们利用那些土地上的可得资源创造价值，并且自己拥有，这个时候的私有财产仅仅被认为是劳动所得，人们只要求自给自足。接着，货币产生了，这被认为是由土地产生的不平等财产，钱财在高压政治下不断累积，从而形成了跨向下一阶段的助推器；在那之前，人们追求自给自足，但在那之后，即第二阶段，人们可以通过货币来储存生产的多余商品，经过慢慢的财富积累，他们就能获得更加多的土地，或者说是资本。这也说明，国王可以采用武力征用商品生产者的土地。接下来，洛克假设了第三种阶段，就是经过革命以后，人们可以保留他们自己的拥有的财产，政府是文明而有限权力的。但

① Khaldun, I. The Muqaddimah: An Inquiry into History [M]. London: Routledge & Kegan Paul, 1987.

② 周晓亮．西方近代认识论论纲：理性主义与经验主义［J］．哲学研究，3003，（10）：48－54.

是，洛克并没有区分工厂主和他们的工人。在他眼里，他们都是为了逃离贵族阶级的剥削而抗争的人。[①]

在18世纪，在罗马天主教控制的欧洲遭到了严重的剥削，特别是法国和西班牙，但是天主教的掠夺却在一定程度上推动了经济理论的发展。法国重农主义者认为所有的价值都是来自于土地，就在工业革命前夕，他们还在设想一个能够维持社会发展的新的土地所有制。与此不同的是，英国的经济学家詹姆斯·斯图亚特（James Steuart）大力支持贸易的发展。他认为这个世界上农民太多了，而缺少购买产品的消费者。一个普通的移民者也能拉动需求，当他们增加对农业产品的需要时，农民才有足够的钱财购买城市居民的产品，贸易也能在社会分工的基础上发展。他认为国家在工厂建立之初应该保护人们免受世界市场的冲击，市场上激烈的竞争很容易使处于弱势的企业消亡。由于他的理论与支持自由贸易似乎有点相违背，他被认为是重商主义者。无论如何，他的理论引领了亚当·斯密进入经济学的道路。[②]

第二节　经济理论的近代诠释

一、政治经济学的出现

“经济”，最初被视为等同于农业。在地主阶级统治社会的时候，对贸易机制的研究只是停留在理论阶段。当欧洲国家为了形成第一个“世界体系”而团结起来后，经济才慢慢地和市场等同起来。这个市场网络是由很多的购买和出售的行为构成的，而在通常的情况下，货币是这种交易的中间媒介。这一时期，人们的思想发生了很大的变化，产生了很多与社会统治者的主流思想不同的其他想法。从18世纪开始，市场被看作社会的中心。这种新的思想的产生引发了激烈的政治辩论。亚当·斯密第一次提出了是市场

① Locke, J. Two Treatises of Government. Cambridge: Cambridge University Press, 1960.

② 李善明．论詹姆斯·斯图亚特经济思想的属性——斯图亚特是带有“重商主义残余”的古典经济学家［J］．财经科学，1987（3）：49－51.

是现代社会的主导机制，并且加以解释。在其《国富论》中，亚当·斯密指出，高水平的社会分工能够提高效率和增加收入，而且这在经济单元内部和不同经济单元之间都是适用的。这里所关注的是商业化的自然过程，而不是工业资本主义的爆发和接着出现的英国海外扩张可以想象和达成的。①

经济人类学的研究表明，所有的农耕文明都尝试控制经济交易，因为权力来自土地财产，人们惧怕货币和市场会毁坏他们的控制，乃至动摇他们的统治。在没有国家政权的年代也是如此，市场总是被认为是次要的，处于主流社会机制的监管之下。因此，依照卡尔·波兰尼的研究，非洲市场街道的选址总是要受特别时间和位置的限制，大部分的生产和消费是按照亲属关系来组织的。为了出口农作物和雇佣劳动力而产生的殖民需求意味着市场已经随处可见，正在慢慢破坏现有的统治权威。为什么市场被认为对传统的社会统治具有毁灭性？因为商业无国界——所有的市场都包含在一个所谓的世界市场里面——而这会威胁到当地的控制系统。这也就提供了一种逃向主导者的方法：奴隶、少数民族、年轻人和妇女，他们都因此有了一种潜在的逃跑方式。商人具有很大的能力，他们能帮助那些无名人士成为当地的控制者。②

所以，亚当·斯密提出社会对市场没有什么可以恐惧的，事实上，社会可以从市场中获得很多。他还提出市场的主要激励是自私：我们不能期待屠夫、啤酒制造商或面包师因仁慈而赠予我们晚餐，他们的行为是受他们的自身利益驱动的。作为一个有道德的哲学家，亚当·斯密不支持在市场交易中以自身利益为先的狭隘追求，但是他发现宁愿所有的人都为了追求自身利益而进行市场贸易，也不愿意经济力量被少数人所控制。他独特地指出以物易物、物物交换是人类共同的习性，所以市场是一个增加国家的财富的最好载体。他又提出，社会的利益只有在市场机制下才能最好的被满足，这与他所说的同情没有关系，但他的这些理论大部分都被遗忘了。现代的经济学家大部分引用了斯密的“看不见的手”这个理论，但是他们没有注意到亚当·斯密的这个理论是指自然的巧妙设计，并不是市场的非人格机制。然而，亚

① 胡怀国．亚当·斯密的思想渊源：一种被忽略的学术传统——兼论现代市场经济的内在逻辑［J］．经济学动态，2011，（9）：110－120.

② Bohannan, P. & Dalton, G. (Eds.) Markets in Africa [M]. Evanston, IL: Northwestern University Press, 1962.

当·斯密设想的并不是一个统一的世界经济体，他预测中国将再一次超越英国。[①]

政治经济学在19世纪初继续发展，它作为一门学科主要关注到底怎么分配从扩张的市场经济中产生的价值才是最好的。如果说亚当·斯密被认为开创了自由经济学说的雏形，那么大卫·李嘉图就给出了自由主义经济理论更加系统化的解释。他和他的跟随者，指出了三种类型的资源，每一种都被称为"增长的力量"：自然环境（土地）、钱（资本）和人类创造力（劳动力）。这些依次由他们的所有者代表：地主、资本家和劳动者。收入的分配：租金、利润和工资——包含了政治经济学的关键。李嘉图认为，主要的矛盾存在于地主和资本家之间，最好的政策就是保证市场销售收入不会从资本积累转向很高的租金支出。

政治经济学理论认为，竞争性市场将会减少中间商的边际利润，从而迫使资本家创新，通过规模效应、社会分工和机器的应用来降低生产费用提高效率。劳动生产力提高了，从而使得利润所得能够以扩大的方式进行再投资，获得更多的利润收入。人类的劳动力就会以商业生产这样更加详尽的形式释放出来。唯一对这种上升的形式造成威胁的是，如果地主提高租金从而从这一新的高利润产业获得收入，就会把价值转换到多余的消费中。更糟糕的是，资本基金是固有的无限的，但是土地的供给是绝对的有限的。经济的扩张意味着人口的增加，这将会抬高食物价格，用工资的形式压榨资本基金。这种情形唯一的解决方法是让英国的土地所有者和海外廉价的供应者进行竞争，这就在李嘉图的"比较优势"的理论基础上形成了自由贸易。[②]

二、马克思主义经济人类学理论

经济人类学研究在传统上以民族志记述和田野调查为主的方法，对小规模、封闭孤立、前工业化和非欧美社会进行描述。因此，在主流经济学家看来，经济人类学的研究是一种较为静态的、孤立的研究。由于缺乏纵向和横向联系的分析，因而难以获得对社会发展规律性的认识。正是出于克服这一

① Arrighi, G. Adam Smith in Beijing: Lineages of the Twenty - first Century [M]. London: Verso, 2009.

② Hann, Chris & Hart, Keith. Economic Anthropology [M]. Cambridge, UK: Polity Press, 2011: 26 - 27.

局限性的需要，许多当代经济人类学家在研究非欧美社会时，力图用历史联系的观点，分析和认识其发展、演化的过程。在这种背景之下，他们不同程度地应用了马克思主义学术观点。[①] 马克思主义对经典经济理论的贡献，就在于有关资本主义解析和批判方面。马克思和恩格斯认为，私有资本不能够很好地组织和推进已进入大机器生产时代的社会生产。因此，他们希望社会提高对工人的关注，并借助于工人的潜在力量，使整个社会得到真正发展。马克思在对政治经济学基本范畴的价值、劳动、土地和资本展开分析的基础上，吸收了德国古典主义哲学和法国空想主义理论，从而创造了一个关于商业化社会关系的客观体系。同时这个经济体系也吸收了其所含纳的人们普遍的主观想法，这些意识在马克思主义之前被精明的商人所掩盖。[②]

马克思认为经济的首要要素是生产。在早期他曾推崇空想主义理论。空想主义思想家描绘了这样一个画面：在极端的情况下，人们会渐渐地远离生产工具、工作伙伴和劳动，以至于最终脱离他们的本性。马克思在其后来的著作中，把一切能够给资本增加价值的都归类为生产劳动。商品是抽象化的劳动，其最高形式就是资本。只有一种商品可以增加价值那就是劳动，因此资本就是这样进入到有组织的生产过程之中。当市场成为社会再生产的主要途径，货币资本和雇佣劳动的结合就能带动生产力发生变革。[③]

马克思在论述前资本主义的各种经济形态时，分析了人类曾经与动物共同分享的历史阶段，而将资本主义看成是对过去这种生活形式的最终溶解剂。马克思认为，在原始的生产条件下，生产不可能自我实现。在这里我们需要解释的不是人们在自然和无序状态下的生活和新陈代谢，这并非历史性的进程。我们必须要解释这种人类生存的无机状态和社会活动的分离，这种分离在雇佣劳动和资本的相互作用中完成的。[④]

在这样一个突破以后，资本主义使人们脱离了仅仅依赖自然的原始状态。所以，资本主义是新社会的促进因素。马克思对生产方式变化的排序在经济学说史上最为简略并具高度概括性。在前资本主义社会形式里经济目的

① 王燕祥．马克思主义对当代经济人类学的影响［J］．世界民族研究，1979（2）：38－41.

② 王德峰．论马克思的资本批判的原则高度［J］．江苏社会科学，2005（6）：42－48.

③ 丁晓安．“资本雇佣劳动”及其产权逻辑批判——基于马克思主义劳动价值论的反思［J］．管理学刊，2011（4）：24－27.

④ Wilk, R. R. & Cliggett, L. Economies and Cultures: Foundations of Economic Anthropology [M]. Boulder, CO: Westview Press, 1996, p. 30.

都是间接的，马克思并未去追溯世界历史的发展趋势，而是采用了一些典型化的例子，对人类社会的经济发展史加以说明。在马克思的经济人类学理论中阶级扮演了一个次要的角色。在《共产党宣言》（1848 年）中马克思和恩格斯明确指出，在前资本主义社会中阶级、身份和秩序的多样性和复杂性。只有在商业逻辑渗透大部分社会生产之中后，无产阶级和资产阶级的阶级斗争才会成为社会发展中的主导因素。即使到了资本主义时期，前资本主义经济残留的阶级通常也会在资本主义社会的变动中起很大作用。

马克思主义关于生产方式的理论模式，给西方经济人类学以新的有效研究工具，从而使得经济人类学家在面对一个日新月异的世界时，有了因应之道。当前的国际政治、经济形势，与 19 世纪末、20 世纪初相比，已发生了本质的变化。资本主义生产方式以其现代高科技和广泛的市场网络联系，将世界上几乎所有的民族都纳入国际资本流动和商品流动的构架之中。传统经济人类学的典型研究对象和前资本主义社会，在当代世界已经为数不多。世界各国和各民族都在努力打破孤立、封闭的状态，实行对外开放，将本民族的经济融入国际经济大循环之中，与发达资本主义社会联系的形式与程度，成为落后国家或民族改变落后状况的决定性因素之一。

在这种条件下，经济人类学家要想对自己的研究对象——国家或民族的经济发展方面加以深刻认识，就必须以一种不同于以往的、注重动态联系的理论模式，对现实的经济社会进行观察和研究，而马克思主义经济理论正好适应了这种需要。一些西方经济人类学家运用生产方式的理论模式，结合大量长期、深入、细致的田野调查和民族志记述的资料，对发展中国家的经济进行了一系列实证研究，取得了许多有价值的研究成果，发表了一批有影响的著作和论文。①

马克思主义经济人类学理论，是针对工业资本主义的特殊理论体系，描述和分析了世界转向新纪元的一个重要转折点。马克思并非仅仅把自己的理论当作一个我们学习西方历史的案例呈现给我们，而是将工业资本主义所引发的一系列重大事件提供给我们进行学习和思考，马克思一系列经济社会大变动的描述和分析，让世界都处于他的思想逻辑之中。马克思主义的经济人类学理论告诉我们，否认非西方社会的自主演化是以种族主义为中心的唯心主义思想体系，世界各国的社会发展已经证实了一点。马克思的伟大在于他

① 王燕祥．马克思主义对当代经济人类学的影响［J］．世界民族研究，1979（2）：38－41.

和恩格斯在维多利亚时期，通过对资本主义的研究而表现出来的高度历史责任感；《资本论》的就是抨击当时主观唯心主义最有力的经济著作。

三、国家资本主义及其他

如果资本主义在早期和地租所有制斗争的时候拥护了工人，他们成功地把数以万计的农民从隔离的农村生活中拉进工业城市中，但是这产生了新的社会统治问题以至于他们开始重新估计他们的阶级基础。结果就是单一国家和工业资本主义的综合体产生了，就是“国家资本主义”：他们尝试去控制市场、管制货币，通过中央官僚制度来累积财富。只有当这个时候，“经济体”这一概念才严格意义上在本国研究中出现，这和大型的资本主义组织的出现相关。黑格尔声称只有国家权力才可以包含资本主力的剩余价值，而市场可以限制政治权力的滥用。他总结道，社会应该由受过教育的官僚阶级精英来进行管理。这之后，社会学家马克斯·韦伯在德国的历史实践中找出了这样一个综合体，这是在莱茵兰资本主义和普鲁士官僚统治联合掌权的时期，他们都是以水上贸易为基础，实行地主所有制。尽管在近几十年国家资本主义被自由主义全球化理论进行了一再的调整，它还是当今世界的主导社会形式。[①]

全球化这个概念本身并无新意。在18世纪60年代发生了一场交通运输和通信革命（蒸汽船、铁路和电报等），正是这场革命打开了世界经济的大门。同时也爆发了一系列政治革命，使得统治阶级制度化地组织工业资本主义发展成为可能。资本主义这个新概念从那个时代开始流行起来，它总是建立在拥有大批资产者与买卖产品的不平等合约之基础上的。当然，这个合约也是有风险的，若工人拒绝提供劳动力，买家拒绝购买商品，那么资本家就要承担损失。资本家当然不允许这种情况出现，所以他们需要来自政府、法律、监狱、警察甚至军队的支持。18世纪60年代发生的政治革命，从美国内战到日本的明治维新，乃至德国的统一，这些变革均建立在资本家和官僚阶级新联合之上。在这个新联盟中，他们希望建立一个政权，以便他们管理工业生产力，并驯化那些占领大部分城市的犯罪团伙。

---

① Wilk, R. R. & Cliggett, L. Economies and Cultures: Foundations of Economic Anthropology [M]. Boulder, CO: Westview Press, 1996, p. 30.

不久，政府便构筑了大企业运行的新法律条件，并通过改革官僚主义而引进大规模的生产和消费。第一次世界大战后民族国家体系日益普遍。然而，它很快就经历了一次大的倒退，并再次发生了世界大战。自由主义经济学家凯恩斯呼吁政府介入市场，去调制混乱的经济。此后，社会主义中央计划开始流行起来，激励和挑战同时在东西方出现。历史学家埃里克·霍布斯鲍姆（Eric Hobsbawm）认为1948—1973年的国家资本主义，是国家强大和经济扩张的新时期，发展的思想代替了殖民统治，这里的所谓发展特指贫穷的国家在富裕国家的帮助下逐渐富裕。在美国衰败前夕，总统理查德·尼克松曾经宣称，我们现在都是凯恩斯主义者，他认为政府有责任调控公家资本主义以维护公民的利益[①]。

国家资本主义未能与新统治阶级联合来进行发展，相反，在社会化的驱使下，国家资本主义致力于呼吁动员所有阶级，特别是新生的城市工人阶级参与发展。这也就意味着工业资本主义需要工会和民主制度的帮助，以便生产者能高效地为其生产，创造价值。这也意味着在依靠机器生产的工业经济体国家中，需要提高教育水平，使劳动者的生产能力达到工作标准，从而形成一个能够满足公民对社会安全、健康、住房和交通要求的社会福利体系，通过税收、失业救济和全国的公平价格来调整市场机制所引起的财富不均问题[②]。

第三节 网络时代与新经济

在当代全球化资本主义发展中，网络提供了一种逃离土地贫乏、资源的时间和空间限制的方法。网络时代的经济同以前各个不同时代的经济相比，具有明显的特征，即经济发展更能体现高效、快捷、方便和安全的特点。[③]但社会阶级的分化却依旧掌控了环境、货币和人力资源。曾经被地主贵族阶

① Hobsbawm, E. Age of extremes: the short twentieth century, 1914 - 1991 [M]. Michael Joseph, 1994.

② Hann, Chris & Hart, Keith. Economic Anthropology [M]. Cambridge, UK: Polity Press, 2011: 31 - 32.

③ 李岳．互联网时代的经济发展特征研究［J］．现代经济信息，2010（7）：80.

级掌控的土地控制权，现在已经大部分转移到了国家政府手中。国家为了积累财富对发生在其权限范围内的交易收取税费，同时从公共财产中收取租金。这主要通过多年来所形成的官僚制度来保障和促进而实现。然而当价值迅速地从汽车工厂和城市购物中心转向交易所后，国家通过官僚制度获取经济利益变得越来越难了。过去，国家安全理论证明了强制性交易的合理性和必要性，比如纳税和交租金，但这个原则却长期以来受到新保守主义者的强烈攻击。

资本家也经历了很多挑战，他们吸收并最终打败了工人。从 20 世纪 80 年代复兴的自由主义倡导的自由市场，就是资本家获取胜利的证据。同时，人们开始质疑资本对国家的重要程度。由于货币具有国际化的特征，所以那些主导世界资本主义公司与其原始国家的联系越来越少。在近期世界经济都是被具有西方背景的跨国公司控制，但亚洲的高速发展却改变了这一格局。特别是中国近 30 多年经济增长速度之所以引人注目，笔者认为就是由于实行了国家经营的原则。① 如今，世界最大的五个银行中有四个是属于中国的。

资本主义与国际化的联合，在带来冲突的同时也带来了合作。现在，经济理论界总是喜欢将 20 世纪早期的反托拉斯法浪潮以及从那时不断诞生的垄断家，比如约翰·洛克菲勒，拿来与现今政府在面对微软和谷歌时的状态相对比。现在公司主要是依靠租金（从法律保护的财产得到的收入）和来自销售收入的利润，这意味着财富的主要积累是从顾客处获得而不是从工人那里获得，至少在大部分富裕的国家是这样的。政府通过税收来获取商品的部分价值，而公司在销售、租金和纳税方面都必须依照成体系的法律行使权利，而且承担了很大的风险，只有当人们付清消费额他们才能取得收入。到现在为止，公司还没有找到方法摆脱政府这个强制者的好办法，但是当市场在一定范围内全球化后，这个问题肯定会引来人们更多疑问。

尽管传统的工业体系已经崩塌，人们认为工会仍然是向大财团反抗的最好保障。国家资本主义曾经活跃于区域经济发展过程中，主要在固定国家和地方产生作用，但是网络却将人类指向了一个更加复杂的社会，这个社会是移动的网状组织构成的。在网络社会，众多的普通用户拥有一个共同利益，

① 田广，戴琴琴，綦晓光．关于国家经营的战略思考：基于对泛市场化思潮的批判［J］．石家庄经济学院学报，2012（2）：92－95.

无论是作为个人或者团体，他们都希望逃避那些不合理的管制，从公平交易中获得利润。虚拟网络或许促进了一个新生阶级，使其融入反对政府和公司的团体中，这个新生阶级可能并非一个团体而是千千万万实实在在的个人①。

在网络政治经济中的主要参与者包括政府、公司还有全体网民。以前根据土地来收取租金的行为，转化为国家强制性的税收和租金收取，国家这种行为的基础在于政府对土地征收权的独享。资本主义利润主要是集中在少数跨国公司中，为了能在政府的强制征收下依旧盈利，这些跨国公司一直试图抬高商品价格。普通人在网上获得的交易服务是平等的，而数字革命在很大程度上降低了远程交易费用，同时也为进入不同市场提供了可能。在网络经济时代，政府和公司的相互依赖性程度在不断提高，但利益并非总是一致，在更多的情况下存在着冲突。不过有一点是相同的，在当今民众极力试图推翻政府与公司之垄断的趋势下，政府和公司在使用网络资源时对信息必须经过严格仔细的“筛选”，因此而使得网络信息显得很不自然。网络时代新经济发展态势，在改变着人类经济生活的同时，也为经济人类学理论工作者创造了机会。因此，经济人类学家应该把对网络时代新经济的研究，放在经济全球化和信息化的基础之上，沿着互联网革命、新兴的互联网产业群、电子商务及其向传统产业渗透，并在互联网被广泛应用于人们的经济生活及其社会关系等方面逐一展开。在对跨文化的互动分析中，研究探讨与决定新经济发展相关的一系列文化因素，面对新经济发展所可能出现的问题，提出切实可行的对策建议②。

本章小结

经济一词最初来源于希腊词汇，主要指对家庭事务管理的强制性规定，接着产生了自给自足的经济思想，主张在经济生活中人们应以开源节流为主，尽可能避免贸易。在欧洲这个思想占据统治地位，直到工业社会的到来。人类社会的经济发展，尽管遭到种种不同的来自人类社会和大自然的抑

---

① Hann, Chris & Hart, Keith. Economic Anthropology [M]. Cambridge, UK: Polity Press, 2011: 31-32.

② 汪向东．中国：面对互联网时代的“新经济”[M]．北京：生活·读书·新知三联书店，2003.

制，在过去的近1000年，特别是近两个世纪，却有了很大的增长。亚当·斯密的理性主义革命，把人们的关注方向从本国的经济事务引导到了“政治经济学”，特别是对劳动分工和市场的重视。由此导致两个直接的结果：第一，市场被那些需要大量资源来生产的公司所主导，他们主要是用钱来赚钱，从而形成所谓的资本主义；第二，国家声称有权力为了整个国家的利益而积累财富，有权力管理资本和市场。这也是为什么我们在谈到经济体制的时，一般都会在前面加一个国家名称以特指的逻辑原因。

然而，此类惯例并非静态的，相反却变得日益复杂。现在几乎所有不同方式的联盟，比如国家间的联盟（如欧盟），或者地区间、公司间的联盟等，都可称作一个经济体。因此，普通民众越来越熟悉关于经济体的问题。在这个过程中，经济更多指的是与市场交易有关的货币问题。尽管这样人们依然重视关于量入为出的观念，还在努力保留足够的资源以便自给自足。所以“经济”这个专业概念包含了人类对生存与发展过程的认识与概括，但它到底是对人们的主观认识总结还是对客观世界的概括，却至今依然是个谜。经济人类学家在努力探讨经济是指人们的一种态度，还是超越态度的其他东西？它是理想化的，还是真实的？它指的是个人还是整体？关于所有这些问题，我们只能用具体的案例来分析。如果说工业革命把经济的重心从农业转向工业，那么现代经济则由围绕网络空间做离心运动的电子组成。对很多贫穷者来说，保证生活必需品是最重要的；然而对发达国家的民众来说，关注这些生存基础已不再那么重要了。因此，关于对经济这个概念的困惑反应，不仅仅是一个未完的历史，更重要的是体现了不同经济发展阶段的特点。

经济人类学家的研究表明，在日常生活中民众对“经济”的理解，就是把家庭经济生活方面的问题有秩序地加以管理。那么市场与经济的概念相兼容么？这需要从社会亲属关系的角度进行研究。如果在处理经济事物时需要很大的自主性，我们需要作为家庭成员的一部分进入社会，所以从长期考虑，经济策略以及决策，都必须依赖家庭成员。有一种观点认为，社会机构的再生产，是在人们出身、结合到死亡的过程中进行的，这就要求我们关注经济秩序中的家庭管理。亚里士多德曾经错误地将家庭事务管理与自给自足等同起来，并认为市场应当与贸易完全脱离。节约是一种美德，但是自给自足在市场经济的条件下并没有实践意义。

总之，在经济人类学的视野下经济史就是这样一个过程：家庭事务管理被慢慢地包含于更加具体的社会群体中，比如王国、城市、国家和世界等。在这些群体中经济规则产生了新的变化，经济的应用性越来越普遍。庄园、修道院、寺庙还有宫殿等，都是给大众传播这样一些原则的地方，经济思想经过激烈的争论才形成今日的经济理论。如果说自然神学家把经济当作是宇宙的规则，那么在封建城邦下发展起来的城市，则拥护和经济对应的资产阶级，之后，国家成为经济的主要载体，但只有最近世界经济才变得更加具体，成为一个主要话题。尽管宗教信仰和社会福利起了一定的作用，市场还是不断地把社会界限越来越模糊化。政府无法只在以社会的名义下控制市场，对市场经济的发展放任不管，并简单地把市场经济作为发展的唯一途径。因此，在社会经济发展和人们的经济生活方面，我们既不能不要市场，也不能泛市场化，我们必须寻找新的方式，进行新的探索①。

---

① 田广，戴琴琴．泛市场化批判：对当代中国经济体制改革的理论思考［M］．北京：中国财政经济出版社，2012.

第五章

中国经济人类学先驱者学术要旨

本章摘要

中国经济人类学相对于西方起步较晚，但因马克思主义理论的指导和中国国情的需要，中国经济人类学在发展过程中，逐步形成了自己的独特优势。以费孝通、施正一等为代表的先驱者，在中国经济社会发展的实践中，从本土特点出发，创造性地运用经济人类学的研究范式，来解决中国的具体问题，完成了大量的优秀学术成果。从文本研究的视角出发，梳理中国经济人类学先驱者的学术贡献，尤其是先驱者们以马克思主义经济学作为切入点，对中国经济人类学发展的理论贡献及其在“一带一路“提议推进过程中的现实意义。

引　言

人类学是跨越自然和社会科学的交叉学科，以人类及其文化为研究对象，因其研究方法十分独特而实用，故在西方发达国家发展较快。作为其分支学科的应用人类学，即将人类学的研究方法和手段运用于解决人们面临种种现实问题的学科，正在逐渐成为人类学界的新宠儿[①]。而经济人类学作为应用人类学的重要分支，又是经济学和人类学的交叉学科，它一方面将人类学的研究范式，应用于解决原本是经济学研究解决的一些重要问题；另一方

① Gunn W, Otto T, Smith R C. Design Anthropology: Theory and Practice [J]. Journal of Design History, 2015 (10): 84 –97.

面又将经济学的研究范式和分析工具等，运用于原本是人类学研究解决的议题。尤其在马克思主义人类学从历史唯物主义的视野出发，将达尔文的生物进化论与人类历史发展论做有效对接之后人类学以及经济人类学的发展前景更为广阔，值得深入研究①。

近年来，在西方经济发达国家，尤其是在美国，经济人类学作为经济社会发展及经济管理学学科与人类学学科的交叉边缘学科，已成为应用人类学学科群体的重要组成部分，受到学术界和经济管理界的共同关注②。经济人类学在中国的起步较晚，费孝通教授、施正一教授等作为中国人类学、民族学的早期创始人及推动者，一生都致力于人类学、民族学、民族经济学的研究，并将其研究成果成功地应用于社会各个领域，包括民族地区的发展、落后地区的经济建设、工商企业管理等。他们的理论思想、理论著作及思维方法，为中国人类学的学科建设，作出了巨大贡献，也为后来经济人类学的发展乃至人类学的进一步发展，指明了方向。

费孝通教授以中国社会变化的大背景为基础，在不同的社区以及乡村做人类学田野调查研究，研究文化以及文化变迁对人类社会文化生活与经济生活的影响，著有《江村经济》，提出“文化自觉”理论，对中华民族的形成做了高度集中的理论概括，强调人与自然的关系、人与社会的关系、人与文化的关系等人类学理论及概念，为经济人类学的发展奠定了理论基础，对我们今天生态文明建设和践行科学发展观也有极大的借鉴意义。

施正一教授坚持马克思主义基本原理，将其毕生精力都倾注在对民族学的研究上，其突出贡献主要在于创立了民族经济学学科、提出广义民族学的概念、指出要加强建设民族地区的四个现代化、针对西部开发任务提出“加速发展战略方针”、强调发展少数民族地区经济，以实现整体经济均衡发展、研究萨满等少数民族文化，提出宗教文化形态学，全面地丰富和充实了中国经济人类学研究的范畴和内容。施正一教授在其科研过程中，提出科学的思维方法——“具体——抽象——具体”，其学术贡献，对中国民族学与人类学而言，是一笔巨大的宝贵财富，启蒙了无数后辈人类学家以及民族学家，拓展了民族学与人类学新的研究领域，对经济人类学的发展以及国家

---

① 杨东昌，田广．新时代马克思主义经济人类学发展探析［J］．学术前沿，2018（8 下）：88－103.

② 田广．论经济人类学的若干问题［J］．广西民族研究，2014（5）：41－48.

的经济建设，具有跨时代的意义。

在费孝通、施正一等先驱学者的学术思想指导下，中国当代比较著名的陈庆德教授、周大鸣教授、罗康隆教授、张继焦教授、陈刚教授、施琳教授等人类学家，从不同的角度对经济人类学进行研究，推动经济人类学中国本土化的进程。比如，周大鸣教授致力于研究都市人类学，将人类学的研究方法应用到都市区域的文化与社会过程研究中，通过对中国农民工的迁徙、融入及由此引发的城市社会重构等问题的研究，来寻找城乡和谐进程的新思路①；张继焦教授致力于研究企业人类学②，对城市转型中“老字号”企业的营销及文化等进行经济人类学研究，创造性地提出要保护与振兴餐饮“老字号”企业，挖掘餐饮“老字号”文化遗产的商业价值来维持城市的活力③；陈刚教授对“泸沽湖”等④文化旅游市场进行经济人类学研究，发现文化旅游业的开发与发展对当地族群间的关系以及传统文化具有深远影响，他力图通过经济人类学对市场和群体行为的研究为许多社会问题找出解决办法，比如针对昆明出租车司机的经济人类学个案研究⑤；施琳教授在对埃塞俄比亚民族关系的研究中，指出“运用民族学、人类学开展田野调查时，通过对民族关系相关历史脉络及民族构成情况的全面认识，进而实现全景与近景维度、纵向与横向维度以及理论与描述相结合的多维度、系统研究方法来进行民族治理问题研究会更加有效⑥。她在其专著《经济人类学》一书中，详细阐述了早期经济人类学的理论来源——马林诺夫斯基、波兰尼等人在经济人类学领域所做的学术贡献⑦。

此外，还有一批学者，作为经济人类学在中国的主要推动者，他们在当

---

① 周大鸣，杨小柳．从农民工到城市新移民：一个概念、一种思路［J］．中山大学学报社会科学版，2014（5）：144－154.

② 张继焦．企业人类学：作为一门世界性的前沿学科［J］．杭州师范大学学报社会科学版，2014（4）：71－82.

③ 张继焦．城市复兴与老字号的文化价值——基于首尔与北京的比较分析［J］．民族论坛，2016（5）：55－58.

④ 陈刚．多民族地区旅游发展对当地族群关系的影响——以川滇泸沽湖地区为例［J］．旅游学刊，2012（5）：94－102.

⑤ 李文睿，陈刚．压力、挑战和利益的博弈：昆明出租车司机的工商人类学个案研究［J］．青海民族研究，2014（1）：12－21.

⑥ 施琳．应对民族多样性的“非洲思路”——“多维度”视域下的埃塞俄比亚民族治理模式［J］．黑龙江民族丛刊，2016（3）：59－67.

⑦ 施琳．经济人类学［M］．北京：中央民族大学出版社，2002.

今极度重视定量研究的中国经济管理学科学术界，尽自己最大的努力向学术界阐明定性研究的重要性，并指出定量研究与定性研究同样是解决问题的方法，理应被同等对待①。代表性论著有《经济人类学》《工商人类学通论》《环境人类学》《市场营销人类学》《管理与工商人类学》《管理人类学》等应用人类学系列专著，强调田野调查、观察法、访谈法等人类学研究方法的重要性。他们在《经济人类学》等论著中，详尽地阐述了经济人类学的研究内容，研究对象及方法体系。运用人类学的相关理论与方法，在跨文化市场营销②、消费行为③、饮食文化④以及人类学与经济管理教育等方面⑤进行研究，对经济人类学在中国的推进与发展，作出了引人注目的贡献。

第一节　从《江村经济》到《民族经济学与民族地区的四个现代化》

中国经济人类学发展至今，所取得的所有进步，均得益于先驱领军者的不懈努力。在探讨经济人类学在中国的发展轨迹及其特征时，费孝通教授的《江村经济》和施正一教授的《民族经济与民族地区的四个现代化》两部著作，无疑占有非常独特的历史地位，是中国经济人类学先驱学术思想的重要成果，很有必要进行深入对比研究，以便梳理和认识经济人类学与经济人类学在中国的早期发展历程。

费孝通先生作为中国社会学与人类学的学科奠基人之一，不断呼吁重视“文化自觉”问题，强调人类学研究者要有自己的历史责任担当⑥，其名著《江村经济》的诞生，开启了中国人类学的研究先河，是“人类学理论工作

---

① 田广，刘瑜，汪一帆．质性研究与管理学科建设：基于工商人类学的思考［J］．管理学报，2015（1）：1－12.

② 田广，邵欢．跨文化与跨民族市场营销的人类学思考［J］．河北经贸大学学报（综合版），2014（2）：5－10.

③ 田广，周大鸣．工商人类学通论［M］．北京：中国财政经济出版社，2013.

④ 李德宽，田广．饮食人类学［M］．银川：宁夏人民出版社，2014.

⑤ 蓝雪华，田广．人类学在商业教育中的应用及工商人类学的崛起［J］．中国管理信息化，2011（4）：70－75.

⑥ 费孝通．论人类学与文化自觉［M］．南京：华夏出版社，2004.

和实地调查发展中的一个里程碑”①。《江村经济》为经济人类学的中国本土化研究，提供了可参照的范本，并为中国农村社区的人类学研究提供了宝贵的方法论②。这部学术巨著的形成，归功于费孝通先生用人类学的方法对开弦弓村的田野实地调查。在这部著作中他指出，在土地等资源不均衡的条件下，如何平衡农业、牧业与林业之间的关系来发展乡村经济，是非常重要的，从而较早地提出乡村经济发展理论。其笔下的“江村”实际上是中国农业社会向工业社会转型的一个缩影，反映了当时中国农民乡土经济发展模式和特征，是中国早期经济人类学研究的萌芽。

对于中国人类学的发展，费孝通教授的巨大理论贡献可以大致概括为四个方面③：对中华民族形成的历史过程和民族体系结构及其演化规律等进行较为科学的分析概括，提升了中华民族的自我认知；用人类学的研究方法对中国传统文化进行重新审视并颇多创见，从而大大发展了其老师马林诺夫斯基的功能学派理论；提出“文化自觉”理论，即人对自己生活其中耳濡目染习以为常的文化要有“自知之明”，也就是对自己所处的文化环境要有清醒自我认知，明白它所从来，怎么发生作用，未来可能怎么演化等，但不带任何“文化回归”的意思，也不主张“全盘西化”或者“全盘他化”，也即是说，“文化自觉”的目的是为了更好地认识和发展人类自己，而不是在各种具体的文化形式中去争夺势力范围和钻牛角尖。他认为，中国的每一个知识分子都应主动承担起认识文化本身及其定位的任务，主动承担起认识不同文化及积极参与跨文化对话的任务④，同时他主张文化具有流动、扩大、变化和创新的特点；重视社区研究理论，在《江村经济》一书中，他提出发展乡土工业、实现乡土重建的理论，奠定了其国际人类学大家的地位。费孝通教授作为中国人类学研究领域的开拓者、领航人，为中国社会学以及人类学的学科建设，作出了巨大的学术贡献，为中国经济人类学、社会人类学乃至整个人类学的学术发展，留下了许多弥足珍贵的学术财富。

施正一教授是中国著名的马克思主义经济学家、民族学家，更是中国民

① 费孝通，戴可景．江村经济：中国农民的生活［M］．北京：北京大学出版社，2012：5.

② 全京秀，崔海洋．费孝通人类学研究方法探讨——精读《江村经济》［J］．广西民族大学学报（哲学社会科学版），2013（4）：58－64.

③ 黄淑娉．费孝通先生对中国人类学的理论贡献［J］．中央民族大学学报（哲学社会科学版），2007（4）：22－31.

④ 费孝通．关于“文化自觉”的一些自白［J］．学术研究，2003（7）：31－33.

族经济学的开创者。作为费孝通教授之后中国民族学和人类学研究的卓越贡献者，他运用马克思主义的立场、观点和方法凭借其独特的研究视角，研究国内外许多经济学与民族学经典之作，在这一过程中，发展出自己的独特研究方法：

第一，具体——抽象——具体[①]。施正一教授站在民族兴亡的高度，提出民族地区四个现代化和“加速发展战略”，强调理论思维研究的重要性，秉持马克思主义认识与实践关系的原理，并在经济人类学研究领域加以发挥，指出科学的理论思维方法具有间接、抽象和自觉这些特点，是先由表象上升到抽象，再由抽象上升到理性具体，可以表述为“实践——认识——实践”“个别——一般——个别”“具体——抽象——具体”三位一体的有机统一过程。在此理论基础上，他创立了民族经济学学科，且将其定义为，在不同社会形态下，研究经济因素与民族因素两者之间交织互动过程的特点及规律，是带有鲜明民族特色的一门交叉性学科”[②]。

第二，施正一教授在吸收马克思《政治经济学批判》和《资本论》的方法论之精华的基础上，总结苏联以及中国经济学学者的相关理论，构建历史和逻辑的统一等重要理论原理，用来指导发展民族地区的经济，至今越来越体现出其独特的价值，应该成为发展有中国特色的社会主义民族经济的理论资源之一。

第三，施正一教授在研究《资本论》时，对关于理论思维和认识过程的传统观点提出质疑，辩证地认为认识过程不仅包括“具体到抽象”的过程，还包括“抽象到具体”的过程，并在此基础上提出非理性思维的追踪法与还原法，即提出问题，追本溯源，直到找到问题的答案以及辩证地对待已有结论，对其产生原因进行考察，找出问题，建立新的学说和观点[③]。

施正一教授在其著作《民族经济学与民族地区的四个现代化》中指出，新时期的主要任务就是要实现民族地区四个现代化，即在国家在发展现代化的工业、农业、国防和科学技术的过程中，既要从中国的实际情况出发，发挥各民族人民的光荣传统，利用优势，扬长避短，又必须坚持社会主义的方

① 施正一．由具体到抽象再由抽象到具体是理论思维的科学方法——读马克思的《〈政治经济学批判〉导言》第三节“政治经济学的方法”［J］．中央财经大学学报，1983（3）：52－55.

② 施正一．民族经济学教程［M］．北京：中央民族大学出版社，2001.

③ 杨蕴丽．表象—抽象—具体对马克思科学理论思维方法的突破性研究——读施正一教授的《论科学的理论思维方法》［J］．集宁师范学院学报，2006（2）：47－52.

向，巩固、发展和不断完善生产资料的社会主义公有制。实现民族地区的四个现代化，尤其是实现民族地区的工业现代化，是巩固和发展中国各民族大团结的基础，是中国各民族发展繁荣的必由途径。发展民族经济，必须实现四个现代化。他的这些真知灼见越来越为今天的实践所证明，但也正因如此，他遭到了一些过度崇信西方新自由主义理念者的诟病。

施正一教授关于工业现代化的理论阐述，与美国早期的经济人类学分支"工业人类学"有着高度的一致性。20 世纪 80 年代之前，美国人类学家将对工商企业相关现象的研究和实践称之为"工业人类学"，其研究对象不仅是工人还有管理人员。20 世纪 30 年代是美国"工业人类学"最辉煌的时期，20 世纪 40—50 年代，玛丽埃塔·巴伯（Marietta L. Baba）认为，工业人类学家企图通过研究工人和管理人员来发现能够使组织体系平衡的因素和力量[①]。第二次世界大战后，随着工商企业的衰败、人际关系学派及其实践者慢慢落后、学术环境变迁等问题的出现，工业人类学开始衰退，许多工业人类学家逐渐成为商学院的教授，此后，作为经济人类学的次分支学科工商人类学逐渐兴起。

施正一教授作为马克思主义经济学家、民族学家与人类学家，其理论思想与费孝通教授既有相通相似之处，也存在一些明显的差异。首先，费孝通教授是"边区少数民族地区社会经济发展研究"的课题倡议者，他在对内蒙古、甘肃等省区的少数民族地区等边区进行考察后，注意到东西部发展不平衡的问题，并积极倡导进行边区开发的研究。费孝通教授凭借在这一领域的数年研究成果，指出民族研究的意义十分重要。各民族在平等的基础上共同繁荣和进步，不仅是中国的基本国策，而且能够影响中国"四化"建设的大局，关系到国家的长治久安和繁荣昌盛[②]。这与施正一教授的观点十分相同。他们都认为，在中国这样一个具有特殊国情的社会主义国家，必须进行少数民族的研究。同时，缩小东西部的差距，平等对待各少数民族人民，是实现国家四个现代化建设的必要途径。但是，两位教授的研究角度却存在差异。费孝通教授受其早期学术思想的影响，从人口学和生物学的理论角度

---

① Baba M. L. Business and industrial anthropology: an overview [M]. Washington, DC: American Anthropological Association, 1986.

② 费孝通．简述我的民族研究经历和思考［J］．北京大学学报：哲学社会科学版，1997（2）：5－13.

出发，来说明必须平衡东西部的发展[①]，而施正一教授则更多是从马克思主义经济学、民族学和人类学的角度出发，来阐述这个问题。

施正一教授曾指出少数民族经济是中国国民经济不可缺少的组成部分，缺失畜牧业的经济是不完全的国民经济，缩小东西部的差距，必须发展而且要以比一般地区更快的速度发展少数民族地区的经济[②]。少数民族人民一般聚居在山区或者是广阔的草原，居住地面积是汉族人民的几倍，非常适合发展畜牧业，因此，畜牧业经济在少数民族经济中占有相当大的比重，必须予以重视。费孝通教授提出，西北地区占有中国三分之一的国土面积，牧业是西北地区的经济基础，具有极大的潜力，从事牧业的大都是少数民族。因此，从发展少数民族经济的角度看，费孝通教授认为实现牧业的现代化，对加速边区开发具有更重要的意义，因此，解决民族地区的经济发展问题，应当从牧区入手[③]。在发展少数民族地区经济的问题上，施正一教授和费孝通教授都将牧区经济当作突破口，并强调在少数民族地区，必须结合少数民族地区的自身特点，大力实现牧区的现代化。这些相通相似的观点，与中国的特殊国情及两位学者早期在少数民族地区的相似经历有关。

在对江村进行田野调查时，费孝通教授认为，振兴农村经济必须予以农村金融市场的发展与完善充分的重视和支持，让城市资金回流到农村，因地制宜，内发外援，以农村为内发，城市为外援[④]。施正一教授认为，发展少数民族地区经济就必须发展“两个市场”，即西部少数民族地区的生产资料市场和金融市场[⑤]。因此，从两位学者相似的学术观点看来，搞活少数民族地区的企业，必须对其加大投资力度，弥补其资金缺陷。

对于民族的定义，施正一教授在《民族经济学与民族地区的四个现代化》中沿用了斯大林在1913年阐述的定义，认为“在历史发展进程中，民族是人们在该进程中所形成的一个拥有共同语言、地域、经济生活以及表现

---

① 孙飞宇．从社会变迁到社会平衡：费孝通在“江村调查”之前的思想梳理［J］．社会学评论，2017（1）：76－84.

② 施正一．中国少数民族经济词典［M］．上海：上海辞书出版社，1991.

③ 费孝通．边区民族社会经济发展思考［J］．北京大学学报（哲学社会科学版），1993（1）：12－20.

④ 费孝通．论中国小城镇的发展［J］．小城镇建设，1996（3）：40－43.

⑤ 施正一．中国西部民族地区经济开发研究［M］．北京：民族出版社，1988.

对共同文化拥有共同心理素质的稳定共同体”①。费孝通教授在《边区民族社会经济发展思考》中也认为一个民族有四个共同要素：共同的地域、共同的语言、共同的经济和共同的心理素质。也即是说，两位学者都认可斯大林对民族的定义，展现了他们对民族属性的共同理解以及相似的理论思想。

此外，施正一教授和费孝通教授都高度重视开发大西北的战略。费孝通教授认为，要加快西部地区的发展速度，除了增加内外投资，改善基础设施建设，发展高新科技产业，实施节水农业等项措施之外，搞好乡镇企业，也是实现西部经济发展的重要道路。他为此还提出了“以商带工”的启动战略②。施正一教授在创立民族经济学之初，就提出西部大开发战略，指出在一定程度上，民族经济学与西部开发研究是共生共长的。并强调在西部大开发任务中，要联合各民族实现社会主义工业化，这与费孝通教授“以商带工”战略的着眼点相同。同时，施正一教授在提到民族现代化时，提出将56个民族当作中华民族大整体的细胞，即中华民族的“多元一体”格局③，与费孝通教授“中华多元一体化格局”在本质上也是相通的。

但是，在开发大西北战略中，费孝通教授更重视对西部地区人文资源的开发、保护和利用。而施正一教授则从一个特殊侧面，即发展民族经济的角度，来研究西部大开发的重要问题，更加重视处理好西部地区民族因素与经济因素、各民族之间以及少数民族和国家之间的关系问题，强调必须吸取此前优先发展东部地区导致东西部差距拉大的教训，今后应重视西部地区和民族地区的发展，想办法缩小东西部差距和消灭贫富两极分化。总之，从费孝通教授的《江村经济》，到施正一教授的《民族经济与民族地区的四个现代化》，再到当代的经济、社会、文化、教育等方面的人类学研究，不难发现中国经济人类学的发展源远流长，既有其历史的高度，又有其独树一帜的实践意义。

---

① 施正一．论社会主义民族——谈谈斯大林的“社会主义民族”理论［J］．贵州民族研究，1985（3）：1－9．

② 费孝通．促进东西部均衡发展，实现各民族共同繁荣［J］．群言，2000（9）：6－9．

③ 施正一．民族经济学与西部大开发论坛［M］．北京：民族出版社，2002．

第二节　从经济人类学到民族经济学

随着中国社会主义现代化进程的加快，民族学已出现了许多分支学科，并正在形成一门独立的、巨大的学科新群体，因此，如果将民族学研究仅仅限定在传统的研究范围，势必会影响民族学自身的发展，同时也不利于民族地区经济的发展①。为此，施正一教授提出了构建广义民族学的议题，并于1991年在《民族经济》第一期开始对广义民族学进行阐释和推介，此后又汇编成书，较为系统地介绍了广义民族学的研究对象、研究方法、研究内容等，宣告了广义民族学的诞生。

广义民族学，概而言之，就是指在马克思主义理论指导下，由中国民族学家开创的，将民族的研究范围扩展到全世界，而研究方法又具有中国特色的民族学，即中国的马克思主义民族学②。广义民族学的问世，为民族学的研究增添了极其重要的内容，在民族学科建设史上，具有划时代的意义。尤其是广义民族学所涉及的研究方法，为近年来经济人类学的发展提供了极为有益的借鉴。

任何一门学科都有其特定的研究方法，广义民族学作为一门综合学科，研究方法主要有三类，包括指导方法、基本方法以及具体应用方法③。指导方法是方法论中的根本指导原则，主要是以马克思实践的观点、发展的观点和辩证唯物主义理论作为其指导方法，所谓基本方法是指具体研究过程中本学科所采用的最主要或最常用的方法。民族学研究的基本方法主要有：田野调查法、参与式观察法、历史叙述法、文化功能主义、主体与客体分析法等。而中国经济人类学所采用的研究方法绝大部分来自于广义民族学的基本研究方法并在此基础上进行了一定程度的发展。所谓具体方法，指一般应用方法，即在研究过程中根据任务的实际需要而采用的具体方法或特殊方法，分为两类：一般科学研究中的通常方法以及与广义民族学相关学科的特殊研

---

① 李澜．广义民族学——民族科学研究的新高峰——评施正一先生的《广义民族学导论》[J]．学术论坛，2008（12）：203－205.

② 施正一．广义民族学 [M]．北京：光明日报出版社，1992.

③ 施正一．广义民族学的研究方法 [J]．黑龙江民族丛刊，1992（4）：91－97.

究方法。

广义民族学以世界范围的“民族”为研究对象，研究它的形成、发展、变化与消亡的历史过程、民族的各种特征及其多种表现形式、各个民族的物质文化与精神文化、经济结构与社会形态及其心理素质等等，来揭示各个民族之间如何发展变化及相互影响①。

从民族经济学的创立到广义民族学的提出，中国学者在对少数民族地区经济发展研究的实践和理论上，均取得了巨大的进步。同样作为经济学与人类学的交叉学科，西方经济人类学的研究范围相对来说就狭窄很多。中国民族经济学的诞生晚于西方经济人类学三四十年，具有不同的理论依据和时代背景，西方的经济人类学大多是将各种琐碎的人类文化经济现象当作研究重点②，而中国的民族经济学，主要是在社会主义制度和和国家传统文化大背景下，以各民族在经济活动过程中的地位和作用为研究重点，揭示各民族之间的关系、民族地区的经济变化与经济发展之间的关系③。显然，中国民族经济学的研究是由民族学的视角去研究经济，又从经济学的视角去研究民族，使得民族与经济两大议题实现交叉融合，这正是经济人类学研究的独特价值和学科优势的具体运用，值得在践行科学发展观和建设生态文明之时加以认真学习借鉴。

西方经济人类学自发展之初，其学科就存在诸多不同的定义。作为第二次世界大战后的产物，经济人类学将对人类关怀的实现和对人类发展方式的反思作为研究内容，通过对人类相异性的研究，来理解自己生活的社会和时代。在梅尔维尔·赫兹科维茨（Melville J. Herskovits）④ 看来，经济人类学是“关于原始人的经济生活与经济行为”的一门学问。此后，许多学者依据不同的研究侧重点，分别对其下了定义。斯图尔特·普莱特纳（Stuart M. Plattner）⑤ 认为，“经济人类学是一门从人类学家角度，运用民族志等方法

---

① 施正一．论广义民族学的研究对象［J］．黑龙江民族丛刊，1990（4）：66－70.

② Wilk R. & Liggett L. Economies and Cultures：Foundations of Economic Anthropology［M］. New York，NY：Westview Press，2007.

③ 施正一．民族经济学导论［M］．北京：民族出版社，1993.

④ Herskovits M J. Applied Anthropology and the American Anthropologists［J］. Science，1936（83）：215－222.

⑤ Plattner S M. Formal models and formalist economic anthropology：The problem of maximization［J］. Reviews in Anthropology，1974（4）：572－582.

研究人类社会经济制度与经济行为的学科”。肯思·哈特（Keith Hart）[①] 强调可以将“经济人类学视为关于人类社会在物质方面的演化，即人类与自然环境相互作用的科学”。不同的学科定义，对其他领域学者理解经济人类学的本质存在困难。而中国的民族经济学自施正一教授创立之初，就明确其学科本质，即研究民族经济发展变化的特点与规律，具有权威性。

中国民族经济学和西方经济人类学的研究领域相似，都致力于研究不同类别人群的经济生活[②]。近年来，中国不少人类学学者将西方经济人类学引进到中国，并著书成册，如陈庆德教授、施琳教授以及田广教授与罗康隆教授分别撰写的《经济人类学》等专著。当然，引进的目的是为了消化吸收为我所用，不能立足中国本土，中国经济人类学必然不能有很好的发展。因此，中国学者在引进西方人类学时，都在一定程度上将西方经济人类学与中国的特殊国情进行结合研究，为其注入活力。可以预见，在以后的研究中，中国本土化的经济人类学与民族经济学，必然会相辅相成，相互吸收，共同发展。

民族学的课题之一就是研究少数民族的宗教信仰，在此，施正一教授将宗教当作一种文化形态，提出“宗教文化形态学”的全新概念。施正一教授提出的这个全新概念涉及人类学、民族学、文化学、宗教学等多种学科，范围十分广泛，有利于了解少数民族中各种宗教文化形态的发生与更替[③]，从而能够更好地研究民族地区发展。宗教文化形态学所采用的实地调查法、考证鉴别法、纪实描述法、比较分析法、说明论证法等方法，完全适用于人类学研究。值得注意的是，经济人类学家曾经对萨满与变革顾问进行了专门研究。他们指出，萨满教是一种以文化为中心的宗教，一个萨满的资源，就是文化资源本身，而且一个萨满的知识就是文化的内容[④]，这与宗教文化形态学的着眼点不谋而合。因此，宗教文化形态学的发展也在一定程度上促进了经济人类学的发展。

在发展少数民族地区经济的战略规划上，施正一教授指出，要正确运用

---

① Hart K. End of the World: Anthropologists Speechless [J]. Anthropology Today, 1996 (5): 1-2.

② 施琳. 经济人类学 [M]. 北京: 中央民族大学出版社, 2002.

③ 施正一. 中国少数民族宗教文化形态简论——兼论宗教文化形态学 [J]. 广西民族大学学报哲学社会科学版, 1996 (2): 51-55.

④ 李德宽、田广. 饮食人类学 [M]. 银川: 宁夏人民出版社, 2014.

马克思主义唯物辩证法学说，尤其是特殊性与共同性辩证关系的原理[①]，摸清、摸准“国情”与“区情”，处理好少数民族地区经济发展同整个国家的战略目标、战略重点与战略步骤之间的关系，把握少数民族地区的特殊性，根据其自身优势，制定经济发展战略规划，包括宜农的发展农业，宜林的发展林业，宜工的发展工业，强调发展工业经济在少数民族地区经济发展战略上的重要作用。而少数民族地区工业经济的发展，恰恰是经济人类学的主要研究内容。

快速发展少数民族地区经济，必须积极调整少数民族地区的产业结构，大力发展商品经济，增加少数民族的财富，而发展乡镇企业则是发展商品经济的必由途径。但是，在偏远的少数民族地区，由于长期处于半封闭的生活环境，人们思想保守落后，“等、靠、要”的依赖思想严重，重农轻商，严重阻碍了少数民族地区的工商业发展。因此，施正一教授指出，通过多种渠道、多种方式解放思想、更新观念，是调整少数民族地区产业结构的第一步，也是发展少数民族地区工商业的关键一步[②]。同时，重视发展商品生产，充分发挥人力资源优势，有计划地促进第一产业的劳动力向第二、第三产业进行转移，增加工商业在整个经济产业中的比重，大力发展毛皮产业、建筑业等优势产业。根据少数民族地区多农业、多牧业、多林业的特点，将农、林、牧等农产品转换为商品，将农、林、牧产业与工商企业进行结合，发展农、林、牧工商联合产业，将少数民族地区特有的产品推向集约化联合经营，是加速经济发展的捷径[③]。施正一教授这一针对少数民族地区工商企业发展的战略思想，无疑也是当今中国经济人类学发展的重要理论资源。

供给侧改革是当下中国学术界的热门话题[④]。事实上，许多工商企业早在20世纪80年代就已急需进行供给侧改革。20世纪，工业是国民经济的主导产业，发展工业能够为民族地区经济发展提供资金，提高其生产力水平，缩小与发达地区的差距。但是，许多工业生产有效性极低，资源浪费严重，因此，加强工业的技术改造，管理优化成为发展民族工业的关键所在。

---

① 杨蕴丽．表象—抽象—具体对马克思科学理论思维方法的突破性研究——读施正一教授的《论科学的理论思维方法》［J］．集宁师范学院学报，2006（2）：47－52.

② 施正一．关于少数民族地区加速发展的战略方针——学习邓小平同志关于加速发展的战略指导思想［J］．内蒙古社会科学（汉文版），1993（2）：35－41.

③ 施正一．中国西部民族地区经济开发研究［M］．北京：民族出版社，1988.

④ 田广，王颖．从对泛市场化的批判看供给侧改革［J］．领导之友，2016（15）：17－25.

施正一教授指出，发展民族工业，必须突破“正规化、大型化、国营化”的单一概念，积极发展以本地资源为主的小型乡镇企业，以投资小、见效快的项目为突破口积累资金。另外，企业的经济效益能否提高取决于其管理能否正规化[①]。许多少数民族的工商企业存在管理水平低下、管理混乱的问题，劳动纪律不高、工作效率低下，导致产品质量低下。所以，施正一教授认为，提高少数民族地区工商企业的经济效益，需要健全和完善企业内部各项经济责任制，提高企业管理水平，增强企业素质[②]，为民族地区工商企业管理的内涵式发展道路指明方向。这些都是经济人类学不可或缺的研究内容。

第三节　“加速战略”与中国经济人类学的生成发展

随着党和政府扶贫攻坚力度的加大，加速少数民族地区经济发展的议题越来越处于重要的地位，逐渐上升到国家战略地位的高度。由于历史发展和地理条件以及国家经济政策等方面的综合因素，使得少数民族地区与发达地区之间发展不平衡的问题日益凸显，这十分不利于国家经济的健康协调发展，长远来看也会影响民族团结和国家长治久安。

对于少数民族地区的发展战略，早期学术界存在几种理论：梯度理论，即西部民族地区处于第三梯度，开发与发展自然就要滞后；赶超理论或反梯度理论，认为西部少数民族地区拥有许多优势资源以及巨大的开发潜力，如果国家能够给予其足够的政策支持，那么，西部少数民族地区就有可能赶上甚至超过发达地区；两步理论，即积极发展东部沿海地带，将东部沿海作为经济发展的战略重点，在完成东部沿海发展任务之后再回过头来发展西部民族地区；协同理论，即同步发展，主张东西部或三大地带的经济发展相互协调同速前进；加速发展战略方针，即给予西部民族地区特别关注，加速民族

---

① 施正一．民族经济学和民族地区的四个现代化［M］．北京：民族出版社，1987.

② 施正一．关于少数民族地区经济体制改革的几个问题［J］．经济问题探索，1986（1）：18－20.

地区的经济发展，这一战略是由施正一教授提出的对于发展民族经济最有效的发展战略①。从1984年到1986年，施正一教授等学者，在经过认真调查研究的基础上，深入分析了民族地区与发达地区经济差距及扩大趋势的现状和原因，首次提出“加速发展战略”的理论构想。之后施正一教授在其著作《民族经济学导论》中指出，加速战略方针就是“少数民族地区进行现代化建设应当采取加速的步伐前进，争取在尽可能短的时间内缩小与发达地区之间的差距，最后完全摆脱落后困境，进入先进民族行列”②。当然，由于种种原因，这一发展战略并没有成为后来的主导战略，但其理论意义无疑是非常重大的，值得研究借鉴。

所谓“加速战略方针”，不是单纯地、脱离实际地、片面地追求高速度，它是一项系统工程，是充分考虑系统作用和条件的，最有利于系统整体长远发展的科学的加速，主要包括以下内容：第一，“加速战略”是一项指导思想，党中央和各级政府必须重视其对西部民族地区发展的重要战略意义；第二，在民族地区实行“加速战略”，不是要一味地增加其经济发展速度，而是要结合国家现代化建设的步伐，实现民族地区的四个现代化，以“经济建设为中心”，全面加快少数民族地区的政治、教育、精神文明建设；第三，加速不是脱离实际的高速度，而是抓住有利时机，充分利用各种有利条件进行社会主义现代化建设，尽量赶上或超过发达地区的发展速度，缩小东西部地区的经济差距；第四，加快经济发展的同时，也要加快少数民族地区的经济体制改革，在全国的大系统中加速西部少数民族地区两个文明建设的进程。

实施“加速战略方针”不是脱离国家政策的大背景另搞一套，相反，它必须坚持党的“一个中心，两个基本点”的基本路线，坚持四项基本原则，坚持祖国统一和民族团结，在少数民族地区因地制宜，“因族制宜”，加速自然经济向商品经济转型的步伐，推动少数民族地区现代化进程。同时在少数民族地区要坚决实行对外开放，尤其是“双向开放”以及“多层次的对外开放”，即“面向国内，在对沿海地区开放的同时也要对不同民族地区之间和本民族地区内部相互开放；面向国外，在对边境接壤国家开放的同时也要对全球其他各国实行全面开放”，即在资源开发的基础上，发展边境

---

① 施正一．西部少数民族地区经济发展的“加速战略”[J]．中国民族，1986（11）：8－10.

② 施正一．民族经济学导论［M］．北京：民族出版社，1993.

贸易的同时也要发展国际贸易①。可以说，加速发展战略，就是国家改革开放大政方针的一种具体的打开方式，它们是内在统一的。

但是，“加速战略方针”也受到一定的历史条件的局限。由于当时的社会环境及生产力水平的限制，中国主要将工业作为国民经济的支柱型产业，强调先进的工业才是实现四个现代化的主要途径。而在经济飞速发展的21世纪，发达经济体的工业产值在国民经济产值中所占的比例越来越小，第三产业的比例大大提升。在中国，大力发展工业而忽视第三产业也已不能更好地满足人们日益增长的对美好生活的需要，与当今世界生态文明绿色发展的要求也有一定隔膜。因此，世易时移，结合当前我们所处的社会环境及生产力条件，与时俱进地考虑面临的新情况新变化，对“加速战略方针”进行适当调整改进，打造它的升级版，才能符合新时代的新要求，从而为提高中国的综合国力和加速民族地区的经济发展提供更加有效的智力支持。

从20世纪80年代开始，施正一教授首先在一般抽象层次的基础上就西部地区的经济发展问题，较早提出了西部民族地区全面开发的战略方针，随后对西部地区的实际情况，包括地理条件、区域特点、民族状况的概念和经济发展水平等进行详尽的调查和研究，掌握了大量的第一手资料，发现西部民族地区比中国大部分地区，包括中部地区，比原来预想的都要远远落后②。因此，施正一教授在整体观、历史观、科学发展观等科学理论的指导下，提出了必须实现西部民族区域经济发展与国家整体发展战略的步伐统一的观点，并在之后的论文中为西部全面开发阐明了具体的指导思想、战略规划，明确了战略目标、战略重点和战略步骤等。西部民族地区是中国不可分割的一部分，事实证明，只有将西部民族地区的经济开发与国家的整体战略相结合，才能为民族地区的发展战略提供坚强的后盾，也才能为国家整体上贯彻落实生态文明科学发展提供坚实的基础。民族地区的发展与国家整体的发展，两者不是相互排斥而是相互耦合的关系。

正是充分认识到西部民族地区发展对于整个国家发展的极度重要性，施正一教授为此花费了大量的心血进行研究。首先，他特别强调指出，少数民族地区不论是地理位置还是风土人情，都十分特殊，并且不同少数民族之间

---

① 施正一．差距加速与均衡——关于少数民族地区经济发展战略的探索［J］．黑龙江民族丛刊，1989（3）：29－45．

② 施正一．民族经济研究要有新思路［J］．中国民族，2002（4）：56－57．

的特点也完全不同，因此，加速发展少数民族地区的经济，必须把握具体的“区情”。从具体区情出发，包括社会和自然两个方面，来制定特定的发展战略。其次，与费孝通教授的观点一致，施正一教授认为在西部少数民族地区进行经济开发时，应注意民族地区的多民族成分及特殊的人文资源要素，不能将经济发展与人文发展独立分开，必须将保护人文资源作为经济开发的前提①。再次，施正一教授再三强调，发展商品经济是西部民族地区经济开发的必经之道。随着经济的开发以及民族地区四个现代化进程的加快，小农经济已经完全不能适应时代的发展和社会的进步。因此，加速发展民族地区经济必须加速小农经济向商品经济的转化。最后，处理好“富国”“富民”与“富区”的关系②。不仅将提高国家经济任务、社区经济任务作为战略出发点，同时重视提高和改善人们的生活水平与质量，注重民生的建设。

历史和实践证明，施正一教授提出的加速发展战略，既是发展西部少数民族地区最有效的经济发展战略，也是消弭东西部地区经济发展差距和民族经济发展差距，实现国家科学发展的有效战略。这一战略的高超之处在于，表面看起来，着力加速西部少数民族地区的经济发展似乎在投资回报上很不合算，而且似乎太偏重西部就冷落了东部，限制了东部的发展。但是今天回过头来看，东部地区由于其历史地理人文等的优势，它的发展具有自我加速的趋势，而西部地区一旦没有国家的大力扶持就会迅速掉队。此时如果再给东部锦上添花，而不给西部雪中送炭，或者完全任由市场去配置资源而不发挥政府的引导作用，“孔雀东南飞”，人力物力财力都往东南沿海配置的趋势就会越来越强化，东西部发展差距以及贫富两极分化就会急剧拉大，国家贯彻落实全面协调可持续的科学发展观的难度也就加倍增大，扶贫攻坚任务也就会空前艰巨。因此，从长时段和整体性来看，施正一提出的西部民族地区加速发展战略，才是最有利于国家发展的战略，也与今天强调的生态文明科学发展的理念内在统一，是中国经济人类学走向成熟的一个标志性的学术思想结晶，促进了中国经济人类学的发展，值得我们加以深入研究。

施正一教授虽然没有明确提出少数民族地区文化差异与经济管理实践的关系，但其对民族地区发展战略的研究，包括把握具体区情，大力发展乡镇

---

① 费孝通．人文资源在西部大开发中的作用和意义［J］．文艺研究，2001（2）：4－10.

② 施正一．实施西部大开发战略应当正确处理几种关系——再谈“西部大开发新思路”［J］．中央民族大学学报哲学社会科学版，2000（5）：58－61.

企业，注意民族地区的多民族成分等，实际上就是早期经济人类学对于跨民族与跨文化市场营销研究的一种方式，甚至可以将施正一教授对少数民族地区文化的研究看作早期经济人类学的理论基础之一。

经济人类学，是一门汇集人类学、管理学、经济学、民族学与心理学等多学科知识的交叉学科①。民族经济学与经济人类学虽在发展历史及学科界定上存在差异，但两者研究领域相似，必然会在以后的学科建设中相辅相成走向融合。对比经济人类学，亦可发现两者之间的共性。

首先，在方法论上，民族经济学沿用民族学的田野调查法、比较研究法和民族志叙述法以及经济学的抽象分析法、模型分析法等；经济人类学则以人类学研究方法为其基本方法，强调从整体上观察、研究人们的行为，运用民族志手法，在农民经济生活的研究中，擅于将远方田野与本地田野相结合，关注人际关系网络的作用②；比如经济人类学的次分支学科工商人类学，更是创新性地开拓了工商民族志研究，将传统的田野点搬到工商企业中，重点研究文化差异与文化变迁对经济管理实践的影响以及如何应对，对于中国西部民族地区工业化发展具有重大的学术贡献。

其次，在研究对象上，民族经济学、经济人类学都立足于研究一定文化背景下人们的行为与生活。受时代背景影响，中国早期社会以乡村为主，因此早期民族经济学和经济人类学的观察对象主要是农民和农村生活，而近年来，中国综合国力得到了极大提高，工商企业所构成的以服务业为导向的第三产业逐渐成了国民经济支柱型行业，有鉴于此，经济人类学家必然会越来越多地将各种工商实践活动纳入研究对象。但两者都是通过观察研究不同行为来解释隐藏在行为背后的文化本质以及根本原因，用以指导经济活动，其学科本质是相同的。

再次，施正一教授在意识到传统民族学的局限之后，顺应时代潮流，发展了广义民族学，把更加广阔的全球性的民族问题、文化问题与社会问题纳入研究范围，正是这一开创性的研究思路，开启了早期民族经济学与经济人类学将其研究扩大到全球范围，使经济人类学学科建设犹如百川汇流最终融入蔚蓝大海。现实的情况也印证了这一学科发展趋势，随着经济全球化以及

---

① 田广．工商人类学的兴起及应用［J］．管理学家：实践版，2012（12）：39－48.

② 施琳．边疆民族志：经济人类学的视角与方法［J］．广西民族大学学报（哲学社会科学版），2011（3）：35－38.

文化全球化的进程加快，许多经济人类学家逐渐将其研究重点由本土企业转为跨国企业，可见民族经济学和经济人类学的研究发展方向，在这一点上是十分吻合的。正是施正一教授这一开创性思维，开拓了经济人类学的研究范围，为中国经济人类学的发展指明了方向。

本章小结

费孝通教授、施正一教授等中国经济人类学和民族经济学的先驱者，将其毕生精力都倾注于学术研究，为中国社会科学的发展作出了不可磨灭的巨大贡献。其中施正一教授，以马克思主义经济理论为指导，从为发展少数民族地区经济建设事业服务的“民族经济学”，到作为具有中国特色马克思主义民族科学的“广义民族学”，再到致力于缩小东西部差距的“加速战略方针”，其每一项学术成果都具有创新性并对民族学以及人类学领域产生了极大的影响。在西部民族地区经济发展的问题上，施正一教授以其独特的视角和深厚的理论基础及阅历，提出了许多建设性意义，包括“加速战略”“双向大循环”“民族地区的四个现代化”等。历史实践证明，这些开创性的政策建议不仅惠及当时少数民族地区经济发展，对当今西部大开发战略、生态文明建设和践行科学发展观也具有现实意义，归根结底也有利于整个国家的发展、民族的振兴和人类的进步。

施正一教授在研究东西部经济失衡时指出，“少数民族地区要想脱贫致富走向繁荣，就必须把开发与开放结合起来，以开放带开发，以开发促开放。”即“双向大循环”理论，亦称为“国际国内双循环”理论，其内涵丰富，主要包括两点：对内要实现国家其他地区以及各民族之间的开放，即实现政治、经济、科学技术、教育、文化的全面开放；对外要与边境国家通过设计边境经济开发特区、自由贸易区等建立联系，实现经济与技术的直接交流与合作①。显然，“双向大循环”理论是当今世界全球化的缩影，也对当前“一带一路”倡议的实施，具有借鉴意义。施正一教授以其敏锐的学术嗅觉提出这一理论，为今后的学术研究提供了理论借鉴。

经济人类学自西方兴起，至今已有近百年的历史，主要研究市场与消费

---

① 施正一．关于加速发展战略方针［J］．中南民族大学学报（人文社会科学版），1992（4）：18－20.

者以及公司组织运营。经济人类学的使命之一就是凸显工商实践的人文价值，即经济发展最终要服务社会整体发展①。这也是施正一教授的学术价值所在，创立民族经济学，提出“加速战略”、西部开发等战略方针最终就是要服务于社会，加速少数民族地区经济发展，促进国家整体战略的实施。

西方经济人类学正式形成于20世纪40年代的美国学术界，立足点在于探讨不同社会中的生产、分配和消费过程②，而“民族经济学”学科的出发点在于发展中国少数民族地区经济，缩小东西部差距，注重人文与经济的全面发展。虽然西方经济人类学与中国民族经济学学科有诸多不同，但是施正一教授的“双向大循环”等学术理论启发了中国经济人类学的本土化研究。中国经济人类学家将西方经济人类学与民族经济学等中国传统民族学学科进行结合研究，考虑中国特殊国情尤其是少数民族地区的特殊性，有利于将经济人类学融入中国，真正实现中国经济人类学的本土化。

施正一教授在中国民族学领域所做的学术贡献十分显著，在一定意义上可认为，没有施正一教授的中国民族学，就是不完整的民族学。而中国经济人类学本土化的发展，离不开中国民族学学科的不断发展完善，因此，施正一教授的学术贡献对中国经济人类学具有奠基性的意义，并将在今后的学术研究中继续促进中国经济人类学向前发展③。

---

① 刘谦，张银锋．人类学视野下的商品生产与消费——从西方工商人类学的发展谈起［J］．中国人民大学学报，2016（1）：138－146.

② 田广．对经济演变的人类学诠释［J］．青海民族研究，2015，26（4）：24－29.

③ 田广，罗康隆．经济人类学［M］．银川：宁夏人民出版社，2013.

第六章

经济人类学中国本土化路径及理论贡献

本章摘要

经济人类学传入中国的历史至今只有70多年，其在中国早期主要侧重于对乡村社会经济模式的研究。新中国成立后，为促进民族地区社会经济全面发展，政府曾组织了大规模的针对民族地区的经济社会调查，为经济人类学在我国的发展奠定了基础。经济人类学的中国本土化过程，严格地说是从20世纪70年代末才正式开始的，关于我国西部的开发研究以及民族经济学学科的创立，就是经济人类学中国本土化的标志。在经济人类学中国本土化的过程中，我国的经济人类学理论工作者对现代化过程进行了理性的反思，提出了民族经济利益具有相对独立性的观点，提炼和发展了“相际经营”的理论模式，在本土化的同时又为经济人类学的理论发展作出了新的贡献。

引　　言

经济人类学是研究人类社会的各种经济生活、经济制度及其演化规律的人类学分支学科，是人类学与经济学的对话，它以人类的经济行为为研究对象，但又不完全等同于经济学。经济人类学的研究领域比较广泛，不仅描述人们的生产、交换、分配和消费方式，还进一步研究这些系统如何组织、运作，并创新理论来描述社会制度的脉络以及影响经济运作的动力等。换言之，经济人类学是一门从人类学视野出发，运用民族志等方法研究人类经济制度和行为的科学，是20世纪经济学与人类学这两门学科相结合的产物，因此是一门跨领域的综合边缘学科[1]。

经济人类学家通过实地考察，运用民族志的研究方法，以其特有的学科理论来解释经济观念。在广义上，人类学家旨在从个别到大众的每个层级中发现社会组织的本质。从19世纪开始，经济人类学主要为西方发达国家的经济扩张提供理论依据。以“原始人类经济”的形态存在为话题，试图检验这样一个原理：世界的经济秩序必须以巩固西方工业社会为准则。当然，随着经济人类学的发展，其应用范围也在不断拓展。至今，经济人类学的研究领域已经延伸扩展到人类社会经济活动的各个方面。由于人类社会在不断进步和完善，且尚未达到其最终形态，因此人们对经济人类学的起源和演变过程具有浓厚的兴趣[2]。

经济人类学的发展可以分为三个阶段。第一阶段从19世纪70年代到20世纪40年代，期间大部分人类学家都在研究“原始人”的经济行为是否也出于对效率的追求，以及是否适用西方经济学原理，即“理性行为”。起初，人类学家收集了大量有关进化理论的史料。第一次世界大战以后，实地调查变得更加流行，人类学家试图用在研究“原始”社会时的发现来探讨更普遍的主流经济体，最终因误解了经济学家的认知前提而未能成功[3]。

20世纪50—60年代是第二个阶段，期间美苏冷战达到高潮，世界各国政府纷纷宣布扩大公共服务，同时维持对于金融市场的有力控制。世界经济的大发展，导致经济人类学家之间也展开了一场激烈的争论。经济学家们关于世界经济研究的范围已经扩大，囊括了部落数量在不断减少时期的各国农民经济。形式主义者认为主流经济体的概念和工具更适用于研究范畴被扩大了的世界经济，但实体主义者则更倾向于体制化的方法。所谓“体制化”是指社会经济命运并非由客观市场所主导，而是经济融入了从家庭到政府以及宗教等其他社会体制内。

经济人类学的第三个阶段处于20世纪70年代的转折点，具体来说又分为全球化扩大的三个“十年”，分别是经济人类学的“批判理论”“文化交替”以及“硬科学”三个理论形成时期，其中，“硬科学”理论在“新制度经济”的包装下尤为突出。这个时期见证了人类学家的种种努力，他们

---

① 许婧．西方经济人类学理论发展的历程［J］．西南民族大学学报（人文社会科学版），2010（1）：56－60.

② Hann, Chris & Hart, Keith. Economic Anthropology ［M］. Cambridge, UK: Polity Press, 2011.

③ 施琳．论美国经济人类学的诞生与早期发展［J］．民族研究，2002（2）：97－103.

通过学习研究大量的理论概念，扩大调查研究范围，试图完整地定义人类经济组织的范畴。在此过程中，他们更倾向于坚持民族志基于参与式观察的传统理论和方法。

现阶段是人类学家能够更进一步将世界经济作为一个整体研究的成熟时期，是经济人类学发展的第四个阶段，也是全新的一个阶段。这将有助于经济学以一个全新的面貌对人类社会的经济发展进行研究。在 18 世纪和 19 世纪中，世界经济的最基本问题在于：市场经济的形式，允许北大西洋社会体占据世界经济体的主要地位，但这一形式是否遵循了普遍有效性原则？这场关于相同性和差异性的争论，在某种程度上限制了经济人类学的发展。但人类学家并未因此而中断对不同地区居民思想和行为的研究。经济人类学家通过将市场经济高度发展的华尔街看成是一个猎人聚集的小社区，用西方经济模型分析华尔街对金融的冲击，是完全可行的。然而，用理性的市场模型来分析非市场经济下的行为，则缺乏有效的说服力①。

第一节 经济人类学在中国的传播与发展

一、经济人类学在中国的早期应用与传播

在经济人类学的早期发展阶段，对西方主流学者而言，中国一直处于较次要和边缘的地位②。尽管如此，在浩瀚的经济人类学文献宝库中，我们依然能够发现早期人类学家对中国社会经济的研究报告成果。美国著名的社会人类学家丹尼尔·哈里斯·葛学溥（D. H. Klup）于 1925 年发表的专著《华南的乡村生活》，虽非经济人类学专著，但作者以民族志的方式，全方位地描述了华南一个乡村村落，详细记录分析了该村的经济社会结构和村民的经济生活，不乏细致的关于经济的观察和访谈记录以及比较深刻的分析，

① 田广，罗康隆．经济人类学通论［M］．银川：宁夏人民出版社，2013.
② 施琳．经济人类学［M］．北京：中央民族大学出版社，2002：262－263.

应当是目前我们所知道的第一部涉及中国乡村经济研究的人类学著作①。

我国著名的人类学先驱费孝通教授于1938年发表的《江村经济》，是一项非常出色的经济人类学研究报告，它以中国江南一个村庄农民的“消费、生产、分配和交换”等过程为实证材料，探讨中国基层社会结构和社会变迁过程，并试图以此为基础进一步把握宏观社会变迁过程及可能的应付之道。费孝通在详实的经济人类学民族志分析研究基础上，指出中国传统经济结构并非纯粹的农业经济，而是农工混合的乡土经济。这部著作直到1986年才被翻译成中文在中国出版，是人类学的研究对象从“异域”转向“本土”，从“原始文化”转向“经济生活”的崭新尝试②。

后来，费孝通与其助手合作完成了一项针对中国农村的经济人类学研究，并于1949年以 *Earthbound China: A Study of Rural Economy in Yunnan*（《乡土中国——云南农村经济研究》）为题在伦敦出版，在西方学术界产生了一定影响。费孝通以其丰富深蕴的人类学学识，详尽地描述与分析了1949年以前云南三个村庄的社会经济状况，提出了工业化是改变中国乡村经济长期落后状况的唯一出路的战略思路，是经济人类学中国本土化的又一力作③。美国经济人类学家威廉·施坚雅是最早对中国进行研究的西方经济人类学家之一。他于20世纪60年代中期发表在《亚洲研究季刊》的民族志研究报告，阐述和分析了中国乡村传统市场的功能与地位，探讨了中国乡村市场的发展演变过程，对新中国的农村市场制度的变革及其政府相应的政策问题，进行了全面的描述和分析，开启了国外学者对中国进行经济人类学研究的先河④。

在此之后的一个很长时期内，无论是国内学者还是西方学者，都未针对中国进行经济人类学方面的研究。除了港台地区一些人类学和民族学者外，我国学术界对于经济人类学这个学科的了解尚不多。当时港台学者所关注的并非中国的经济社会现实问题，而是一些比较基本的经济人类学理论问题。比如徐光正在其于1974年发表的《经济人类学的若干问题》一文中，就集中讨论了经济人类学的主要研究范畴和领域问题，包括传统经济研究、经济

---

① 丹尼尔·哈里斯·葛学溥．华南的乡村生活［M］．周大鸣译，北京：知识产权出版社，2011.

② 费孝通．江村经济——中国农民生活［M］．北京：商务印书馆，2001.

③ 施琳．经济人类学［M］．北京：中央民族大学出版社，2002：270.

④ 〔美〕A. 小艾伦（田广译）．经济人类学［J］．世界民族，1985（4）：30－38.

成长与社区发展，以及经济学与经济人类学之间的关系等内容①。

二、经济人类学在中国的近期发展

中国20世纪80年代的改革开放，使得中国社会在各个方面都发生了很大的变化，学术界也不例外。包括社会学、人类学等曾经被抛弃或者被遗忘了的学科，被重新重视起来。与此同时，学术界翻译引进了大量的西方学术著作。比如美国人类学家A.小艾伦有关“经济人类学”的论述就被翻译后在《世界民族》发表。这是20世纪80年代较早介绍经济人类学的中文文献之一。北大社会学人类学研究所，在促进经济人类学中国本土化方面，无疑起到了领导作用，1995年该所主办了“社会——文化人类学”高级研讨会，来自台湾地区的蒋斌博士发表了其以《经济人类学》为题的讲稿，向中国的同行们介绍了经济人类学实在与形式两大学派的主要观点及其争论。1996年中央民族大学民族经济学博士研究生王燕祥分别在《民族经济》和《中央民族大学学报》上发表文章，简要介绍了西方经济人类学的发展过程，并探讨了产生于我国的民族经济学与经济人类学的异同。1997年，北大王铭铭教授在其《社会人类学与中国研究》一书中，介绍了美国施坚雅对中国乡村所进行的经济人类学研究。同年，日本著名经济人类学家栗本慎一郎的《经济人类学》被翻译为中文在我国正式出版。该书是我国学术界可见的首部全面介绍经济人类学学科发展、研究领域和学术流派的著作②。

步入21世纪以来，由于经济人类学视野的开阔和理论的创新，吸引了许多学者的目光，经济人类学在中国的发展取得了突破性的进展。其显著标志有二个：第一，经济人类学从以前的零星介绍步入了有专门队伍的研究；第二，两本以《经济人类学》命名的著作在2001年和2002年相继出版。这两本著作一是云南大学陈庆德教授所写，由人民出版社出版发行的《经济人类学》；另外一本是由中央民族大学施琳博士在其博士论文基础上修订，由中央民族大学出版社出版的《经济人类学》。两本专著的发表，意味着中国经济人类学研究的两支稳固的团队，分别在中央民族大学和云南大学确立起来。当然这种看法的准确性还有待商榷，但这两所大学陆续培养了一大批经

① 〔美〕A. 小艾伦（田广译）. 经济人类学［J］. 世界民族，1985（4）：30－38.

② 施琳. 经济人类学［M］. 北京：中央民族大学出版社，2002.

济人类学方面的学生，并发表了大量的有关经济人类学方面的文章，却是不可否认的事实①。

此外，还有一些作品以民族志的形式出现，虽未以“经济人类学”的名称出现，但仍可归属于经济人类学研究领域。阎云翔通过对中国北方一个村庄的民族志观察，对波兰尼“社会整合模式”的三种交换体系中的“互酬”进行再研究，指出在中国礼物的流动同时也包含了人情、面子等复杂的社会关系，而且嵌合在社会的等级结构中，与传统的互惠原则相违背。罗红光从民族志角度对一个村庄的生计方式、市场贸易、宗教仪式内含的财富意义进行阐释，论证了经济不仅仅是独立的体系，而是嵌合在整个生活体系当中，与宗教、意识、宇宙观等相联系。

与此同时，云南大学在“中国少数民族经济”的名目下招收经济人类学方向的硕士生和博士生，而中央民族大学则是在“人类学”名目下招收经济人类学方向的硕士生和博士生。此外，其他的一些研究机构也开始逐渐将经济人类学作为其研究的方向和重点。比如，上海大学设有经济人类学方向的硕士、博士学位项目，吉林大学哲学社会学学院也将经济人类学纳入其学生培养的方向。中国社会科学院社会学研究所于2007年开始招收经济人类学方向的博士。

全国各地的一些高校和研究机构，也陆陆续续开设了经济人类学方面的课程。同时，越来越多的从事于民族经济研究的学者，也将关注视野转移到了经济人类学，试图从经济人类学的角度去研究中国少数民族经济发展的问题。除此之外，许多人类学研究人员开始将经济人类学作为自己的研究方向。与此同时，经济人类学在新出版的人类学教科书中，都成为必不可少的一章。比如2004年朱炳祥出版的《社会人类学》、孙秋云主编的《文化人类学教程》、庄孔韶主编的《人类学通论》，2006年田兆元主编的《文化人类学教程》，2007年周大鸣修订的《人类学导论》等，都对经济人类学的相关内容进行了一定的陈述②。

---

① 田广，罗康隆．经济人类学通论［M］．银川：宁夏人民出版社，2013.

② 范小青．经济人类学在中国的研究［J］．怀化学院学报，2009，28（12）：21－24.

第二节 本土化路径与西部大开发及民族经济学

在20世纪80年代，有一批当时还都很年轻的学者，以发展经济学的基本理论为指导思想，对中国西部地区的经济社会发展问题，进行了全面细致的研究，提出了至今看起来依然很富前瞻性的中国西部发展战略指导思想。经济人类学的理论对发展经济学曾经作出过一定的贡献，并成为当代经济人类学的一个显著特征。正是从这个角度出发，我们将这些西部学者的研究，纳入中国经济人类学的范畴。

一、西部大开发与西部开发研究中心

从1980年起，党和国家领导人多次谈到世界上有一个南北对话、国内有一个“东西对话”的问题，提出将我国经济的战略重点逐步向大西北转移。而在全国各地有一批志愿研究西部的青年学者，从自由联络到松散结合，首先成立了中国西部与民族地区发展研究组（以下简称“西部组”），进而组建中国西部开发研究中心（西部中心）。这里的西部概念主要包括以下11省区：陕、甘、宁、青、滇、黔、川、桂、内蒙古、新疆、西藏。西部人口占全国比重约30%，面积约70%。1984年5月，内蒙古自治区党委政研室郭凡生在《新技术革命与社会发展研讨会》上，提出新技术革命给了不发达国家和地区超越发展的机会。国内不发达地区也可以依靠其丰富的资源优势，从国际上引入资金、技术和人才，实现超越发展，而不仅仅是接受第一二梯度转移来的技术。同年6月，《世界经济导报》以《经济落后地区可以实行超越发展》为题刊登了这篇文章，引起强烈反响①。

与此同时，身处中央部委的一些学者也把目光落在了西部民族地区。他们所撰写的《贵州农村考察报告》《把西藏经济的输血机制转变为造血机制》《富饶的贫困——中国落后地区的经济考察》等理论书籍和研究报告，引起各方关注。1985年8月中央有关部委与西部省区政府联合召开“我国

① 柳红.80年代：中国经济学人的光荣与梦想［M］. 桂林：广西师范大学出版社，2010.

西部地区经济发展讨论会”，讨论颇有成果。在该次会议上，有学者提出了民族地区的经济社会发展必须要准确无误地选取区域和行业突破口的观点[①]。之后，关注西部的青年学者组成了西部组并做了许多深入的调查研究。1987 年 12 月，东西部 9 个省区、80 多位代表参加在贵阳举办的“发展问题——东西部中青年学术对话”。1988 年中国西部开发研究中心成立，该中心与新疆自治区党委政研室于 1988 年初开始在新疆进行西部与民族地区改革与开放综合研究试验区的方案设计。这次调研的最重要成果，就是形成了中国必须向西部开放的共识。而新疆是向西开放的桥头堡。

西部中心和新疆组成联合代表团去西亚六国考察，撰写了研究报告《中国西部必须向西开放》，受到当时党和国家最高领导人的重视。1988 年夏秋，在集体讨论的基础上形成了一批调研报告，集成《中国西部：发展、改革、开放的新抉择》一书出版。1989 年 3 月西部中心又组织了一次“发展问题——中国东西部理论工作者对话会”，提出：把西部开放加到全国战略中去；实行“贸易为主、产业联动、分步实施、促进开发”；在南疆和云南德宏建立试验性自由贸易区，试验成功，逐步推广等一系列设想。1989 年 4 月，西部中心主要领导亲自带队考察云南，就德宏设立特殊开放区域的可行性以及必须进行的相关体制改革问题做了调研论证，形成了一套完整的实施这一战略构想的对外开放和体制改革设计方案。这一方案设想中国西部有两个走向印度洋的出口，一个从新疆经巴基斯坦，一个从云南经缅甸[②]。

西部中心的学者在这期间发表了大量的具有影响力的学术论文，比如田广、邓超、林玲发表的《彻底变革产权主体，推动完善市场机制》（《投资研究》1988 年第 11 期）；郭凡生与田广发表的《道路与模式的反思：中国西部乡镇企业发展研究》（《开发研究》1989 年第 3 期）；冯宛平、田广发表的《二元经济的弱化与趋同：云南省安宁县经济发展二次机遇的科学抉择》（《开放研究》1989 年第 1 期）；郭凡生、田广发表的：《区域推进：我国对外开放战略与模式新探》（《思想战线》1989 年第 6 期）；郭凡生、田广、潘照东发表的《面向发展的投入选择：中国西部地区乡镇企业发展中货币信用政策研究》（《投资研究》1988 年第 11 期）；田广发表的《走出二

---

① 田广，王丰，普永生．论我国多层次波浪式经济结构与西部民族地区经济建设［J］．广西民族研究，1986（3）：9－13.

② 柳红．80 年代：中国经济学人的光荣与梦想［M］．桂林：广西师范大学出版社，2010.

元分离的困境：从云南安宁县的工业与城市化谈起》（《思想战线》1988 年第 4 期）；郭凡生、田广发表的《西部民族地区的改革开放问题的再认识和思考》（《开发研究》1987 年第 6 期）等[①]。

二、民族经济学的发展及贡献

我国本土成长的一些经济学家，根据中国是个多民族的统一国家以及当时的民族地区经济社会发展普遍落后于汉族地区的实际状况，于 20 世纪 70 年代末开始创建民族经济学学科，编写出可作为该学科正式从经济学、民族学母体脱离出来的标志性著作《中国少数民族经济概论》。1979 年 3 月在北京召开的“全国经济科学八年规划会议”上，将民族经济学正式确定为当时经济学的第 27 个分支学科。民族经济学的创建，是基于中国统一多民族国家和各民族及民族地区发展不平衡的国情需要，主要是为了研究解决少数民族与加速民族地区经济发展而创立的全新学科。它从一开始便把研究和解决民族地区的经济现实问题作为自己的学术旨趣，用自己特有的理论、方法和视角，选取了一些全局性的、紧迫性的问题开展研究，为我国民族地区经济的振兴和发展作出了积极的贡献[②]。

民族经济学的发展，大致可分为四个阶段[③]。自 1979 年起至 1985 年止为创始阶段，在这一时期中，理论工作者广泛深入进行了民族地区经济发展状况的调查，为理论综合积累资料。施正一的《民族经济学和民族地区的四个现代化》、李甫春的《中国少数民族地区商品经济研究》为这个时期代表性的理论著作。自 1986 年起至 1990 年止为早期发展阶段，在这一时期，理论工作者结合国家和民族地区经济发展的重点需要，进行研究探索。一大批带有理论性、规范性和前瞻性的著作问世。最具代表性的有《中国西部民族地区经济发展研究》（施正一主编）、《选择与发展：中国不发达地区经济振兴断想》（田广、韩国良等）、《起飞前的战略构想》（曹征海、马飙）、《中国西部民族地区的对外开放与经济发展》（田广）、《寻求均等的发展机会》（龙远蔚）、《中国近代少数民族经济史稿》（况浩林）和《少数民族地

① 田广，罗康隆．经济人类学通论［M］．银川：宁夏人民出版社，2013.

② 李竹青，那日（主编）．中国少数民族经济概论［M］．北京：中央民族大学出版社，1998.

③ 王燕祥．经济人类学与民族经济学［J］．中央民族大学学报，1998（3）：81－86.

区经济体制改革探索》（张协堂）等。

自1991年起至1995年为成熟发展阶段，这一时期理论著作数量大大提高。其中最具代表性的有《当代中国大辞库——少数民族经济卷》（陈虹、哈经雄主编）以及《中国少数民族和民族地区九十年代发展战略探讨》（赵延年主编）、《民族发展经济学》（高言弘主编）、《民族经济学》（童浩主编）、《民族经济学导论》（施正一著）和《民族经济学》（陈庆德著）等。学者们在运用实证研究方法的同时，也开始采用规范研究方法进行理论研究。

自1996年起至2000年为后成熟发展阶段。这个时期在理论发展方面取得了巨大成就，其显著特点是理论研究从总体、综合层面逐步向一些特殊的分支领域，如缩小民族地区与东部沿海发达地区的经济发展差距、反贫困、沿边开放以及海外华族经济等方面过渡。除已出版的最具代表性的《民族经济学教程》（施正一主编）等著作以外，这一时期民族经济研究方向博士研究生部分学位论文也在理论和政策导向方面有所创新。

在承接上述王燕祥四阶段划分的基础上，我们将2001年以来的民族经济学发展统称为新千年阶段。在这个时期，民族经济学已经发展成为我国重要的一个经济学研究领域，学者们发表了大量的学术论著，许多硕博士论文皆从经济人类学的角度，对当代中国民族经济社会进行研究，大大拓展了研究的范围。如马冬梅在其硕士毕业论文中，对回族“乜贴”的研究即运用了经济人类学视角的分析。2005年，理查德·韦尔克（Richard R. Wilk）的《经济、生态人类学与消费文化研究》和斯图瓦特·普拉特纳的《意大利佛罗伦萨的地方性艺术市场—经济人类学个案研究》以及2006年朱迪斯·E.马蒂（Judith E. Marti）的《工业化初期墨西哥地方市政府决策之经济人类学研究》均翻译在广西民族学院学报上，这些文章给中国经济人类学带来了新的研究视角和方法[①]。

同时，国家经济决策部门也更加依赖民族经济学的研究成果。《民族经济学》课程，也被国家教育部规定为本科民族学专业必须开设的专业理论课程。在学科建设上，民族经济学学科极为重视专业性教育，大力培养各级各类民族经济人才。已经在中国社会科学院研究生院、中央民族大学、兰州大学等30余所高校中形成了大学本科、硕士研究生、博士研究生、博士后

① 范小青. 经济人类学在中国的研究［J］. 怀化学院学报，2009，28（12）：21－24.

的人才培养体系。而作为中国民族经济学奠基者之一的施正一教授，在其50余年的执教和研究生涯中，先后出版了多种有影响的学术著作，发表了数百篇重要学术论文，为民族地区培养了340多名硕士、近90名博士。

三、民族经济学与经济人类学的趋同性

民族经济学的研究对象从广义上说，可根据需要研究世界上各个民族的经济问题，既可将一个民族的经济问题作为专门研究对象，也可将一些民族的经济问题作为专门研究对象。从狭义上说，其研究对象专指研究中国少数民族的经济问题，它既可将一个民族的经济问题作为专门研究对象，也可将一个民族地区（包括若干个少数民族）的经济问题作为专门研究对象，还可把所有少数民族的经济问题作为综合研究的对象。从20世纪80年代开始，民族经济学对于东西部差距、不同民族间经济差距、民族地区可持续发展、加速发展战略、西部经济开发、西部人力资源开发、边境开放与边境贸易、西部生态、民族地区城镇化与乡镇经济等问题的研究，都取得了公认的理论建树，在实践中形成了具有创新意识的学科理论体系[①]。

其实，在学术界关于民族经济学的学科性质的探讨，从开始就有不同的意见和表述，综合起来，主要有以下几种代表性观点。

首先，民族经济学是一门强调民族问题与经济问题之间相互关系的学科，它的研究重点放在民族学科与经济学科的交叉点上，其学科性质具有边缘性、交叉性和中介性的特点。这种观点的主要侧重民族问题和经济问题的研究。

其次，民族经济这个概念或范畴本质特征具有二重性，将民族因素和经济因素两者融合为一体。民族经济学是介乎民族学和经济学之间的一门中介学科，或者说是研究民族与经济两者相结合区间的一门边缘学科，还可以说是研究人类社会不同形态条件下的民族因素和经济因素两者交叉互动过程特点与规律的一门交叉性学科，或者说具有鲜明民族特色的学科。这种观点竭力从不同角度深刻解释民族经济学[②]。

最后，民族经济学就是研究多民族国家内民族集团与单个民族的经济生

① 李竹青，那日．中国少数民族经济概论［M］．北京：中央民族大学出版社，1998.

② 施正一．民族经济学教程（修订本）［M］．北京：中央民族大学出版社，2001.

活及居住区域经济增长与经济发展的特殊性及其一般规律的一门科学。这种观点属于狭义的理解民族经济学的性质。此外还有些学者认为，民族经济学的提法本身就不准确，与区域经济学有很多重复的领域。但我们应该看到，民族经济学主要研究重点是民族学科与经济学科的交叉，而区域经济学则侧重于从地域与经济的关系方面的研究，它们之间有明显的区别①。

王燕祥博士曾指出，经济人类学与民族经济学彼此间的差异远远大于其共同之处。其所要解决的问题和所要发挥的作用相距甚远，研究方法也迥然不同。因此，它们彼此在完成各自承担的任务方面具有不可相互替代性②。我们认为，对王燕祥博士的分析和结论，必须历史地去看。作为民族经济学的博士，他对民族经济学及其重要性的维护是可以理解的，也值得赞赏。但我们也必须指出，这两门学科在我国学术世界各自的发展过程中，互相学习取长补短，在研究对象和内容方面重叠部分越来越多，而研究方法也有所趋同现象，因此我们认为两者的联合似乎是一个必然的趋势，并由此而形成具有中国特色的经济人类学。经济人类学在中国的发展，必须以民族经济学为基础，而且只有以民族经济学为基础，才能形成中国特色的经济人类学。

陈庆德教授早在 1993 年就发表文章，将经济人类学理论视为民族经济学理论发展的一部分，并指出两者的共性。与以前相比较，当代中国经济人类学研究一个重要特点是摆脱了简单地对外国人类学加以介绍的情形，而更多的是融入了学者自己的理解和观点，这对于学科的发展是至关重要的。因此，从诸多的成果中也可预见到中国经济人类学发展的潜在力量。西方经济人类学的发展经历了从原始民族的经济史描述走向现代社会经济生活的研究过程。从民族经济史到新广义主义流派的变迁，实质是经济人类学逐渐走出闭塞、走向开放的过程。

当代的经济人类学，已是一个研究原始社区、乡民社会、现代生活的广阔门类，研究的内容包括了生产方式、交换体系、物品消费、经济制度、性别、生态、区域发展、学科理论探索等诸多方面。中国经济人类学从传入之初诸多学者纯粹的理论介绍逐步走入了多元，理论引进、文化经济、交换体系、乡民社会等各方面被予以关注。

我国少数民族地区经济的发展问题，例如西部大开发等，成为当今我们

① 李忠斌．民族经济学发展新论［M］．北京：民族出版社，2004.

② 王燕祥．经济人类学与民族经济学［J］．中央民族大学学报，1998（3）：81－86.

面临的重大问题，在传统经济学的发展理论未能引导其获得良好的可望前景时，从不同视角出发的经济人类学与民族经济学的研究，将更可能获得现实价值和意义。范小青曾明确地将民族经济学的研究纳入经济人类学的范畴，她指出在中国经济人类学与民族经济学有其共通的地方，且容易互相渗透。因为两者都以中国少数民族地区的经济为关注点，一直有着密切联系[①]。对于经济人类学与民族经济学关系的探讨得到了包括两方面研究者的关注。在民族经济学研究者方面，早在 1987 年翁乾麟曾撰文提及民族经济学应从西方新兴学科如发展经济学、经济人类学中借鉴其理论，促进理论与实际的共同发展。

施琳博士在其《经济人类学》一书中认为，中国经济人类学的中国化必须以从本土中生长出来的民族经济学为依托，强调两者的融合和互鉴是其不断的呼声。2003 年吕俊彪撰文总结中国经济人类学发展现状和面临问题时提出当前中国经济人类学的一项十分重要的任务是通过两学科的融合，完成两学科的传统思想与现代理论的结合，从而实现学科理论的跨越式发展[②]。

第三节　经济人类学在中国本土化发展的理论贡献

一、经济人类学与现代化反思

经济人类学视野中的“现代化”反思理论，是我国本土学者对经济人类学理论发展的最大贡献之一[③]。该理论的倡导者陈庆德认为，社会变迁是人类自我理解的一个重要话题。我们对人、对生活的审视，受到现代社会框架的制约。当不可避免地与所谓“现代化”概念相遇时，我们不能将某些具有根本性缺陷的论说视为既定的前提而全盘接受，并赋予这些流行概念或知识以完全的合理性。相反，我们应该正视人类知识不完全的实质而提出疑

① 范小青．经济人类学在中国的研究［J］．怀化学院学报，2009，28（12）：21－24.

② 吕俊彪．经济人类学在中国的发展及当前面临的问题［J］．广西民族研究 2003（3）：25－28.

③ 陈庆德．经济人类学视野中的“现代化”反思［J］．战略与管理 2000（1）：72－85.

问。“现代”是一个意义边界极为模糊的概念，它给予我们的不仅是经历了最近几百年的一个社会过程，而且是有定向标准意义的概念。

陈庆德认为，现代社会造就了一种与其他制度部门分离开来的、独立化的“经济”的存在。依凭这种分立，它使经济因素的动力作用居于支配地位，或者说，经济支配了社会。它导致了由市场因素所构成的经济功能条件与文化整合的冲突，亦导致了它和象征意义的世界观、行为准则的共性相冲突。现代社会以总体的“实践理性”，改变了人类生活的诸多特质，而这些改变并非都是正向的。诸如它对物质世界的大规模控制，所带来的人与自然在表层意义上的分离、物质享乐主义、道德沦丧等。因此，当代以发展和资源、生态失衡与环境重建等形式，展现出来的对现代社会发展的批判，不能仅仅归于经济等个别领域的问题。其意义也不仅仅局限于地球资源即将耗尽的问题上，而是在更深层次上对现代社会认知模式的反思与质疑。

陈庆德还提出，现代社会的现实进程中充满了压迫性和不平等性。而这正是激起对现代社会和现代化进行深刻反思的主要动力之一。现代化的中心聚焦于经济发展，在经济学领域的分析中，也就更多地展现出了这种定向的特征。无论是库兹涅茨的《现代经济增长》、刘易斯的《经济增长理论》，还是罗斯托的工业化起飞理论等，各种最具影响力的现代化模式，都是以18世纪以来的西方经验为依据，描述靠工业成长的自然过程，藉以理解第三世界，并实现把这些模式套用为非西方社会中的目标。这些陷于“纯经济”的描述，把人们对“现代化”概念的理解局限于“经济—技术”狭窄孔道，而普遍地忽视了这一概念所蕴含的、由西方知识—权力框架所塑造的霸权关系意义。而对“现代化”概念的反思，从根本上说，就是要促成原来物质—技术导向的经济学，向象征—文化导向的经济学转变。

总之，在陈庆德教授看来，“现代化”的概念正是在与不同形式的权力进行不均衡的交换过程中，被创造出来并存在于这一交换过程中。不管我们以何种方式排遣“西方中心论”的阴影，至少在作为欧洲文化霸权核心基质的“实践理性”上，“西方中心论”的存在，是一个不争的事实，且影响力在日益扩大。西方霸权的支配关系，将现代文明构筑为“一种独特的文明模式，它将自己与传统相对立，也就是说，与其他一切先前的或传统的文化相对立：现代性反对传统文化在地域上或符号上的差异，它从西方蔓延开来，将自己作为一个同质化的统一体强加给全世界”[①]。由此而形成的“现代化”概念，隐含着把所有不同于西方的社会结构，视为停滞的、或本质上阻碍经济持续增长的“坏”结构；并把现代经济增长定义为，归根到底要表现为经济、社会、政治和文化从结构到体制的彻底改变。当“发展中”的第三世界循着这种“现代化”概念目标而“发展”时，带来的只能是心酸和失望。

陈庆德教授对经济人类学中国本土化所付出的努力，是有目共睹的，贡献也是多方面的。初期，陈庆德教授着重于学科引进，其后，逐渐转向文化经济学研究，发表了大量相关的相关论著。从经济人类学的理论角度对文化进行资本进行研究，将学科研究推向新的方向[②]。陈庆德教授于2001年发表的《经济人类学》一书，是第一部由中国学者撰写的经济人类学著作，不仅全面系统地介绍了西方经济人类学的基本原理和发展历史，而且非常好地探讨了马克思主义对经济人类学发展的影响，还论述了经济社会过程中民族与民族关系问题。陈庆德在其《经济人类学》一书中，对经济人类学的研究范畴和内容作了阐述，包括交换、货币、经济制度、经济类型、民族与资源博弈、民族发展与区域发展的异同等内容。鲜明地反映了作者学术背景和研究基础，在文中能感受到马克思主义学说和民族经济学学科训练留下的烙印。在这部具有鲜明马克思主义理论特征和中国民族国家特色的经济人类学著作中，陈庆德教授不仅仅是简单介绍西方经济人类学的理论和发展，而且注重本人对经济人类学这门学科的理解与解释，是一本理论性极强的著作。

二、民族经济利益的相对独立性

如果说关于经济人类学视野中的“现代化”反思理论，是我国本土学者对经济人类学理论发展的最大贡献之一的话，那么关于民族经济利益的相对独立性理论[③]，则是我国本土学者在法学的框架下，对经济人类学理论的又一个大贡献。该理论的倡导者李正荣博士指出，民族经济利益是为民族的

---

① 〔美〕斯蒂文·贝斯特，道格拉斯·凯尔纳．后现代理论．北京：中央编译出版社中译本，1999：145.

② 陈庆德，马翀炜．民族文化资本化［M］．北京：人民出版社，2004.

③ 李正荣．民族经济利益的相对独立性［J］．甘肃政法成人教育学院学报．2003（3）：123－125.

生存和发展所不可缺少的各种经济资源、经济条件和经济机会的总和，它具有相对独立性。这种相对独立性表现在两方面：一方面，从主体、历史和现实看，民族经济利益具有客观性；另一方面，民族经济利益的客观内容集中地反映在以国家、民族自治地区和民族为基本主体单位的利益结构之中。在现代社会，尤其是在我国这样一个统一的多民族国家，经济利益主体的多元化格局要求法律不能只考虑国家经济利益，而且要考虑包括民族经济利益在内的不同群体经济利益和个人经济利益。那种忽视群体经济利益，认为只存在国家经济利益和个人经济利益的观点是不全面的。

李正荣认为，民族经济利益的客观性表现在以下几个方面：其一，民族是构成人类社会的重要主体之一。只要有民族存在，就有该民族赖以生存的经济利益存在，作为客体的经济利益与作为主体的民族是不可分割的。其二，民族经济利益要么表现为一个民族国家的经济利益，要么表现为一国之内的不同民族经济利益。多民族国家民族经济利益的客观性反映了各民族在多民族国家里基于各自不同的自然地理条件和经济文化类型而产生的各民族经济利益上具有的对立统一辩证关系的历史实际。其三，我国多民族国家的实际决定了各民族经济利益的多元化格局。在我国，这种民族经济利益的多元化格局是以二元结构为表征的，突出地表现为汉族居住地区与边疆少数民族地区在经济利益上存在的差异。民族经济利益的客观性要求国家在处理民族关系时，充分考虑民族经济利益的客观实际，运用公正有效的法律机制实现民族经济利益的分配。

在我国统一的多民族国家里，国家利益就是不同主体的共同利益，主要表现为“以工人阶级为领导的广大人民的共同利益、根本利益”[①]，这种共同利益以“普遍利益”的面貌出现，它一方面反映着我国社会各种利益主体阶级力量的对比关系；另一方面体现了社会主义法制的公平正义价值，而且随着社会主义市场经济的建立和发展，包括民族在内的各主体在基本社会公正理念的主导下，逐步实现其经济利益。1949 年 9 月 29 日发布的《中国人民政治协商会议共同纲领》规定：“各少数民族聚居的地区，应实行民族区域自治。”[②] 从此，民族区域自治制度在我国确立。经济自治是民族区域自治的一个重要内容，而以经济利益为客观体的经济自治权是经济自治在法

① 孙国华．法理学［M］．北京：法律出版社，1995，p. 65.

② 中共中央统战部．民族问题文献汇编［M］．北京：中共中央党校出版社，1991，p. 1289.

律上的表现。

李正荣提出，民族是由民族成员构成的，但民族成员并非全部聚居于一个固定的地域，他们经常由于历史或现实的种种原因而散居在全国各地。以回族为例，尽管有其聚居地，但在全国各地基本都有散居的回族存在。他们以民族为单位的经济利益不但渗透在这些自治地方的经济利益当中，而且主要表现为基于其共同的宗教信仰而享有的经济利益，如清真食品的生产、销售、贸易和管理。法律应当而且已经肯定了这种经济利益的合法性并通过相应立法予以保护。另外，少数民族传统聚居地区基本上地处边疆，自然地理条件和生态环境状况较差，社会生产水平低，经济发展落后，无论是从民族的角度还是从地域的角度看，他们的经济利益是一致的，需要获得同汉族或其他地区同等的经济利益。从这个意义上讲，民族经济利益与非民族地区的经济利益是相对而言的，它们的差距反映了民族经济法在立法、执法和司法、守法各个法律实践环节尚存在诸多不足，如何实现民族经济利益于法有据和将法律意义上的利益即法益转化为实实在在的经济利益是一个不可回避的法律命题。

李正荣博士的研究虽然是从法学的角度展开的，但其研究的更重要的贡献却在于承认并确定我国少数民族的经济利益方面。他的研究表明，民族经济利益具有一定的独立性，政府等经济管理部门不仅要明确予以承认，而且要从立法的层面给以保障。通过法律程序来保护少数民族的经济利益问题，也是促进民族地区经济发展的一个话题，本来应该也是经济人类学和民族经济学的研究范围，但很遗憾的是，民族经济学和经济人类学在这方面的研究基本缺失[①]。因此，李正荣的研究在很大程度上弥补了这种缺失，无疑对经济人类学的基础理论作出了一个巨大贡献，促进了经济人类学中国本土化的进展。

三、经济人类学与相际经营原理

在讨论经济人类学中国本土化的路径与成果时，杨庭硕教授的理论贡献是必须得到广泛认可的。杨庭硕长期从事经济人类学、民族经济学的教学和

① Visser, O. & Kalb, D. Neoliberalism, Soviet Style [J]. European Journal of Sociology, Vol. 51 (2): 171 - 194, 2010.

研究工作，主要研究领域有生态人类学、民族发展史和生态史等方面，为国内知名的经济人类学家民族学家，出版和编写专著多部，对推动我国经济人类学学科和民族学学科的发展，具有不可替代的作用与价值，尤其是对我国生态人类学的发展更起到了极大的推进作用。杨庭硕教授在经济人类学方面的贡献，集中体现在其于 1995 年在贵州民族出版社出版的《相际经营原理——跨民族经济活动的理论与实践》专著之中。

我们认为《相际经营原理——跨民族经济活动的理论与实践》堪称经济人类学中国本土化的杰出代表作，其理论贡献和对实际工作的指导性是不可低估的。杨教授通过大量的田野实证和文献总结，正面回答了我国当前面临的一个重大社会经济问题，即影响中国西部民族地区社会经济发展的非经济因素包括哪些方面，它们的历史和成因，它们对该地区经济发展的具体作用的评估，怎样从非经济因素中找出促进生产发展的契合点，如何规避、克服它对经济发展的不利影响等。

《相际经营原理》最大的理论特色，莫过于独具匠心的深思和凝练了“相际”一词。“相”字出台的背景源于各民族有着自己特殊的历史过程，亦有与周边民族、与国家政治、法律等体系交往的历史积淀，更有对所处生存环境的加工、改造和利用的成分，因而将民族文化规约下的社会与自然特征耦合体凝练为“相”。这既符合中国古典哲学的传统，亦与现代自然科学理念相吻合。因此，“相际”所囊括的思辨哲理和学科整合，远远优于“族际”所能表达的含义①。

相际经营理论模式的出台，正是基于对国内外文化人类学、经济人类学、经济学等前沿理论娴熟把握、消化和吸收的基础上提炼而成。在丰富学科理论的同时，更是将学科的发展推向了新一轮的高潮，为相关学科的“本土化”工作添砖加瓦。《相际经营原理》是在占有贵州各民族地区大量田野资料和历史文献的基础上完成的，所提出的理论分析是以贵州当下的现实境遇为纬，以历史纵深感为经，因而所提出的“政策论”和“对策论”都是高屋建瓴的可行、可信“对策”。因此，本书的问世，不仅能够对贵州的社会经济建设提供新一轮的理论指导和实践操作方案，更是为与贵州境遇相类似的我国西部各民族地区，乃至世界相似区域，都能提供一个可资参考的蓝本。

---

① 杨庭硕．相际经营原理——跨民族经济活动的理论与实践［M］．贵阳：贵州民族出版社，1995.

本章小结

本章简述了经济人类学在中国的传播和发展过程。早期的经济人类学研究主要侧重于对中国乡村社会经济模式的研究，但著述不多。新中国成立之后，中国政府为了促进民族地区的社会经济全面发展，曾组织了大规模的针对民族地区的经济社会调查，为经济人类学在中国的发展奠定了良好的基础。民族经济学的创立和对西部大开发的研究，在很大程度上促进了经济人类学中国本土化的推进过程。在经济人类学中国本土化的过程中，中国的经济人类学理论工作者，从中国的国情出发，以马克思列宁主义毛泽东思想为指导，提出了民族经济利益具有相对独立性的理论，并从不同的角度对现代化过程进行了理性的反思，提出了“相际经营”的理论模式，在经济人类学本土化的过程中，为经济人类学的理论发展作出了新的贡献。

从整体上看，人类学在中国还处于发展阶段，而作为其分支学科的经济人类学，在中国基本上还处于初始发展阶段。但中国经济社会发展的现实，特别是中国西部少数民族地区的经济社会发展现实，不仅特别需要包括经济人类学在内的理论研究和指导，而且也为我们发展具有中国特色的经济人类学创造了条件。因此，我们必须在学习和接受西方经济人类学理论和方法的过程中，不断创新和发展具有中国特色的经济人类学理论和方法，使之更好地为全面建成小康社会而作出新的更大的贡献①。

① 田广，周大鸣，李德宽（主编）. 工商人类学［M］. 银川：宁夏人民出版社，2012.

第七章

经济人类学中国化研究典范

本章摘要

中国经济人类学理论家杨庭硕教授，从中国国情出发，提出了“相际经营原理”的理论模式，在经济人类学中国本土化的过程中，为经济人类学的理论发展作出了新的贡献。本章认为杨著堪称经济人类学中国本土化的杰出代表作，其理论贡献以及对实际工作的指导作用不可低估，为我国全面建成小康社会提供了理论指导和实践操作方案，特别是为我国西部各民族地区，乃至世界相似区域的经济社会发展，提供了一个可供参考的经济人类学理论典范。

引　　言

经济人类学是人类学与经济学对话的产物，它将人类的经济行为作为研究对象，但又有别于经济学对其的理解。经济人类学曾经历了三个不同的发展阶段，基于此，人类学家能够进一步将世界经济作为一个整体进行研究，从而使经济人类学发展步入一个全新的阶段。传统的经济人类学以西方知识史为背景来研究人类的经济行为，无疑具有一定的局限性。因此，我们必须用更广泛的视野来考察人们的经济活动以及人们的需求和动机①。

经济人类学在中国的传播和发展过程具有明显的中国特色。早期的经济人类学研究主要侧重于对中国乡村社会经济模式的研究，但著述不多。新中

① Hann, Chris & Hart, Keith. Economic Anthropology [M]. Cambridge, UK: Polity Press, 2011.

国成立之后，中国政府为了促进民族地区的社会经济全面发展，组织了大规模的针对民族地区的经济社会调查，为经济人类学在中国的发展奠定了良好的基础。随后，民族经济学的创立以及对西部大开发的研究，也在很大程度上加速了经济人类学中国本土化的推进进程[①]。在经济人类学中国本土化的过程中，中国的经济人类学理论工作者，从中国国情出发，以马列主义毛泽东思想为指导，提出了民族经济利益具有相对独立性的理论观点，并从不同的角度对现代化过程进行了理性反思，提出了“相际经营原理”的理论模式，为经济人类学有关本土化的理论发展作出了新的贡献[②]。

相际经营原理的理论模式，是由我国本土成长起来的经济人类学家，吉首大学终身教授杨庭硕先生，于 1996 年首先提出来的。该理论模式在提出之初就受到学者们的高度关注[③]，并被后来者列为中国本土学者对经济人类学理论作出的最大贡献之一。因此，在讨论经济人类学中国本土化的路径和成果时，杨庭硕教授的理论贡献是必须得到广泛认可的，并需要我们不断地从深层次去思考和发掘其理论思想的内在价值以及对我国全面建成小康社会相关实践的指导价值[④]。本章拟从不同的角度，探讨杨庭硕教授相际经营原理的理论模式及其在理论和实践方面的价值和意义。

第一节 相际经营原理简介

杨庭硕教授长期从事经济人类学、民族经济学的教学和研究工作，其主要研究领域包括生态人类学、民族发展史和生态史等方面，是我国国内颇具知名度的经济人类学家和民族学家，编写和出版了多部专著，对推动我国经济人类学学科和民族学学科的发展，尤其我国生态人类学的发展，起到了极大的推进作用。杨庭硕教授在经济人类学方面的贡献，集中体现在其于 1995 年由贵州民族出版社出版的《相际经营原理——跨民族经济活动的理

① 施琳. 经济人类学［M］. 北京：中央民族大学出版社，2002.

② 田广，罗康隆. 经济人类学［M］. 宁夏：宁夏人民出版社，2013.

③ 冯祖贻. 序言//杨庭硕. 相际经营原理［M］. 贵州：贵州民族出版社，1995.

④ 田广，罗康隆. 经济人类学［M］. 宁夏：宁夏人民出版社，2013.

论与实践》专著之中（以下简称“杨著”）[①]。

我们认为，杨著堪称经济人类学中国本土化的杰出代表作，其理论贡献以及对实际工作的指导作用是不可低估的。杨庭硕教授通过大量的田野实证和文献总结，正面回答了我国当前面临的一个重大社会经济问题，具体包括影响中国西部民族地区社会经济发展的非经济因素，它们的历史和成因，它们对该地区经济发展的具体作用的评估，怎样从非经济因素中找出促进生产发展的契合点，如何规避、克服非经济因素对经济发展的不利影响等。在对国际和国内社会关于落后地区的经济社会发展模式进行归纳描述和分析之后，杨著明确指出，历史和现实的事实迫使我们必须清醒地认识到，只有对非经济制约因素做了系统的研究，才能为发展中国家和发展中民族找到经济社会全面发展的出路[②]。

杨著最大的理论贡献，不仅在于其提出并论述了“发展中民族”这个政治经济学新概念，而且还独具匠心地深思并凝练了“相际经营”这一具有中国特色的经济人类学新概念。根据杨著的论述和我们自己的理解，相（读音为 xiàng）的意义极为丰富，主要分为以下几种解释：（1）指人的容貌、样子，比如相貌、照相、凶相等；（2）指物体的外观，比如月相、金相、表相等；（3）表示察看或判断的动作，比如相面、相术等；（4）是一种官位名，比如宰相、首相等；（5）指物质的某种物理或化学状态，比如蒸汽、水、冰就是三个不同的相；（6）指正弦变化的物理量，在某一时刻（或某一位置）的状态可用一个数值来确定，这种数值称“相位”，或“相角”。因此，相是一个复杂内容的综合体，具有多重含义。杨著中用相来特指不同自然、经济、社会和文化环境下，不同民族的经济运行模式及其范围和特征，且这种经济运行模式在地域范围和行政管理范畴上具有一定的限制，包含着自然、历史、政治、文化等多种因素。

杨著指出，人类的经济活动是在相应的文化规约下展开的，且在特定的生存环境中进行，而国家及其行政职能对文化和环境都有直接的影响，因此也构成对人类经济活动的直接影响。相际概念，就是指在不同自然、经济、社会和文化环境下，不同民族的经济运行模式及其范围和特征之间的相互关系和影响以及不同因素之间的相互关系和作用。相际概念的形成背景，源于

① 杨庭硕．相际经营原理［M］．贵州：贵州民族出版社，1995.
② 杨庭硕．相际经营原理［M］．贵州：贵州民族出版社，1995，p. 2.

各民族自身所有的历史过程，亦有与周边民族、与国家政治、法律等体系交往的历史积淀，更有对所处生存环境的加工、改造和利用的成分，因而将民族文化规约下的社会与自然特征耦合体凝练为“相”。杨著的这种高度概括和抽象，既符合中国古典哲学的传统，亦与现代自然科学理念相吻合。因此，“相际”这一新概念所囊括的思辨哲理和学科整合，远远超过传统的“族际”概念所能表达的含义。

相际经营理论模式的出台，正是基于对国内外文化人类学、经济人类学、经济学等前沿理论娴熟的把握、消化和吸收基础之上提炼而成的。该理论模式既超越了传统经济学“从理性人的假设出发，对人类经济实践活动进行抽象思考”的窠臼，又超越了传统人类学“从动机与文化影响决定论出发，对人类经济活动进行比较”的范式。在丰富学科理论的同时，更是将学科的发展推向了新一轮的高潮，为经济人类学学科的中国“本土化”发展，增添了新的理论色彩。

第二节　文化之于经济社会

经济人类学家的研究方法与经济学家存在很大的差异。一般而言，经济学家比较注重对经济数据的分析，热衷于数学模型的建立，因此并不需要到实地进行调查研究。与之相对比，经济人类学家则更关注人们经济行为背后的文化因素，热衷于通过对人们日常的经济行为进行观察和分析，从中抽象出理论模型，因此他们必须深入实地进行调查，即进行经济民族志研究。经济学家在研究经济问题时，常常会忽视与文化和道德相关的经济活动问题，但经济人类学家却擅长对此类问题进行研究①。

杨著是一部50万字的巨著，是在贵州各民族地区大量田野资料和历史文献的基础上完成的，其理论分析是以贵州当下的现实境遇为纬，以历史纵深感为经，因而所提出的“政策论”和“对策论”都是高屋建瓴的可行、可信“对策”。为了完成这部巨著，杨庭硕教授与其助手、学生重点考察了

① Nash, J. Ethnographic Aspects of The Word Capitalist System [J]. Annual Review of Anthropology, 1981 (10): 393-423.

贵州的安顺地区及黔西南州26个布依族和苗族社区，调查访问了31家各类企业，回收经济调查问卷108份，原始农林业调查问卷76份，各族群众商业意识调查问卷89份，有关教育方面的调查问卷380份。与此同时，他们还深入访谈了24个调查对象，观察研究周期长达数年之久①。

在对大量的田野调查资料进行分析论证之后，杨庭硕教授得出了这样一个结论：相际经营活动是由具体的个人或群体组织实施的，他们必须依据自己特定的文化固有特征来从事经济活动，且必须在相应的文化圈内完成。在相际经营过程中必然涉及文化的差异，因此相际经营的各方必须要面对并努力适应彼此之间的文化差异性。杨著还深刻指出，不经过一定的文化互动，相际经营的活动就无法完成。因此，文化互动是相际经营活动的重要组成部分。杨著还进一步指出，相际经营活动无论牵涉多少个民族，多少不同环境中的地区，都必须以一种民族文化作为经济活动的基础，以这个基础上从事相际经营的活动者为主方，其他参与者为客方。这种关于文化互动以及主客方的界定，是杨著的一个重要理论贡献②。

正是由于文化对人们的经济活动和经济成果有着重大的决定性影响，杨著用了大量的笔墨对文化进行了深刻的论述。在这部50多万字，560多页的巨著中，有关文化的论述有近200页，约18万字。杨著的第三、第四和第五章集中探讨了文化因素对经济的各种影响形式和结果，涉及了文化的实质、文化与人类经济生活的异同、相际产品接轨中的文化障碍、文化型差与式差区分的经济意义、文化习俗诱发的干扰因素、信息传递与应用、社团与产权和生产组织的文化思考、科技推广中的文化路障与排除之策、民族教育与经济互动的关系、潜在文化网络的无形特征、文化适应等重大的经济人类学论题③。

第三节　发展经济学新解

经济人类学的理论对发展经济学曾作出过一定的贡献，并成为当代经济

---

①②③　杨庭硕．相际经营原理［M］．贵州：贵州民族出版社，1995，pp. 38－39，44－45，99－284.

人类学的一个显著特征。按照经济人类学的原理，社会发展指的是整个人类社会的向前运动过程。它包括纵向的发展，特指人类社会由低级向高级的运动和发展过程，也包括横向的发展，特指在特定的社会发展阶段中一个社会各方面整体的运动和发展过程[①]。因此，发展首先被普遍认为就是经济增长和工业化、城市化。因此，发展也必然伴随着对现存经济社会形态的破坏。奥地利学者约瑟夫·熊彼特（Joseph Schumpeter）曾经提出“创造性破坏”的理论观点，试图理解资本主义的产生、发展、衰落及其衰落的原因。到了20世纪中期，学者们又普遍认为，经济最好的发展状况是实现可持续增长，并由政府对财富实施再分配。这种经济模式成为第二次世界大战后发达国家和新独立国家的经济标准[②]。

经济人类学家马吉德·拉纳玛（Majid Rahnema）和维克多·包特理（Victoria Bawtree）提出“后发展”的方式，认为发展在现阶段已经结束[③]。他们更乐于把重点放在社会运动方面，对新自由主义全球化的理论前提和实践进行深刻的批判。此外，作为对发展最突出的人类学批评者，弗格森（Ferguson）和阿图罗·埃斯柯瓦尔（Arturo Escobar）则认为，除了讽刺性地维持富人变得更富，穷人变得更穷的现状外，发展只是一种言论（话语），对社会没有产生任何实际影响[④]。当然，随着时代的发展，不同时期的学者对经济和世界的“发展”的定义亦不同。第二次世界大战后，随着工业革命的发生，发展使得富有的国家和地区更富有，而贫困的国家和地区更加落后，区域发展的不平衡性非常严重。经济人类学对各种社会发展不平等现象一直都非常关注，把田野调查的方法应用到实际研究中，对发现并解决不平等现象作出了巨大贡献[⑤]。

以研究发展为特征的经济人类学，近30年来在中国的发展主要体现在两个方面：其一，关于西部大开发的研究[⑥]；其二，关于民族地区经济开发

---

① 陈庆德．经济人类学视野中的“现代化”反思［J］．战略与管理，2000（1）：72－85.

② 代明，殷仪金，戴谢尔．创新理论：1912—2012——纪念熊彼特《经济发展理论》首版100周年［J］．经济学动态，2012（4）：143－150.

③ Rahnema，M. & Bawtree，V. The Post－Development Reader［M］．Zed Books Press，1997：117.

④ Hann，Chris & Hart，Keith. Economic Anthropology［M］．Cambridge，UK：Polity Press，2011.

⑤ ［美］德内拉·梅多斯，乔根·兰德斯，丹尼斯·梅多斯等．增长的极限［M］．李涛，王智勇译．北京：机械工业出版社，2006.

⑥ 柳红．80年代：中国经济学人的光荣与梦想［M］．广西：广西师范大学出版社，2010.

与发展的研究[①]；杨著的理论研究成果，非常全面地涵盖了这两个方面的内容。这里，我们有必要提醒读者，在中文语境下的“开发”实际上就是经济人类学和发展经济学中所指的“发展”。在传统的经济人类学理论中，所谓“发展”就是先进的、发达的民族和地区“帮助”欠发达的民族和地区，以实现经济增长。具体到中国而言，就是中央政府开发边疆，东部地区“帮助”西部地区，汉族地区帮助“开发”少数民族地区。但杨著指出，在新的经济社会条件下，为了实现各民族的现代化，我们需要多向式的相际经营活动，即不仅需要汉族对少数民族地区进行开发，同时也需要并鼓励少数民族对汉族地区的开发[②]。

杨著从历史的视野，对中国边疆民族地区的开发问题进行了深刻的分析，指出这类开发是凭借汉文化在少数民族地区展开的，而且往往并不注重经济实效，有的以军事目标为导向，有的则以政治利益为筹码。由此，导致原本为主流的民间经济活动，被挤到了次要的地位，是单向的相际经营，抑制了少数民族参与经济互动并获取利益的积极性。传统经济学理论对发展的衡量标准就是一系列的统计指标，而这些统计指标又基本上按照西方发达国家的标准，并依据这类标准对不同民族和地区的经济社会发展作出评价。但杨著明确指出，在不同的社会文化背景下，度量社会经济发展的依据应当是不同的。因此，不仅那种完全按照西方的指标体系来衡量发展中国家的经济发展水平是错误的，而且按照汉族地区的经济统计数据指标体系来衡量少数民族地区的经济发展水平同样是不可取的。

杨著表述了这样一个重要的经济人类学原理，即现代经济统计指标基本上是按照市场经济的需要而确定的，统计指标衡量的结果，原则上必须透过市场才能反映出来。但由于我国长期以来实行的计划经济，广大的少数民族地区更是远离严格意义上的市场经济，于是便造成这样一个基本事实：在相际经营活动中，由于经济统计指标往往缺乏兼容性，致使对相际经营的效果评估会出现较大偏差。因此，在双向或者多向的相际经营活动中，我们必须正视这种偏差。换言之，我们在制定有关经济社会发展战略大政方针时，必须面对一种与市场经济体系不相兼容的非市场经济体系因素[③]。对此，笔者

① 李忠斌．民族经济学发展新论［M］．北京：民族出版社，2004.

② 杨庭硕．相际经营原理［M］．贵州：贵州民族出版社，1995：53.

③ 杨庭硕．相际经营原理［M］．贵州：贵州民族出版社，1995：92－95.

深表认同，因为市场经济毕竟不是人类经济活动的全部，将发展片面地理解为市场化是一种极度幼稚且不负责任的行为，我们必须予以批判[①]。

第四节 微观经济的宏观思考

经济人类学曾经历了三个不同的发展阶段，现阶段，人类学家能够更进一步将世界经济作为一个整体研究，成为经济人类学发展的第四个也是全新的一个阶段。这无疑有助于经济学以一个全新的面貌对人类社会的经济发展进行研究[②]。在18世纪和19世纪中，世界经济最基本的问题在于：市场经济的形式，允许北大西洋社会体占据世界经济体的主要地位，但是，这一形式是否遵循了普遍有效性原则呢？这场关于相同性和差异性的争论，在一定程度上限制了经济人类学的发展。但人类学家并未因此而中断对不同地区居民思想和行为的研究。经济人类学家通过将市场经济高度发达的华尔街看成是一个猎人聚集的小社区，用西方经济模型分析华尔街对金融的冲击，是完全可行的；然而，用理性的市场模型来分析非市场经济下的行为，则缺乏有效的说服力[③]。

由于人类学家将其知识权威建立在对偏远地区的调查研究基础上，因此他们对世界经济运行和发展模式研究的能力受到传统经济学家的质疑，但这种怀疑并未妨碍经济人类学家对人类社会经济发展方式持续不断研究的努力[④]。经济人类学的最大理论贡献是让人们更好地理解了再生产、分配、交易和消费过程中人的行为动机以及人类经济活动与其他领域行为之间的关系。当然，经济人类学也有不足之处，比如人类学家并未关注时间和空间上的相关问题。因此，其研究成果经常被社会科学领域的其他学者认为是过度

---

① 田广，戴琴琴. 泛市场化批判［M］. 北京：中国财政经济出版社，2012.

② Wilk, R. R., & Cliggett, L. Economies and Cultures: Foundations of Economic Anthropology (Second Edition)［M］. Boulder, CO: Westview Press, 2007.

③ Carrier, J. G. (Ed.) A Handbook of Economic Anthropology［M］. Northampton, MA: Edward Elgar, 2005.

④ Gudeman, S. The Anthropology of Economy［M］. Malden, MA: Blackwell, 2001.

微观和非典型的案例研究[①]。但是杨著的理论模式使得我们能够对经济人类学的这种批判进行认真的反思。

杨著的研究方法，秉承了我们所赞赏的民族志研究方法，并且将这个方法予以完善，不仅扩展到了跨学科的研究中去，而且还延伸到历史的中观和宏观层次，使我们得以重新认识世界的经济和历史。在杨著中，作者列举了数以百计的微观经济活动案例，用以说明相际经营的基本原理。比如，作者在贵州紫云县苗乡四大寨进行经济人类学民族志调研时发现，当地苗族群众善于烧制砖瓦、打制农具、盖房建屋。在进行这些富有价值创造性工作时，他们无需聘请外地能工巧匠，全由本村农民自己完成。从事这类技术工作的劳动者，个个都是农业生产好手，他们常常在农闲时进行这类对工艺要求较高的工作，并且不需报酬，仅仅领受酒肉款待。而当自己家需要人手协助进行此类经济活动时，其他村民也会无条件给予帮助。[②] 但是，作者并未停留在对这类微观经济活动的描述和分析上，而是将研究分析指向了宏观经济分析的层次方面。作者指出，上述这种经济活动及其经营模式，并非一种短暂的经济现象，而是有着深远历史传统和现实需要的。在市场化经济改革的过程中，如何面对这种长期延续的生产组合方式，将诸如四大寨苗乡群众引导到市场经济的轨道，使其经济活动与全省、全国，乃至全世界接轨，参与更大范围的经济循环，无疑是研究这一类地区相际经营模式的一个巨大难题[③]。

在对许许多多微观经济实例进行剖析的基础上，作者从宏观的角度出发，对计划经济体制与市场经济体制进行了深层次的论述，指出少数民族地区经济发展长期滞后，是计划经济失控造成的，而非执行计划经济的结果。同时提出了一个在经济学上具有独到的学术观点：对具体的经济人而言，或走市场经营道路，或接受计划指导经营，两者难以同时并存，但对国家层面上的经营而言，则必须兼顾市场和计划两种经济形式。换言之，计划经济和市场经济对一个国家的宏观经济来说，是两种不同的经济政策手段，把两者对立起来要么最终误入计划经济的漩涡，要么陷入对市场经济的迷信，从而

---

① Ortiz, S. (Ed.) Economic Anthropology: Topics and Theories [M]. Lanham, MD: University Press of America and Society for Economic Anthropology, 1983.

② 杨庭硕．相际经营原理［M］．贵州：贵州民族出版社，1995：94.

③ Dalton, G. Traditional Tribal and Peasant Economics: An Introductory Survey of Economic Anthropology [M]. Addison: Wesley Publishing Company, Inc. 1971.

造成国家宏观经济经营的困惑[①]。对此学术观点，笔者是十分赞赏并认同的。

本章小结

经济人类学对人类经济行为和经济发展过程的研究，与经济学对人类经济行为和经济发展过程的研究，具有明显的差异。在经济学领域，人们更多关注的是生产、资源配置方式和收入分配等相关变项，这些变项在一定程度上反映着人们的社会制度关系。经济学把经济理性作为最基本的分析手段和最重要的前提假定，认为每一个社会交换和经济过程的参与者，都具有一个共同的动机：使其利益和价值在经济交往中最大化。但是当我们对人类历史的全过程进行分析和研究时，就会发现，经济学中关于理想的原则或假定，并非普遍适用于人类发展的每一个阶段，更多的是显现出作为一种变项而存在的特质[②]。

经济人类学把对人类本质实现的关怀和对人类发展方式的反思，作为自己的研究重点。通过对人类不同群体的相异性进行研究，来理解自己生活的社会含义和时代特征。因此，经济人类学的生命力就在于不断扩展延伸自己的研究领域，学习和接受新的理论解释和研究方法，从而实现对人类学、经济学、历史学、社会学等多学科的超越和融合[③]。杨庭硕教授的相际经营原理学说，就非常好地体现了这种超越和融合。正是以杨著为代表的这种跨学科的融合，使得经济人类学能够比经济学更深入到有关人类社会发展的基本理论中，从不同的角度对经济史、各种具体的和现实的经济问题，以及对当代世界经济体系中的贫穷、不平等和发展等问题进行广泛而细致的研究。

从整体上看，人类学在中国还处于发展阶段，而作为其分支学科的经济人类学，在中国基本上还处于初始发展阶段。但中国经济社会发展的现实，特别是中国西部少数民族地区的经济社会发展现实，不仅特别需要包括经济人类学在内的理论研究和指导，而且也为我们发展具有中国特色的经济人类学创造了条件。因此，我们必须在学习和接受西方经济人类学理论和方法的

---

①② Dalton, G. Traditional Tribal and Peasant Economics: An Introductory Survey of Economic Anthropology [M]. Addison: Wesley Publishing Company, Inc. 1971.

③ Carrier, J. G. (Ed.) A Handbook of Economic Anthropology [M]. Northampton, MA: Edward Elgar, 2005.

过程中，不断创新和发展具有中国特色的经济人类学理论和方法，使之更好地为全面建成小康社会而作出新的更大贡献。[①] 从这个角度看，在杨著正式出版之后近20年的今天，我们重新学习和理解其相际经营原理的理论阐述，更加感觉到该部理论巨著对我国全面建成小康社会具有重大的理论指导意义。该理论专著不仅能够对贵州的社会经济建设提供新一轮的理论指导和实践操作方案，也为我国西部各民族地区，乃至世界相似区域的经济社会发展，都能提供一个可资参考的经济人类学理论典范。

---

① 范小青．经济人类学在中国的研究［J］．怀化学院学报，2009，28（12）：21－24.

第八章

对经济社会发展中非经济因素的经济思考

本章摘要

经济人类学家杨庭硕教授从中国国情出发提出了“相际经营原理”的理论模式，该理论模式就中国民族地区经济社会发展中的非经济因素，从经济人类学的角度进行了充分的论证，提出了将非经济因素转化为积极的经济社会发展要素，从而促进民族地区经济社会全面发展的经济人类学战略构想，为经济人类学中国本土化的发展，特别是对实施精准扶贫战略作出了极大的贡献。

引　言

人类学家周大鸣曾提出，对人类经济行为和经济发展过程中非经济因素的有关人文研究，促使了经济人类学这一门跨领域交叉学科的诞生。探讨在不同社会中的生产、分配及消费过程，是经济人类学得以形成和发展的关键所在。作为一门具有独立特征的学问，经济人类学通过对“他者”世界的研究，来反思并对自身社会进行必要的重新认识，经济人类学家通过这种批判主义精神，力图对传统的西方经济学之相关概念、命题及推论作出整体反思，从而还原人类社会与文化生活中的经济现象。比如，有关交换、货币以及市场等经济活动中道德和社会交往的本意。因此，在经济人类学研究的领域中，经济社会发展中的非经济因素问题是长期以来比较受到关注的一个重要话题。①

① 周大鸣．序言［M］//田广、罗康隆．经济人类学．银川：宁夏人民出版社，2013.

中国的经济体制通过20世纪70年代末以来的改革开放，已基本完成了从计划经济向具有中国特色的社会主义市场经济体制之转型，虽然在这一转型过程中曾出现过引起社会各方面高度关注的一种“泛市场化现象”[①]。在这一过程中，我国少数民族地区的经济发展在中央政府宏观决策指导下，冲破传统的产品经济和自然经济的束缚，开始逐步摆脱自我封闭的经济体系，重新组合了发展格局，形成新的发展态势。同时，区域之间、民族之间以及国际之间经济、技术和文化交流特点表现为：多渠道、多层次、多形式，且交流更加频繁、广泛。在新格局和态势下，中国民族地区的社会发展，日益显著地受到多种非经济因素（包括文化、宗教及传统观念等）的影响，因此，如何正确认识和处理经济社会发展中的非经济因素问题，便构成民族地区经济社会发展战略策划中的重要组成部分，值得我们高度关注[②]。

经济人类学的研究表明，非经济因素对经济社会发展的影响是多方面的，对民族地区的作用和影响力度更为强烈。作为脱贫攻坚的主要工作阵地，民族地区要彻底解决区域性贫困问题，就必须实施精准扶贫的战略措施。对非经济因素的思考与研究，在精准扶贫、脱贫攻坚任务中能够发挥至关重要的作用。比如民族地区由于地域限制以及交通问题，发展较为封闭，这也使得民族特色保持较为完整，将保护和开发民族文化当作民族区域脱贫攻坚的出发点与方向，在维持原生态，保护民族文化的基础上，努力开发民族文化旅游市场，以此来带动民族区域的经济发展。[③]

我国著名的经济人类学家、吉首大学终身教授杨庭硕先生，曾对贵州民族区域的经济社会发展情况进行了长期的系统性研究，对民族地区的经济、社会发展中有关非经济因素及其影响，有着别树一帜的见地，并将这一独特的见解融入“相际经营原理”理论模式之中。杨庭硕教授在其《相际经营原理——跨民族经济活动的理论与实践》的巨著中，以我国民族地区经济社会发展为例，就国内外经济发展的新态势及格局为导向，指出我们在思考经济社会发展问题时，必须将视野拓展到非经济领域来重新认识发展。经济政策的研究者和制定者，必须学会从文化、宗教、民族、传统意识以及族际

① 郑新立．党的十八大以来坚持和完善我国基本经济制度的理论与实践［J］．求是，2017（12）：36－38；田广，戴琴琴．泛市场化批判［M］．北京：中国财政经济出版社，2012.

② 赵永昌．重视非经济因素对民族经济发展的影响［N］．文山日报，2010－9－3（B3）.

③ 宋才发．民族地区精准扶贫基本方略的实施及法治保障探讨［J］．中央民族大学学报（哲学社会科学版），2017（01）：5－11.

互动等多个角度进行思考与研究，从而在策划制定少数民族地区整体发展方案时，将对非经济因素的分析与研究提升到较高的战略层次①。本章拟从不同的角度对杨著的相际经营原理模式中有关非经济因素的理论阐述，进行梳理和讨论。

第一节 相际经营原理概述

经济人类学将人类的经济行为作为自己的研究对象，是人类学与经济学对话的产物。经济人类学对人们的经济行为之认识理解与经济学的认识理解具有很大的差异性。经济人类学的发展，迄今为止业已经历过不同的三个阶段，在此基础上，经济人类学家从整体主义的视角出发，将世界经济作为一个整体而开展研究，从而将经济人类学的发展推进到一个全新的发展阶段。② 传统的古典经济人类学家曾经试图以西方的发展历史和知识系统作为背景，来展开对人类经济行为的研究，这种思维路径无疑存在着很大的局限性。有鉴于此，我们必须学会并应用更广泛的视野，全方位地对人们的经济活动及需求和动机进行考察。③

新中国成立后，党和政府为促进少数民族地区经济社会的全面发展，针对少数民族地区经济社会发展现实情况，曾经组织过数次大规模调查研究，从而为经济人类学学科在中国的形成和发展，奠定了非常好的基础。之后，随着民族经济学的创立以及对西部大开发的研究，经济人类学中国本土化发展的进程也在很大程度上得到了推进。④ 显然，经济人类学在中国的传播及其发展，具有明显的中国本土化特色。而在经济人类学中国本土化的进程中，杨庭硕教授提出的“相际经营原理”这一理论模式，为经济人类学本土化的理论发展作出了新的显著贡献。⑤

---

① 杨庭硕．相际经营原理［M］．贵州：贵州民族出版社，1995.

② 田广．论经济人类学的若干问题［J］．广西民族研究，2014（5）：41－48.

③ Hann, Chris & Hart, Keith. Economic Anthropology［M］. Cambridge, UK：Polity Press, 2011.

④ 罗康隆，田广．论经济人类学中国本土化实践及理论贡献［J］．中央民族大学学报（哲学社会科学版），2014（3）：57－66.

⑤ 田广，罗康隆．经济人类学［M］．宁夏：宁夏人民出版社，2013.

杨著最大的理论贡献，就在于独具匠心地深思并凝练了“相际经营”这一具有中国特色的经济人类学新概念。“相”（读音为 xiàng）的意义极为丰富，主要分为以下几种解释：（1）指人的容貌、样子，比如相貌、照相、凶相等；（2）指物体的外观，比如月相、金相、表相等；（3）表示察看或判断的动作，比如相面、相术等；（4）是一种官位名，比如宰相、首相等；（5）指物质的某种物理或化学状态，比如蒸汽、水、冰就是三个不同的相；（6）指正弦变化的物理量。具体来说，在某一时刻（或某一位置）的状态可以用一个数值来确定，这一数值称为“相角”，或“相位”。因此，“相”具有多重含义，它是一个内容错综复杂的综合体。

杨著中用“相”来特指在不同自然、社会、经济及文化环境之下，各民族的经济运行模式、范围及其特征。在这里需要强调的是，这种经济运行模式在地域和行政管理范畴上，受到包含自然、文化、政治、历史等多因素在内的限制。① 如图 8－1 所示，相际经营所涉及的情景因素包括经济、文化、管理、自然、民族、宗教等六要素，而不同要素相互联系、相互作用，形成了经济・文化域、文化・管理域、管理・自然域、自然・民族域、民族・宗教域、宗教・经济域等相际域，使得经济因素和非经济因素紧密联系，彼此作用，共同影响区域经济发展。

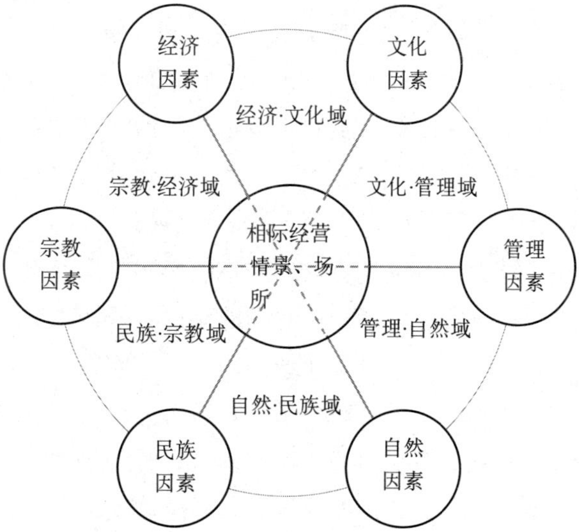

图 8－1　相际经营的情景及场所

① 杨庭硕．相际经营原理［M］．贵州：贵州民族出版社，1995，pp. 39－52.

杨著对人类的经济活动从文化的角度进行了深刻的分析，指出人类的所有社会经济活动，都必须在相应的文化背景和情景之下展开，且只能在特定生存环境下进行。与此同时国家及其所有的行政职能之运作，都对文化、环境有着直接的影响，从而对人类的经济活动产生着一定的直接影响。[①] 按照杨庭硕教授的认识和理解，“相际”概念的实质要义是指在不同社会、自然、文化及经济环境之下，不同的民族地区在经济运行模式及范围、特征之间，具有相当密切的相互关系和相互影响，这种关系和影响的总和（其中自然也包括不同因素间的相互关系、相互作用）。按照杨庭硕教授的阐述，“相际”概念形成的背景源于各民族自身的历史整体过程，同时也包含着深厚的历史积淀，而这些历史的积淀形成并存在于同其周边民族进行经济、政治、文化、法律等体系交往的过程中。与此同时，这些历史的积淀也源于各民族对其所处的生存环境之认识、改造和利用的过程之中。正是基于上述的理解和认识，杨庭硕教授将在特定民族文化情景下的经济、文化、民族、宗教、社会管理、自然特征之耦合体，高度凝练升华为“相”这一抽象概念。这种高度的概括与抽象，不仅完全符合中国的古典哲学传统，而且也与现代自然科学的理念高度吻合。因此，我们认为杨庭硕教授提炼出来的“相际”概念，不仅体现出一种思辨的哲理以及跨学科的整合，而且在一定的程度上远远超越了传统的“族际”概念所能表述的一切含义。

“相际经营原理”的形成及其后续的延伸讨论，堪称经济人类学中国本土化的一个里程碑，其理论贡献及对实际工作中的指导作用，无论如何估计也都不会过高。杨著以及其丰富的理论综述和案例分析，从多方面解答了当前我国在经济社会发展过程中所必须正视的一系列重大问题。比如：如何来规避并克服非经济因素对经济社会发展的不利影响；非经济因素怎样影响到少数民族地区经济社会发展，包括对它们的历史、成因及其对该区域经济社会发展的具体作用之评估；如何从非经济因素中找到促进生产发展的契合点等。杨著在论述中这些问题时明确指出，只有对非经济因素做全面系统的研究，方能为发展中国家及发展中的各民族地区，找到经济社会全面发展的真正出路。对此，无论从历史的角度出发，还是从现实的角度出发，我们都必

① 杨庭硕．相际经营原理［M］．贵州：贵州民族出版社，1995，p. 17.

须要有清醒的认识。[1] 否则我们必将受到历史和现实的惩罚。

第二节　对非经济因素的经济思考

传统的经济学原理告诉我们，在市场经济条件下，人们从事经济活动的主要目的，就在于将自己的产品提供给市场，并从中获利。其最终目的就是要获得效益或利润的最大化。此外，经典经济学原理还告诉我们，人们的经济活动主要包括两个方面，即生产活动和消费活动，并且这两类经济活动并非是截然分开的，相反两者之间是密切关联的。在经济活动中人们一定会因为追求利润或效益的最大化，而进行一定的必要选择，事实上无论进行生产活动的选择，还是进行消费活动的选择，都一定要受到有限资源的硬约束，此外也会受到法律、道德、心理及文化等非经济因素的软约束，正是这两种约束力在很大程度上决定人们在经济活动过程中要干什么、怎么干以及希望实现的结果是什么。

与传统经济学原理相对应，经济人类学理论认为，由于包括价值观、文化、信仰、心理等在内的非经济因素，直接影响着人们的需求以及对满足需求的认可程度，并因而影响人们对经济活动效益的预期和对利益的认识及追求，从而形成不同文化族群之间所存在的不同经济运行机制。与经济学原理相比，经济人类学理论认为，非经济因素对人们的经济活动之影响程度，远比经济学家所认识到的要更活跃、更直接、更广泛，不同因素之影响程度和影响方式也完全不同，且有些因素会直接参与到人们的经济活动中。[2] 我们认为，在经济学理论体系中，将上述文化等因素统统归结为非经济因素，是经济学家的一种无奈选择，而事实上这些因素都是经济因素，需要我们从经济的角度去理解和解释。

对此，杨著作了非常明晰的论证并指出：对非经济制约因素内涵的理解，我们与经济学家之间存在着明显区别。经典经济学的理论，是在研究分

---

① Wilk, R. R., & Cliggett, L. Economies and Cultures: Foundations of Economic Anthropology (Second Edition) [M]. Boulder, CO: Westview Press, 2007: 2.

② Stammler F. When reindeer nomads meet the market: Culture, property and globalisation at the end of the land [D]. Magdeburg: Martin - Luther - Universität Halle/Saale, 2004: 12 - 18.

析市场经济已经充分发育的民族和社会之基础上形成的一门学科，如不加以区别对待，而直接将其理论与方法，应用于研究分析市场经济发育尚不充分的民族与社会，其理论价值的有效性会大打折扣。这种不相适应的差异性，使得我们难以运用现有经济学理论模式对非经济因素进行解释。事实上，非经济因素通常并非以完全否定经济学理论模式的方式出现，而是通过人们的经济生活之外某些社会现象反映出来。杨著指出，经济学家将不同族群之间因经济活动差异性而形成的“相际经营”困惑，简单地完全归于非经济因素制约范畴。然而，对于经济人类学家来说，这些因差异性而形成的“相际经营”困惑，恰恰都应该看作为经济因素。显然这类困惑都是在相际经营活动中，无法避免的因不同族群之间经济行为之差异性所形成的，因此我们不能将其排除在经济范畴之外。①

对于经济学理论中非经济因素进行的经济思考，是杨著在经济人类学中国本土化过程中的一个最显著的贡献，是对传统经济学原理的一种富有价值的反思。近年来，随着我国经济体制改革的不断推进，一些所谓的主流经济学家，仰仗他们所拥有的对经济政策和经济理论研究的话语霸权，不加分析批判地将西方经济学理论全盘引，必须承认正是这种不加选择地全盘引进的西方经济学理论，已经给我国的经济生活秩序造成了难以估量的巨大损失。在这样的背景下，传统经济学理论进行批判性的再思考是十分必要的。②

杨庭硕教授在其巨著中阐述了这样一个理论观点：在相际经营模式中，各种非经济因素之间的关系，错综复杂且充满多种不确定性。各个相际之间既有各自种种独特的因素，同时又具有可兼容的同一性特征，因此我们对相际之间的非经济因素以及在变革中所产生的各种交叉要素，必须积极引导，区别对待。此外，我们还必须注意摒弃陈旧和狭隘的某些地方观念及民族意识，培育、发扬在宏观层面上与国家及区域社会经济发展目标相一致的创新观念、创新文化和创新意识，这样我们才能确保实现民族地区经济社会的全面发展。③ 我们认为，经济学学科属于人文社会科学中的社会科学，人文科学是研究人的精神世界，而社会科学则是研究人的社会行为。不同国家不同历史时期，既有共同的经济学问题，也有特殊的经济学问题。中国正处于经

① 杨庭硕．相际经营原理［M］．贵州：贵州民族出版社，1995，p. 112.

② 田广，戴琴琴，綦晓光．关于国家经营的战略思考：基于对泛市场化思潮的批判［J］．石家庄经济学院学报，2012（2）：92－95.

③ 杨庭硕．相际经营原理［M］．贵州：贵州民族出版社，1995，pp. 152－158.

济与社会转型中，在改革与发展的过程中面临的经济学问题，既有发达国家曾经遇到过的问题，也有中国特殊的问题，杨著对非经济因素的经济学认识，无疑对我国经济社会发展的现实具有十分重要的意义。

第三节　经济社会发展中的文化因素

文化因素在经济学理论范畴之中，是各种非经济因素中对经济产生最直接影响的因素，也是最为活跃的因素。根据经济学家的研究，在最近的几个年代，以中国为代表的东亚经济社会发展，创造了极为引人瞩目的"奇迹"，而在同一个时期拉丁美洲和非洲的发展却停滞不前，陷入僵局。虽然亚洲、非洲及拉丁美洲遵循的发展理念几乎完全一致，且都突出强调市场经济模式、资本形成、利用外国的资本和公共教育投入等在经济发展中的重要性。然而，在差不多的基础上，采用几乎完全一样的市场经济发展模式，但却出现了大相径庭的发展结果。深究其内在的关键原因，经济学家认为亚洲的成功主要是基于其传统文化中的某些不可或缺的促进因素，比如勤劳、善于储蓄等。这些非经济的文化观念因素，对于资本的形成、劳动力资源的形成等经济发展的必要前提而言，是至关重要的，而这些因素恰恰是非洲和拉丁美洲的文化传统中所缺乏的。①

同样，文化因素对于经济人类学家而言，是最为重要的一个研究内容。人类学家认为人们的一切活动，经济活动自然也不例外，都必须受到其所在文化价值系统的制约。② 因此，经济人类学家所进行的各种研究，几乎都要用到文化概念，经济人类学理论认为：群体或个体的某些特定偏好、观点的形成以及在特定情境下探索和认识事物的参照，均来自其文化。当然，经济人类学家由于知识积累和学派的不同，他们对于文化的见解和认识也不尽相同，不过这种理解与认识方面的差异，并不会影响他们对文化在经济社会发

---

① 张勇，古明明．社会和经济发展中的文化因素［J］．经济问题探索，2008（1）：22－26．

② 田广，张林林．经济人类学中国本土化路径模式：解读相际经营原理［J］．青海民族研究，2014（4）：21－25．

展方面的重要性之认同。①

在对田野调查的大量资料进行了分析论证后，基于经济人类学的传承，杨著得出结论：所有的相际经营活动，都是由具体的个人或群体组织加以实施的，人们依据其所固有的文化特征，来从事各类经济活动，且必须在与之相对应的文化圈之内完成。人们在相际经营的经济活动过程中，必然涉及文化的差异性，因此参与相际经营经济活动的各方，必须认真对待彼此之间的文化差异，并努力从不同的方面努力适应。对此杨著深刻地指出，在相际经营活动如果不进行文化互动，那么所预期的经济活动目标就难以实现。因此，相际经营中最不可或缺的重要组成部分就是文化互动。杨著还更进一步指出，无论牵涉多少不同环境的地区和多少个民族，在相际经营活动过程，都必须以某一特定的民族文化作为经济活动之基础，杨著将在这个基础上从事经济活动者称为相际经营的主方，而将其他参与者定义为客方。这种关于经济活动中主客方的界定以及关于文化互动的论述，是杨著对于经济人类学的一个重大理论贡献。②

杨著认为，文化相对人们的经济活动及经济成果而言，具有重大的决定性影响。正是基于这样的认识，杨著以大量的笔墨，从不同的角度对文化因素进行了深刻的阐述。在这部 50 多万字的巨著中，有关对文化的直接论述内容占 36%，达 200 余页，18 万余字。杨著从第三章到第五章，集中论述文化因素的实质要义，及其对经济活动的种种影响方式及结果，所论不仅涉及文化型差、式差区分的经济意义，而且也论及文化的实质、文化习俗诱发的干扰因素、文化与人们经济生活的异同、相际产品接轨中的文化障碍、科技推广中的文化路障与排除之策、信息传递与应用、潜在文化网络的无形特征、民族教育与经济互动的关系以及文化适应等一系列重大的经济人类学论题。

杨著认为，文化是具有特定社会功能的有系结构体，这一认识对相际经营模式的研究而言，其价值是不容忽视的。文化因子与文化系统结构之间的相互制约和相互依存，必然导致文化对外来刺激作出强烈的反应，且很可能超出经济活动范畴，这又必将导致相际经营活动变得复杂化。如果对这种复

① Carrier, J. G. (Ed.) A Handbook of Economic Anthropology [M]. Northampton, MA: Edward Elgar, 2005.

② 杨庭硕. 相际经营原理 [M]. 贵州：贵州民族出版社，1995, pp. 44 - 45.

杂化的现实认识不足，应对措施不力，那么各种难以意料的非经济制约力必定会不断生成，给相际经济活动带来更多的困惑。因此，杨著明确指出，许多所谓的经济问题，其成因实际上并非在于经济活动本身，而完全有可能在于其植根的文化网络之深层结构之中，如果我们对文化网络本身缺乏必要的深邃的洞见和认识，那么对经济问题的来龙去脉我们就无法澄清。

第四节　文化自觉与文化自信的正能量

自党的十八大以来，以习近平同志为核心的党中央领导集体，多次围绕以提升国家文化软实力，加速社会主义文化强国建设等重大主题为内容，组织政治局集体学习。习近平总书记在 2014 年 2 月 24 日中央政治局第 13 次集体学习时强调指出，我们必须要增强文化自信和价值观自信的观念。之后习近平总书记又多次在不同场合进一步阐释了有关“文化自信”的观念及相关的问题。从而使文化自信成为继道路自信、理论自信、制度自信后富有中国特色的社会主义“第四个自信”[①]。在中共第十九次全国代表大会的政治报告中，习近平同志再次强调了文化自信的重要性，指出文化是一个国家、一个民族的灵魂，没有文化自信，没有文化兴盛，就不会有中华民族的伟大复兴。以上所提到的文化自信，是源自于一百多年来中国人对中华民族复兴道路的探索，体现出当代中国共产党人在新时期、新时代所作出的伟大战略抉择。文化对经济社会发展的重要性是毋庸置疑的，它既可以对经济社会发展产生积极的影响，也可能产生负面的影响，关键在于我们如何把握并利用它。因此，我们必须努力提高对文化自觉和文化自信的认识，并使其在经济社会发展中发挥出正能量来。

杨著对文化的功能性系统网络结构及其能量进行了深刻的阐述和分析，明确指出，由于文化系统牵涉范围广，且各个文化因子之间的关系比较错综复杂，结构紧密，不易从单一方面进行变革处理。任何一个民族，其文化运

① 许家烨．党的十八大以来文化自信基本问题研究述评［J］．文化软实力研究，2017（2）：88－98．

作能量都非常巨大，单一的经济活动所能动员的能量是难以与之匹敌的。[①]因此，一个民族的经济社会全面发展，并非仅靠提高物质生产水平即可实现，而是其民族文化重构的复杂过程。所谓文化重构，实际上就是借助各种外来和内在的力量，对民族文化进行整体性变革，这种变革必然会涉及人们的经济社会生活各个方面，同时还需要吸收、消化各民族的一切正能量文化，不可偏废。[②] 就我国各个少数民族地区的经济社会发展的实际情况而言，由于受现存教育模式影响，我们总习惯于把汉文化作用相对地绝对化，总会自觉不自觉地认为，只要在少数民族地区努力推广汉文化，什么问题都可以解决。显然，这是对少数民族传统文化与现代化接轨问题考虑不周所造成的既成事实。为此，杨著呼吁社会各界在社会科学领域和经济政策研究领域中切换一个角度，尝试着从少数民族的视野审视问题，认真切实地探讨各少数民族的传统文化如何与现代化正确接轨之问题，与此同时在其他各个不同学科的领域中进行综合性分析研究。从而唤起少数民族的文化自觉，进而提高少数民族的文化自信，进而加速民族地区的经济发展。

由于一些少数民族所处地理位置较为特殊，这就导致部分少数民族所在区域发展迟缓，基础设施建设落后，交通不便等因素严重影响该地区与外界的信息交流，传统民族观念、民族文化等问题制约着民族区域的经济发展，使得民族经济发展缺乏内在动力。我们之所以希望少数民族建立起文化自觉、提高其文化自信，根本目的就在于让少数民族的传统文化，在现代化的经济社会发展中发挥出强大的正能量作用。在利用传统文化促进经济社会发展方面，我国少数民族地区不乏成功的范例。如电影《刘三姐》使天下尽知桂林，并使其旅游业久盛不衰，从而获得“桂林山水甲天下”的美称。《五朵金花》使世人知道大理“三月街”，并对其美丽的风光和多姿多彩的民族风情产生无限神往。利用“文化搭台，经济唱戏”也是一个成功的典范。如云南的文山州各县轮流举办“民族节”，不但提高了文山州各民族的知名度，让世人了解文山州少数民族风情，而且促进各地经济建设的快速发展。把民族歌舞、民俗风情和经贸结合起来，既能活跃城乡文化生活，同时又能促进市场经济发展，是民族文化在经济社会发展中能够释放出正能量的

---

① 杨庭硕．相际经营原理［M］．贵州：贵州民族出版社，1995，p.103.

② 田广，邵欢．对民族地区文化因素运作机制的再思考——基于相际经营原理的经济人类学探讨［J］．社会科学辑刊，2014（4）：51－54.

写照。[①]

民族文化与旅游业结合带动民族经济发展的实例中，不可不提的就是“宗教旅游”，而宗教旅游激起旅游经济持续高涨的原因在于——神圣化的宗教景观（既包括宗教“圣地”的自然景观也包括宗教本身的一些人文风情）会吸引广大游客信徒的朝觐，这些地方不仅能给人自然的美感，更能带给人们心灵的平静和自我救赎，这也是虽然科学统治整个世界，但宗教一直经久不衰的原因。宗教景观的魅力是独特的，其吸引力也是无与伦比的，引导宗教发展方向，在散播在散播正能量的同时，也使得宗教旅游的质量不断提高，这势必将会推进全国旅游经济发展高潮。[②]

我国经济人类学研究成果表明，少数民族文化传递、释放正能量的另一有效路径，就是以民族文化为依托，大力发展少数民族传统文化旅游。[③] 此外，不断加强和提高民族地区教育科技事业的发展，也同样是少数民族文化在经济社会发展中发挥正能量的有效方式。杨著指出，教育、科技以及宗教信仰等，均属少数民族文化精神生活范畴，其主要功能在于规约、协调少数民族的社会行为，并通过对少数民族群众社会行为的正面影响，进而对民族地区经济活动产生直接的影响。但必须强调指出的是，任何直接的经济与行政手段，都无法替代或抵消这种影响力，因为这种影响力的存在具有持续性与隐含性，必须靠长时间的教育及引导方能获得实效。[④]

我国民族地区长期发展所形成的社会发展软实力，在很大程度上是依靠少数民族传统文化及其相关的经济因素所形成的，只要对此开发利用得当，一定能释放出有利于经济社会发展的巨大正能量。[⑤] 软实力概念的提出要追溯到20世纪90年代初，是由哈佛大学肯尼迪政治学院的院长约瑟夫·奈（加上英文名）教授从战略的高度提出的这一概念。他认为，一个国家的实力应该包括国家“硬实力”以及国家“软实力”两个方面。“软实力”是一个国家的制度、文化与意识形态的吸引力和说服力，而“硬实力”则是

---

① 赵永昌．重视非经济因素对民族经济发展的影响［N］．文山日报，2010－9－3（B3）．

② 杜晓静，杨天英．宗教：助推经济发展的重要力量［J］．广州社会主义学院学报，2015（2）：68－71．

③ 白廷，陈刚．工商人类学与文化旅游商品市场分析［M］//田广，周大鸣．工商人类学．银川：宁夏人民出版社，2012：282－292．

④ 杨庭硕．相际经营原理［M］．贵州：贵州民族出版社，1995，p. 127．

⑤ 郭娅．少数民族文化在国家文化软实力建设中的地位浅论［J］．西南民族大学学报（人文社科版），2013（7）：194－197．

一个国家对军事、经济以及资源的控制力与扩张力[①]。简言之，控制力即是硬实力，影响力则是软实力。通常硬实力和软实力是相辅相成的关系，一个国家的崛起需要软硬实力的密切配合。硬实力主要用于提供生存所必需的物质基础，满足国民追求较好的物质生活条件的愿望；软实力则主要用于凝聚民心，提供民族的文化源泉与支撑，丰富一国民众的精神生活。换言之，硬实力用于解决物质利益方面问题，而软实力则用于增加认同度和归属感，形成文化领导力。也就是说，硬实力是软实力的基础，而软实力则是硬实力的升华。软实力这个国际政治博弈新概念的凝练提出，为世界各个国家在国际竞争中提供了一种全新的战略思维，并进而成为新一轮国际竞争中各国政要都高度关注的焦点。[②]

我国学者和政治家比较普遍一致地认同和接受了约瑟夫·奈关于国家软实力的基本理论，赞同文化是国家软实力的重要来源和构成的理论观点，并对软实力在国家发展中的地位和作用，从不同方面给予充分肯定。我国部分学者认为，随着时代和国际局势的发展，各个国家的软实力来源也在不断拓展。大数据信息时代的到来，使得大数据在当今时代所产生的力量，不仅仅是可能，而是活生生的现实存在，它以非凡的创造力、洞察力和不可估量的生产力成为未来较长时间支撑全面经济社会转型升级的中坚力量。大数据就是软实力，一个国家对信息的掌握与把控能力，便构成其软实力中极其重要的部分。[③] 第十二届全国人民代表大会第三次会议上，李克强总理提出，“互联网 +” 计划就是将互联网与传统行业进行深度融合，实现以互联网为基础的经济发展新形态。同样，互联网因其传播渠道多元化，传播受众互动化，传播内容多样化以及文化产业信息反馈及时化的特点等诸多特征，为文化的传播提供了更加便捷、快速的传播渠道，便于中国传统文化、各民族文化理念、价值取向和中国优秀文化软实力向世界展示，为中国文化软实力带来难得的发展机遇。此外，我国部分学者还根据我国民族众多和地大物博的国情特征，创造性地将软实力这个国际竞争格局下的概念何理论，延伸扩展

① 薛力．崛起大国如何塑造软实力［J］．中央社会主义学院学报，2017（3）：19－24.

② Joseph S. Nye Jr. The Changing Nature of World Power［J］. Political Science Quarterly，1990（2）：177－192.

③ 张晓，韦柳融．大数据就是软实力［J］．中国经济和信息化，2013（24）：95－97.

到企业发展战略、城市经济社会发展战略以及区域经济发展战略的研究之中[①]。杨著完成于20世纪90年代初期，而在那个期间软实力这个概念在我国学术界尚未流行，但仔细阅读杨著关于文化的论述，我们不难发现其观点与软实力的概念高度一致，为此，我们不能不佩服杨庭硕教授的高瞻远瞩。[②]

本章小结

当下，深受我国经济人类学界广泛关注的相际经营理论模式，是杨庭硕教授基于其对国内外经济人类学、工商人类学、发展经济学等前沿理论的娴熟把握、消化吸收、拓展研究之基础上提炼而成的。从综合发展的角度看，相际经营理论模式既不但超越了古典经济学对人类经济实践活动，从理性人假设出发进行抽象思考的窠臼，而且也超越了经济人类学对人类经济活动，从动机与文化影响决定论出发进行比较的传统范式。在丰富经济人类学学科理论的同时，将学科的发展推向了新的发展高潮，为中国“本土化”发展的经济人类学学科，增添了更加丰富的理论色彩。更为现实的是，杨庭硕教授的相际经营理论模式，在持续不断的扶贫开发攻坚战中，为“精准扶贫”工作提供了新的理论视角，指导我们从非经济因素考虑区域经济的发展，以文化带动区域经济发展，消除贫困，改善民生，早日实现全面建成小康社会的奋斗目标。

经济人类学，相较于经济学而言，对经济发展过程以及人类在经济活动中的行为之研究，具有明显的差异与特质。在经典的经济人类学研究范式中，突出强调文化之于经济社会发展的重要性，并善于从经济的角度对非经济因素，特别是善于对文化等因素从经济的角度进行分析研究。[③] 经济人类学家通过对不同群体的相异性进行研究，把对人类本质实现的关怀以及对人类发展方式的反思，作为其研究的重点，进而理解不同族群生活的社会含义以及时代特征。经济人类学家认为，经济社会发展的一个十分重要的内容，

---

① 马庆国等．区域软实力的理论与实施［M］．北京：中国社会科学出版社，2007；陈志，杨拉克．城市软实力［M］．广东：广东人民出版社，2008.

② 杨庭硕．相际经营原理［M］．贵州：贵州民族出版社，1995，pp. 99－158.

③ 许家烨．党的十八大以来文化自信基本问题研究述评［J］．文化软实力研究，2017（2）：88－98.

就是大力发展文化产业及文化事业，同时也强调经济社会的全面发展，是文化生产力与文化生产关系的矛盾，不断进步上升的必然结果。对此，习近平总书记曾辩证地指出，我们要大胆地推进文化体制的改革，推动文化事业、文化产业快速发展，但要把握好意识形态属性与产业属性、社会效益与经济效益的关系，坚持社会主义先进文化的发展方向。[①] 强调文化因素在经济社会发展中的功能和作用，是经济人类学理论的一个传统[②]；杨庭硕教授的相际经营原理学说，就非常好地体现了这种经济人类学的传统。

我国经济社会发展的现实格局，特别是西部与少数民族地区的经济社会发展现状，一方面特别需要各种理论，包括经济人类学、区域经济学等学科在内发展研究作指导；另一方面这也为发展具有中国特色的经济人类学奠定了非常好的基础条件。中国的经济人类学界必须在学习、借鉴西方理论模式与研究范式的过程中，结合中国的国情，特别是结合中国少数民族地区的特殊情况，不断进行理论创新，加速具有中国特色的经济人类学、工商人类学等以应用为导向的学科建设，使之更好地为中华民族的伟大复兴，全面建成小康社会作出应用的贡献。[③] 从这个角度看，在杨著正式出版 20 多年后，我们重新学习、理解相际经营原理的理论模式，更加感到该部理论巨著对我国少数民族地区全面建成小康社会，特别是在实现精准扶贫战略方面，所具有的重大理论指导意义。毫无疑问，相际经营原理，不仅为中国少数民族地区经济社会发展提供了一个非常有价值的理论模式，而且也为整个世界与中国民族相似区域的经济社会发展，提供了可供参考的经济人类学理论典范。

---

① 裴珍珍．新时期经济工作的行动指南——中国社科院学部委员程恩富谈习近平关于经济发展的重要论述［N］．经济日报，2015－10－15（01）．

② 田广，田大卫，王娇，王红，刘瑜．经济人类学视野下的文化交流与适应性．青海民族研究，2018，29（4）．

③ 田广．经济人类学的中国化研究典范：杨庭硕相际经营原理学术思想探讨［J］．中央民族大学学报（哲学社会科学版），2013（5）：11－16．

第九章

礼物馈赠与利益交换研究新进展

本章摘要

礼物馈赠对人们的社会生活发挥着重要的作用，从平时朋友送礼、重大节日送礼到富豪的慈善捐赠以及从马塞尔·莫斯研究的土著部落到现代文明社会，礼物赠予广泛存在于我们的日常生活中。礼物赠予不仅仅满足人们的物质需要，更体现了各种利益的交换和文化价值规律的运作。本章探讨礼物馈赠及其价值规律中的利益交换问题以及礼物馈赠所体现的社会意义和伦理观念。

引　言

礼物馈赠与交换是自有人类以来的一种经济社会行为。经济人类学家热衷于对礼物馈赠与交换进行研究的原因之一，就在于分析研究礼物的赠与是在某个时间点有效观察人性不同方面的最好途径。对于人类学家而言，礼物不仅是理性的交换，更是建立政治和社会关系的一种途径，同时也是道德理念和文化意义的一种表达①。礼物最终显示人们的理智选择、社交目标和道德分界线，完全由自己创造和把控。一个礼物绝非简简单单的某种物品或财物，礼物在人类社会文化中协调事情运转、建立社会联系，并且负有证明道

① 胡亮．礼物交换研究概述［J］．赤峰学院学报（哲学社会科学版），2016（1）：42－43.

德价值的有效和独特的重任[①]。换言之，礼物的馈赠与交换并非只是单纯地送礼行为，在这种行为背后隐藏着送礼人与受礼人的心理。礼物馈赠彰显出的人性美，礼物交换揭示的人性丑，这在沈从文先生纪实性文学作品中刻画的人性凸显上表现得淋漓尽致[②]。

人类学家认为，经济活动覆盖着人类社会的很多层面，而绝非仅仅只是生活中的金钱方面，包括赠与礼物的方式。从人类学角度，把礼物归类成为一种经济现象[③]，而西方经济学家忽略对礼物的分析，将关注的重点全部放在货币的交换上面。在现实的消费社会中最主要的节日礼物赠与现象和情景有：父母把很多的钱花在过年时给与孩子的礼物上面；工作协议一般包含对节日的礼物的期望；年轻人刚刚工作经常感觉到被迫花很多的钱买礼物给亲友，有时远远超过他们的收入。他们如此所为的部分原因，就是想证明他们已经是成年人了，因为赠与在我们的消费社会现实中习惯上证明了一个人在经济方面的成功[④]。

礼物馈赠与交换，在现实社会中的确常见，甚至演变成为一种新的社会生活常态，特别是一些经营公共用品的专业公司，他们通过礼物与顾客之间的社会交往过多，以至模糊了专业行为与行贿受贿的界限[⑤]。西方经济学家在其研究中，将礼物馈赠与互惠这一重要的经济行为，从经济学研究范畴中忽略掉。因此经济人类学家则更需要去研究它。人类学家对这个话题的兴趣经历了一个历史的过程，并且成为经济人类学研究范畴中的一个重要领域。本章拟在理查德·威尔克（Richard R. Wilk）与丽莎·科里盖特（Lisa Cliggett）的研究基础上，对西方人类学界关于礼物馈赠与交换的最新研究及其进展，进行梳理并介绍给国内同行参考[⑥]。

---

① Carrier J. G. Gifts, Commodities and Social Relations: A Maussian View of Exchange [J]. Sociological Forum, 1991 (1): 119 - 136.

② 陈丽娜. 礼物馈赠与交换模式下人性的美丑重叠——以《边城》为例 [J]. 阴山学刊, 2016 (3): 37 - 40.

③ 李全敏. 礼物馈赠与关系建构：德昂族社会中的茶叶 [J]. 西南民族大学学报（人文社会科学版）, 2012 (4): 18 - 22.

④ 赵素燕. 从涂尔干到马塞尔·莫斯——社会何以可能——以《宗教生活的基本形式》和《礼物》为例 [J]. 长春工业大学学报：社会科学版, 2014 (1): 43 - 46.

⑤ Arunthanes W., Tansuhaj P. and Lemak, D. Cross - cultural Business Gift Giving: A New Conceptualization and Theoretical Framework [J]. International Marketing Review, 1994 (4): 44 - 55.

⑥ Wilk R. R. and Cliggett L. Economies and Cultures: Foundations of Economic Anthropology [M]. Cambridge, MA: Westview Press, 2007.

第一节　马塞尔·莫斯关于礼物的论述

在对礼物交换理论进行探讨之前，我们有必要思考一些与礼物馈赠和交换相关的基本问题。比如什么物品才能算是一个真正的礼物？或者说，礼物和商品的不同之处何在？礼物和商品之间有区别吗？当一个人送他人礼物时，到底是真正发生了什么？或者说，什么情景条件下产生了礼物？互送礼物到底承担着什么？这种交换意味着什么？什么样的文化假设与礼物和交换行为有关？人类学家对于礼物和礼物交换行为在过去的几个世纪已经进行了很多思考 。到目前为止，对礼物和礼物交换最有影响力的研究，首推1924年马塞尔·莫斯（Marcel Mauss）在法国出版的《礼物：古代礼物交换的形式和原因》（*The Gift*：*The Form and Reason for Exchange in Archaic Societies*）。莫斯生活于1872—1950年，是一位人类学家和社会学家，他涉猎历史、宗教研究甚至文学等多个学科。所以他是那些所有关注交换系统的社会科学的共同先驱①。

莫斯这本书的核心就是回答这个问题：为什么通常当人们收到一份礼物的时候，人们感到回赠礼物是必须的。这就意味着，没有什么礼物是真正白送的，因为这份礼物总是意味着要给与回报。在他的著作《毛利人的美拉尼西亚》（Melanesian，Maori）和《夸扣特尔人》（Kwakiutl）的例子中，人们通常回赠与收到的礼物价值相等的物品。这就激发学者对另一问题的兴趣，到底为什么要给与？对于莫斯来说，答案就是：给与和回赠在人与人之间产生了一种关系。他的书使一个族群因为礼物经济而出名，例如东部的美拉尼西亚人的程序化地交换装饰用项链和臂章；卡尔夸特人的冬季赠礼节；新西兰毛利人关于携带礼物是如何重要的复杂哲学等。所有的这些例子都表明，礼物不同于商店出售的商品，其显示了一个人的身份，但又与米克·贾格尔（Mick Jagger）衬衫上的汗水不同，不过无论如何，礼物是很有影响力的。

通过库拉体系——在东部的美拉尼西亚岛的一个交易系统的例子，莫斯

① 汲喆．礼物交换作为宗教生活的基本形式［J］．社会学研究，2009（3）：1－25．

发现了当地人是如何通过在岛与岛之间交换贝壳和珍珠项链来巩固进行交换的人的权力和地位的，虽然他们没有产生物质利润。在理解库拉的交易系统中，莫斯强调了交换过程中三个重要的因素：礼物的使用、礼物的接受、礼物的回赠。所有这些交换的中心是建立一种社会关系。在莫斯看来，赠送礼物有助于人们之间关系的形成，同时也促进了社会的建立。根据莫斯的观点，当某人收到礼物之后，义务回赠礼物是交换系统的关键元素。回赠是所有这些系统的关键，通过义务回赠，人们维持着这种交换系统，最终实际上是在维持他们的社会关系①。

对义务回赠礼物的研究，导致莫斯对“所有权”（hau）这个概念的详细阐述。“所有权”（hau）是毛利人的词语，用来描述一个人对于物品的所有权，这个所有权是和物品有关的。因此，通过赠送出去物品，一部分所有权也随着这个物品被送出去。这就是为什么给予礼物的同时，也伴随着回赠物品，因为所有权要回到它原所有者那里，虽然它现在可能属于另一个人②。莫斯将这种理论用于所有类型的礼物交换，产生了一些使赠送者在礼物方面感到混乱的其他例子。试想，我们的社会是否由那些因礼物赠送所产生的各种义务和关系所构成的巨大网络组成。人的身份神奇魅力，在于嵌入了物质，强迫人们互赠礼物，最终导致社会关系和社会本身的建立③。

对于莫斯来说，关注礼物的所有权或赠送礼物行为的精神，是一个哲学问题。他认为，现代资本主义社会已经不存在这种馈赠精神和团结人的魔力，这也解释了何以他在这个世界看到很多令他感到可怕的事情。虽然莫斯描绘了关于这种神秘力量存在的许多民族志例子，他更多关注 19 世纪西方文化的变迁，即西方世界到底丢失了什么才导致越来越严重的物质化，与前资本主义的“礼物经济”中道德、无私经济行为越来越远。在第一次世界大战的大屠杀中，莫斯失去了很多最好的朋友和亲人，因此他的作品也成为那个时代的一部分，他努力去理解当时欧洲社会到底在哪里出了错④。

---

① 潘泽泉．实践中流动的关系：一种分析视角——以《礼物的流动：一个中国村庄中的互惠原则与社会网络》为例［J］．社会学研究，2005（3）：221－227.

② 王庆贺．礼物的馈赠实践与乡村人际互动研究——基于豫中地区王村的田野调查［J］．原生态民族文化学刊，2016（1）：102－107.

③ 张博伦．关于理解礼物交换中“竞争性”的一个札记［J］．西北民族研究，2015（2）：209－214.

④ Mauss M. The Gift：Forms and Functions of Exchange in Archaic Societies［M］. NY：Norton，1967.

第二节　马克思主义者论礼物赠与

莫斯对礼物的研究，与马克思主义对19世纪末20世纪初社会的商品和商品化的研究有相似之处。莫斯与马克思都认为，资本主义在毁灭人类社会，只是他们所观察到的变化方面不同。马克思认为，商品是为交易而生产的，并非为了生产者而生产。商品是独立于我们的，具有满足人类需要的性能。商品具有使用价值，或为了在礼物赠送、物物交换时，能够交易且区别于其他物品的东西。事实上，资本家生产商品是为了赚钱的。商品的生产者会得到一份工资，且被说服他们所得到的工资足够补偿所付出的劳动。马克思认为这种说辞只是诡计，是魔术师骗人的一种戏法。马克思认为，货币与市场上任何能买到的商品，都无法补偿工人们的付出，因为他们唯一不能买到的是对自己劳动及生活掌控的自由。因此，根据马克思理论，资本主义永远不能带来像它所承诺的，只要工人不闹事，努力忠于工作就能获得幸福。这终究会导致资本主义崩溃[①]。

结合马克思对资本主义的批判，人类学家对前资本主义社会礼物和礼物交换的分析，集中于一种非传统形式的“消费”，或者是一种强调集体性道德社会生产和交换方面的经济形式。礼物经济似乎与马克思所描述并谴责的非人性的商品生产关系，及其资本主义社会系统相对立。但对于莫斯来说（尽管他没有明确说明），礼物才是关键，而商品只是作为一个静默的对立范畴，一直潜伏在背景环境中。正如20世纪初的学者所理解的那样，从莫斯开始，礼物就已经与商品生产、获得及消费的资本主义产生了联系，且作为早期社会确实存在的经济体系，而非仅仅是一种从手到口的简单生存形式。关于莫斯的选择交换经济思想的评论，戴维·格雷伯（David Graeber）已经给出正面的确认[②]。

通过把交换系统描述为如同库拉体系一样，虽未能赶上西方的资本主义

---

① Marx K. The Portable Karl Marx [M]. Edited by Eugene Kamenka. New York: Viking Penguin, 1983: 437.

② Graeber, D. Toward an anthropological theory of value: The false coin of our own dreams [M]. NY: Palgrave, Macmillan, 2001.

生产方式，但却影响巨大，可以说莫斯找到了在简单谋生的生产形式上，经济系统确实存在于“原始”社会的证据。对于莫斯来说，找到一种运行在商品交换的资本主义系统之外，但却与之有联系的经济系统，是需要努力思考和探索的。事实上，礼物及其交换服务于多重目的，并导致了商品交换本身以外的价值。之后，莫斯在交换和选择经济上的观点，与卡尔·波兰尼(Karl Polanyi)[①] 对经济系统的独立分析相撞。

对商品与礼物的区别之讨论，在 20 世纪 70 年代与 80 年代再次变成潮流，克里斯·格雷戈里（Chris Gregory）的《礼物与商品》（1982）是这个时期理论讨论的代表作。格雷戈里参考了马歇尔·萨林斯（Marshall Sahlins）关于礼物交换的著作《石器时代经济》，认为物品存在于商品交换或礼物交换的社会环境中。在格雷戈里的理论体系中，礼物交换创造了人与人之间的关系，强调这种关系具有社会关系性质。这个观点很明显源自于莫斯且被路易斯·海德（Lewis Hyde）非常好地表达了出来[②]。

在格雷戈里的商品交换理论体系中，社会因素被最小化和客观化。而在礼物交换与商品交换的系统中，人们却设法将它最大化。在礼物经济中，人们为了强化其社会联系会尽可能多地赠送。而在商品交换中，人们试图最大化其物质财富与财产。格雷戈里在早期曾更改过他的立场，承认在人们心中运行一个或另外一个系统时，并没有纯粹的礼物经济或者商品经济[③]。在阿尔君·阿帕杜莱（Arjun Appadurai）编辑的《物品的社会生活性》（*The Social Life of Things*）中，带有深层次的观点，展示了礼物和商品种类的强流动性，就像物品在各种社会关系中穿插变换角色[④]。

---

① Polyani, K. The great transformation [M]. NY: Rinehart, 1944: 209 - 227.

② Wilk R. R. and Cliggett L. Economies and Cultures: Foundations of Economic Anthropology [M]. Cambridge, MA: Westview Press, 2007.

③ Gregory C. A. Savage money: the anthropology and politics of commodity exchange [M]. NY: Taylor & Francis, 1997.

④ Appadurai, A. The social life of things: Commodities in cultural perspective [M]. London: Cambridge University Press, 1988.

第三节 互惠主义和礼物赠送

莫斯对于礼物功能与作用的理论分析，主要是根据马林诺夫斯基（Malinowski）的民族志而进行的分析探讨，激发了大量关于为什么及如何进行礼物交换的研究。虽然“礼物精神”继续激发着学术性关注，但在莫斯的研究里，最经久不衰的理论还是在于同礼物交换有关的社会关系方面，而并非只是礼物本身。礼物赠送包含着送礼者与受礼者之间所建立起来的一种社会关系。而受礼者对送礼者反赠礼物，又加固了这种社会关系。某顾客在超市里面购买一块面包，交易在顾客付账后带着商品离开时就已经结束了。但赠送礼物和接受礼物就像是一个邀请，使这种社会关系继续延续下去①。

对于互赠礼物可以建立社会关系的说法，已经被很多学者详细阐述和应用。到目前为止，萨林斯对于互惠的三种形式和社会政治的复杂水平的讨论，一直是最有影响力的学术观点。他出版的书籍《石器时代经济学》②，可以作为至少两代经济人类学学生在这个领域的标准教科书。他的互惠主义观点成为经济人类学的一个重要组成部分，并且出现在介绍人类学的教科书中。经过 30 多年这本书籍仍在发行并且有着稳定的销售量。

那么，萨林斯是如何理解人类互惠类型和范围的？他的基本框架定义了三种类型的互惠：一般的互惠、平衡的互惠和消极的互惠。一般的互惠关系，就像在万圣节的前夕发生的，人们相互馈赠礼物却从不考虑礼物的价值以及在将来是否会得到回报。最普遍的一般互惠的例子，通常出现在家庭里：父母无私地一年又一年地为孩子们提供食品和衣物、举办生日派对、支付学费，却不期望孩子们的任何物质回报，他们渴望的是晚年得到爱和关怀，但这是难以估量并且要经历一段相当长的时间。

平衡的互惠，根据萨林斯的观点，是一种直接的交换，是期望在一个相对约束的时期内，同等价值的东西被归还。非西方国家中结婚礼金的赠送，便是这种礼物交换形式中的一类。平衡的互惠体系有时需要回报的礼物比原

---

① Gregory, C. A. Gifts and Commodities [M]. London: Academic Press, 1982.

② Sahlins, M. D. Stone Age Economics [M]. Chicago: Aldine, 1972.

来赠送的礼物更贵，导致类似的馈赠行为成为一种相互竞争的夸富宴制度。在这个制度中，失败者往往是那些无法负担更贵重物品的人，从而使他们蒙受羞耻和屈辱。消极的互惠是“企图不劳而获”。投机是一个很好的例子，也是我们在企业界中经常看到的现象：在企业收购中，被收购公司中员工被解雇和其他人力资源的贬值，成为“一篮子”收购的一部分。其主要特征是，买卖双方都试图获得更大的利益，他们是真正意义上的对手。偷窃和胁迫也可以被看作是消极的互惠形式，尽管在实际中双方并没有进行交换。

萨林斯识别出在某些特定的社会结构中的三种不同的互惠。一般的互惠出现在最亲密的人际关系中，如家庭成员之间。家庭中的交换频繁发生，以致价值的监测几乎不可能。虽然世界已经进入了21世纪，工业化文明也将要被信息化文明取代。但有一些人继续顽强地沿用他们传统的原始生活方式，位于南部非洲的孔桑（kung san）人就是其中最有名的一群。孔桑人（kung san）之间的食物分配，是讨论广义互惠时最经常引用的例子。在过去的日子里，孔桑人生活在一个轻松自由的家族群体中，以采集狩猎为生。当时的食物储存技术有限，而经常迁移的生活习惯又使得他们不能储藏过多的食物。每次获得猎物，他们最有效的处理方式，就是把所有的肉分配给族里的亲戚，因为他们都知道在接下来的日子里，即使他们没有去狩猎，也能够分到同伴的一份食物。萨林斯认为，在一般互惠的经济体系里生活，意味着人们只能有少量的个人财产。如果一个人非常欣赏你的帽子或皮带，正确的做法就是要把这个物品赠送给他/她。在这样的社会里，糟糕的处境就是被称作自私而且吝啬的人，而慷慨的人往往会得到别人的尊重。

平衡的互惠大多出现在社会层面上，但通常双方是相互认识的，如朋友或扩展的朋友圈子。他们交换物品的行为建立在给对方足够的信任基础上，或者通过一系列小型的交换来建立起双方的信任。特洛布里斯群岛的岛民常进行库拉交换，交换的物品是装饰用的乐器和项链，但他们同样也渴望能够交换到其他大量的物品，如食物和战利品。所以库拉交换通常发生在同类需要，通过讨价还价来获得对方物品的人群中。物品的赠送建立在对方承诺回赠礼物的基础上，但货物的交换则是即时的，并且双方都会尽最大可能去试图获得最好的交易。

平衡互惠系统的关键在于双方交换关系和交流系统的结束，通常都没有一个固定的时间限制。许多库拉交换关系因为其中一人觉得对方欺骗了自己而结束。比如有位学生在第一学期经常设法获得邀请，去参加朋友在家中举办的晚宴，但自己却从来不举办类似的晚宴派对，以致在下一学年时就再也没有人愿意邀请他了。这就是平衡互惠被忽略所引发的后果①。

消极的互惠是三种互惠类型中最缺乏人情味的一种，互惠双方往往相互不认识或者不信任。美国的公司就是消极互惠的一个很好的例子，公司的首席执行官在买下竞争对手公司的全部产权后，很少去了解低级别员工的需求。而专业的赌徒们知道，他们不能和一起玩扑克牌的人成为朋友，因为真正亲密的人之间是不会利用对方的弱点去赢得比赛的②。

萨林斯首先利用他对不同类型交换的分类处置，建立了一个以经济系统“复杂性”为基础的不同社会的发展类型学。正如我们可能预想的，最简单的社会只有一般的互惠，而最复杂的社会则依靠以市场货币交易形式的消极互惠。尽管类型学和社会政治复杂性的方法，在当前人类学中已经失去支持，萨林斯的框架仍为关于经济系统的对话和辩论提供了基础。事实上，大部分人类学家从20世纪90年代起，就持续与莫斯和萨林斯展开对话，就对礼物交换进行审查。萨林斯对交换类型的判断，可能并非考虑经济合作与执行的唯一方法，但大多数人的直觉，却能反映自己和家人、朋友、相识的人及陌生人的关系③。

第四节　礼物价值论

一、礼物积累的价值

人类学家一直在努力探寻礼物和交换之间的关系：为什么物质具有价值，这些物质是怎么获得或失去价值的？阿帕杜莱在其《物质的社会生活》提出，人们应该把注意力放在物质本身，去找寻它们的价值来源，而不是专

① 黄立壮．一类两种群互惠共存的定性分析［J］．广西民族师范学院学报，2015（3）：5－8.

② Wilk R. R. and Cliggett L. Economies and Cultures：Foundations of Economic Anthropology［M］. Cambridge，MA：Westview Press，2007，p. 164.

③ Sahlins，M. D. and Elman S. Evolution and Culture［M］. Ann Arbor：University of Michigan Press，1960.

注于交换中牵涉的互惠类型学说和社会环境复杂性。这是一个哲学和经济学中的长期问题，同时也与古希腊和古中国有着千丝万缕的关系。相对于马克思主义者注重生产中的劳动价值以及莫斯认为物质产生社会关系的概念，阿帕杜莱提出了一个有力的新观点来探寻有形商品。他认为，物质的价值来源于其所激发的人之欲望，而并非产生于它的生产过程中。价值由人们为获得这一物质而付出的代价所决定，即价值存在于物质的将来拥有者手里。

透过这个观点，物体的价值在不同人的手中转移时发生改变，因此，物体实际上有其社交生命（种类的一种生命历史）。阿帕杜莱认为，价值与商品交易存在于资本主义系统外的社会中。阿帕杜莱也打破了萨林斯的类型学，因为他看见价值是易变的而非严格地被自然法则定义，这也是萨林斯所反对的。阿帕杜莱的观点，强调所有物品都能成为一个“商品”或“礼物”的可能性，因为价值会在不同的环境里改变[①]。

在这个观点中包含着一个方法论的挑战，对物体的研究必须遵循其运行的整条轨迹，从生产到分配、从交易到消费、再到对用过的物品处理，追踪记录它的“档案”。在阿帕杜莱的理论中，最引人注目的一点是，物体不会有一个明确的价值，但当物体在社会环境中移动时价值是能得到改变的，他将之称为“价值的体制”。有时物体会在那些人们划分或分配它们的社会事件中聚集（比如颁奖宴会），被称为价值比赛。在特罗布里恩岛民的臂带和项链的实例中，物体在卓越的男人手中转移时会获得历史的沉淀和价值。一张祖母的安乐椅，从妈妈交给女儿，也会将类似的情感、历史和家庭含义传给每一代。但是这椅子不适应最新一代的装饰风格，最后结束于古董店里，它的价值变为只能用货币来衡量。这是一个吸引观众去电视机旁并为其播放像《古董巡回秀》（*Antiques Road Show*）和《家中藏宝》（*Cash in the Attic*）的戏剧时刻。不过随着时间的推移，那椅子可再次成为一个家庭的传家宝，被赋予新的情感的意义。对于阿帕杜莱来讲，价值的体制也揭露出不同的社会团体，包括精英，能够管理控制特别的对象，提升其价值并且使其对于其他社会阶层来说不可得到的[②]。

---

① Appadurai, A. The Social Life of Things [M]. London: Cambridge University Press, 1986.

② Wilk R. R. and Cliggett L. Economies and Cultures: Foundations of Economic Anthropology [M]. Cambridge, MA: Westview Press, 2007, pp. 164 - 165.

二、超越价值

在上文我们讨论了一些关于礼物、礼物交换和互惠主义等理论问题，这些理论问题构成大部分关于经济的人类学讨论的最有影响力的观点基础。为了明白我们在哪里，我们就需知道我们从哪里来。莫斯确实是礼物交换理论的创始人，不管是从实用主义、社会整合思维还是文化方面的观点。莫斯还致力于评价资本主义体系下工业社会所缺失的东西。萨林斯作为经济人类学的创始人，研究了这个交换体系的内容，包括什么可定义为礼物，并且提出了一个关于理解和识别不同交换体系的正式框架。这是对关于商品的不稳定性的定义的贡献。格雷戈里的礼物和商品的特殊性理论，与阿帕杜莱的商品生命历史的理论，是当代对于商品经济循环的两个主要方向。

因为对不同种类财产的关注，人类学家已经提出了一些关于礼物、商品和其他事物的新方法。根据一次经济人类学社会会议，罗伯特·亨特（Robert Hunt）和安东尼奥·吉尔曼（Antonio Gilman）编写了一本关于财产的书①。这本书认为财产是一种复杂的社会结构。西方理想主义认为，私人财产是个人对一件物体的拥有权和支配权，这在人类学家所研究的财产体系中是很罕见的观点。事实上，大多数美国人所认为的私人财产排除了很多权利，因为政府拥有控制我们能做什么和不能做什么的权利。你如果没有房产证，就不能买卖土地；在美国很多州，还有很多关于可以怎么使用财产的规定。因为你拥有一套房子并不代表你可以将房间出租给另一个家庭。联邦政府通常拥有开采的权利，在很多城市还有“空气权利”，规定一幢建筑可以拥有多少空气。类似的规定，在很多社会，你可以拥有一块土地，但是不能支配重在上面的树，或者没有得到你的家庭和村落的同意，你也不被允许买卖和出租土地。

人类学家关于财产的研究还包括了不能被转让的财产。通过对莫斯理论观点的梳理，莫里斯·古德利尔（Maurice Godelier）提出了许多难以被转让的财产形式②。尽管莫斯认为礼物精神促进了交换，阿帕杜莱认为欲望促使

---

① Hunt R and Gilman A, eds. Property in Economic Context [M]. Lanham, MD: University Press of America, 1998.

② Maurice, G. The enigma of the gift [M]. Chicago: University of Chicago Press, 1999.

了交换，而古德利尔觉得有些东西是不能放弃和交换的。基于古德利尔的观点，促使交换的原因是初始捐赠者并未丧失对将要给予的物品拥有权……他的所有权是不能转让的或是临时转移的。转移物品可能会由一个人转到另一个人，但所有权却是一直被第一个人所拥有的。

安妮特·韦娜（Annette Weiner）的作品《不可分割的财产》（*Inalienable Possessions*）同样提到一些物品所特有的内在特性，使其不可能完全与主人或创作者分离。她对于特洛布里斯群岛的岛民的研究进行再分析，发现马林诺夫斯基忽略了一种经济现象，即当发生葬礼或其他家庭事件时，一般是女人控制着礼物交换①。古德利尔认为，物品在一个接一个的所有者之间会永久持续的循环下去，并且在此过程中提升其价值，而韦娜认为这些物品已经超出或永久保持它们的价值，这使人们无法与其分离。韦娜的研究与我们怎样讨论物品有关，因为韦娜谈及更多的是财产，而我们也不仅仅只是讨论礼物。如果我们将财产看作一系列的权利，使用权、出借权、提取权（最小量）和投资权，它既可以属于公共所有，或属于个人组成的团体所有，或属于某一家族所有，但却不可能从集体所有中分离。加勒比地区的“家族土地”（family land）就是一个例子，拥有者的所有子孙都拥有对这个岛的权利，且不可分割，结果就是人们都不可以买卖它。

其他研究价值和物品的民族学家认为，传统的价值定义正面临挑战，需要重新定义。保罗·博安南（Paul Bohannon）指出，许多年前“交换领域”（spheres of exchange）存在于尼日利亚的 Tiv 族群中。那些“领域”所建立的原则规定了什么东西可以互相交换，什么不可以交换，且一些物品的价值是不能完全以其他物品的价值来衡量的。一些尊贵的物品不能和世俗的东西交换，也不能用金钱来买卖。例如人们可以用牛交换奴隶，但是啤酒和食物不可以用来交换牛或奴隶。这呼应了博安南和格雷戈里的观点，他们认为礼物有等级，但没有价值，它们可以在相同的等级之间互相交换，而不能与等级外的物品交换。实际上，格雷戈里建议不要使用“价值”这个词，因为它没有有效地考虑物品的历史和交换系统。正如戴维·格雷伯指出，玛玲·斯川德仁（Marilyn Strathern）对价值的定义听起来有点古怪，就像格雷戈里的论据并没有用到这个术语一样：“价值由某个人或物所嵌入的各种社会

① Weiner A. B. Inalienable Possessions: The Paradox of Keeping - While - Giving [M]. Berkeley: University of California Press, 1992.

关系所构成”①。

三、相互认可与礼物

把价值看作礼物的一个主动组成部分，人们再次注意到在给予者与接受者之间社会关系的本质。其他最近对礼物和礼物赠送的研究有明显的抽象味道，有点像乔里·黑格尔（Geory Hegel）② 和雅克·德里达（Jacques Derrida）③ 的哲学研究。这两位哲学家都详细说明了相互认可是社会生活的基本面。人类作为社会意识体的存在，个人必须有意识和被其他个体意识到。在这个意义上，礼物创造了个人特性。

在工作中把礼物交换与相互认可联系到一起，人类学家列举了一些礼物交换的例子，来阐述相互认可的系统。莫斯的三阶段结构说法，即给予、接受和回赠一个礼物，与从哲学方面所意识到的韵律三个部分正好对应（罗宾斯）：一个人认可另一人，其他人也接受这种认可，然后其他人也对第一个人表示了认可④。这一逻辑将人们的礼物关系从经济领域彻底排除，而迫使人们从事交换的情感成为礼物馈赠与交换的动力。

罗宾斯借鉴了黑格尔和莫斯的研究成果，他在巴布亚新几内亚的研究，解释了在某个范围内的礼物与交换，是相互认可的一种形式表现⑤。在巴布亚新几内亚的乌拉敏人（Urapmin），将食物作为礼物几乎每天都进行交换，其他商品比如说网袋和弓也是经常被用来交换的礼物。生活事件，比如生日、死亡和结婚，这些都是与商品作为礼物呼唤相伴的。罗宾斯指出，像世界上这个领域的其他礼物交换系统一样，人们很少赠送或者接受那些他们需要或者所没有的东西。交换不同于“需要”，不是嫉妒，不是简单的拥有某

① Graeber, D. Toward an Anthropological Theory of Value: The False of Our Own Dreams [M]. New York: Palgrave, 2001: 40 -43.

② Hegel, G. Phenomenology of Mind [M]. Translated by Mineola J. B. , NY: Dover Publications, 2003.

③ Derrida, J. The Time of the King. in A. Schrift (ed.), The Logic of the Gift [M]. New York: Routledge, 1997: 121 -147.

④ Robbins, J. Rethinking Gift and Commodities: Reciprocity, Recognition and the Morality of Exchange. in Brown K and Milgran L, eds. Economics and Morality [M]. Walnut Creek, CA: AltaMira Press, 2009.

⑤ Robbins J. Given to anger, given to shame: the psychology of the gift among the Urapmin of Papua New Guinea [M]. Paideuma: Mitteilungen zur Kulturkunde, 2003: 249 -261.

物的欲望。

相反，这些礼物交换为乌拉敏人带来了不同寻常的情感上的分量。他们经常谈论由于生气和羞愧的原因，而拒绝赠送或接受礼物。当一个拜访者和另一个人没有融入常规的回报关系中，或待在某人的家时，乌拉敏人对基于物质亲密的关系和不认可的联系而感到羞愧。当拜访者准备离开时，他们处理这种给予他们羞愧的感觉的方法是，将一个弓或者其他耐用商品作为礼物。当初始的赠送者做出回访时，他（她）被期望做出相同的举动。通过这样的一种交换，他们变成了“贸易朋友”，建立在一种相互认可上的关系。

尽管羞愧感可以激励送礼物给拜访者，不过生气在死亡和结婚时间时也促进交换。按照罗宾斯的观点，从遥远的地方来参加葬礼的亲戚感到很生气，因为是那些身在近处的亲戚之过失而导致了死亡。这个最初的“购买生气”导致了更大规模地对相同商品的交换。与此相似，新娘的家庭成员肯定对失去他们的女儿有怨气，他们认为女儿以礼物的方式被其丈夫的家庭所购买，价格是由新娘父母的怨气程度所决定的。这一交换程序将那些尚未彼此认可的人们，通过建立一个合适的交换系统而建立起相互之间可以被认可的联系。

在罗宾斯看来，乌拉敏人难以通过语言文字来交流抽象的观点，因此商品交换成了传达这种意思的媒介。通过交换礼物建立认可，从而帮助找到一个解决特殊事件或者日常事务问题的感性解决方案。这种对待礼物的方法，反映出现在的人类学家对人们的情感、识别能力和自我报告以及为什么他们会作出这些举动更感兴趣，并投入更多注。以前人类学家试图通过对这些现象的观察与分析，来解释当地习俗和实践对社会、生态、经济或者文化产生影响的原因。

这种关注反过来也提出了一些关于人类学研究目标的基础问题，揭示了一些原则上的基本不同点。在一定程度上，人类学研究应该揭示来自另一种文化的世界观，以帮助我们理解其他人是怎样想和感觉的①。这些目标指导我们沿着罗宾斯的思路，对给予和接受一个礼物的感觉进行合乎逻辑和现实的解释。这些目标或许能帮助我们更好地理解新几内亚芒特哈根（Mount Hagen）一个男人的解释，他怎样努力办好一个盛大的猪宴，为此他耗费了

① Strathern A. The Rope of Moka [M]. Cambridge: Cambridge University Press, 1971.

一辆路虎车、很多箱啤酒、1 万澳大利亚元、一辆摩托和一些其他有价值的物品①。

有的人类学家也许有不同的目标。他们想要解释像猪宴这样的事件，为什么发生在某些地方而没有发生在其他一些地方。这需要提到当地文化结构外的一些参考事实以及人们内部的情感和动力。比如一个人可以看到人口密度和猪宴的频率关系，或者是社会分层的出现。之前的结构人类学家也曾致力于寻找一种社会结构模型，或符号系统来解释人们的日常行为。

我们要再一次质疑这些路径是否真的完全相反，或者是相互排斥的。应该有一些好的分析，来讨论人们为什么送礼给他人以及人们对接受礼物如何评价及有什么感觉。有关礼物赠送的民族志研究中没有关于不相关的生气和羞耻的描述，除非涉及一些宽泛问题，比如生气和羞耻作为两种不同的情感表现，出现在何种文化和经济背景下才显得重要。尽管萨林斯告诉我们，在理解人们的行为时，文化和真实的原因是两种完全不同的理解路径，但现代经济人类学家正在致力于用有效的方法将它们联系起来。

丽莎·克利盖特（Lisa Cliggett）关于赞比亚移民和礼物交换的研究，为我们提供了一个在经济和社会背景下如何关注人们的感情和动机的例子。在赞比亚，来自贫穷和充斥着干旱国家的移民，有时会离开他们的家乡数十年。他们会一直送礼物给他们在家乡的亲人，不管是以个人还是整个家庭的名义。这在移民和已经回到家乡的亲人之间达成了共识②。移民最初时的礼物是一种确认和他们在家乡的亲人关系的方式，然后这些亲人可以通过是否回赠礼物选择是否确认关系。当移民决定因为在那里生活非常艰难而要离开城市回到农村时，这些关系就变得非常重要，因为在农村他们至少可以通过务农来养活自己。这些城市人和农村人之间的交换，包含一大堆不能被分化成经济和感情的含义；他们经常被复杂的行为方式所纠缠，并且对那些既访谈了城市人也访谈过农村人，对礼物交换感兴趣的人类学家表示出他们的困惑。

在赞比亚的例子里，通过赠送达成共识的意义，在于让人们认识到大家是否把对方当作亲人。当那些没有送礼物和没有被认为是亲人的移民尝试着

---

① Charles, N. The Kawelka: Ongka's Big Moka [M]. London: Granada Television, 1974.

② Cliggett L. Gift - Remitting and Alliance Building in Zambian Modernity: Old Answers to Modern Problems [J]. American Anthropologist, 2003 (3): 543 - 552.

要回到家乡时，那里的亲人可能会说“我们不认识你”，拒绝给你土地，拒绝帮助你建房子或者定居下来。那些已经离开家乡很多年，但是保持礼物交换的移民，他们还没踏进村庄就被他们在农村的亲人认出了。他们可以回到家乡，在村里定居下来并且期望着大家的欢迎。接受了移民提供的礼物，有影响力的家庭成员，会同意展开公开谈判，以建立随着时间推移而更加具体和实在的关系。

在赞比亚移民和他们农村亲人的例子中，礼物交换在不同阶段持续了很长时间。小礼物一旦送出，关系就已经确认，但是最终的结果要过很久，只有当移民选择回或者不回到自己家乡时才能知道。礼物关系经常在文化定义阶段被提到，且其概念已经被人类学家写在文件中。拿破仑·查冈（Napoleon Chagnon）在他的研究中，提供了一个关于委内瑞拉诺马米人典型的例子①。他说敌对的村子以盲目交易为开始，所谓盲目交易就是人们把礼物放在一个地方然后走开，过了一会再回来看看其他人在那个地方留下了什么；当那些交易成功后，那些村庄便轮流进行一系列的宴会，以宴请其他村庄的人。如果宴会进行顺利，没有爆发严重冲突，人们就开始互相赠送礼物，期望能在以后的短时间内收到回赠的礼物。最终，当人们互相与他人的亲戚结为夫妇，便进入一般性互惠的情况，也就是“我的就是你的”。

这些纠缠在一起的礼物交换、互相认可和阶段理论的民族志例子，通过移动交换把我们带回到了最持久的莫斯的理论逻辑中。礼物交换一直是有关社会关系的，这些民族志案例材料和理论分析，揭示了礼物和回赠礼物存在着许多相互交织的意义。理解礼物交换的一种最好的方法，就是通过收集包含所有主、客观信息，从而形成一个整合的观点②。

本章小结

莫斯关于礼物的论述在社会组织学和经济人类学等绝大部分社会科学领域发挥着关键性作用。莫斯的理论是我们探究社会关系、交换体系和交换意

---

① Chagnon, N. Yanomamo [M]. Fort Worth, TX: Harcourt Brace, 1997.

② Wilk R. R. and Cliggett L. Economies and Cultures: Foundations of Economic Anthropology [M]. Cambridge, MA: Westview Press, 2007.

义的基础[①]。对于莫斯的礼物观点之持久吸引力以及对礼物和赠送礼物研究的真正活力，实际上出于对礼物自然的内在感觉和对功利系统里反社会性质的商品认识。人类学家对礼物交换的入迷研究，是一种反对功利主义的努力，并且想要证明在其他社会，商品具有社会性（萨林斯）或道德性（莫斯）。但是在资本主义社会，商品却使人失去人性，并降低了所有的与市场和金钱有关的社会关系。礼物和礼物经济的吸引力，源于很多人希望并非完全自私自利，或完全建立在资本之上的社会价值系统的存在[②]。

礼物馈赠和交换在现实社会中普遍存在。事实上，由于礼物同时包含自身方面的利益，社会融合的元素，建立或重申道德秩序的可能性等所有这些特点，因此这也是其在所有社会中成为不可或缺的社会交往工具的原因所在[③]。礼物馈赠与交换可以同时有利于个人，创造一种社会制度，在一起交流文化价值观，讨论世界上最重要的新闻事件。我们努力去理解礼物和一般的经济行为，试图找到一种方式使人们的动机在一个统一的解释中言之有理。我们需要讨论有关人类行为的一些综合解释，不会在功利主义、社会或者道德动机上强加错误的界限[④]。我们的目标是要找到一个更加令人满意的理论框架，以便清楚认识和理解人们如何选择做他们所做的事，包括礼物馈赠和交换这个绝大多数人都想拥有的一个经济社会往来工具。

---

① 施琳．边疆民族志：经济人类学的视角与方法［J］．广西民族大学学报哲学社会科学版，2011（3）：35－38.

② 张露．从礼物交换看马塞尔·莫斯的交流传播观［J］．今传媒，2015（5）：141－143.

③ 黄彩文，蒋潞杨．永胜彝族他留人社会生活中的礼物馈赠［J］．贵州民族大学学报（哲学社会科学版），2015（3）：29－35.

④ 陈珏岑．人类学视野下的礼物馈赠——读阎云翔《礼物的流动》有感［J］．智富时代，2016（4）：382.

第十章

管理潜质与能力提高的人类学修养

本章摘要

行政管理人类学是人类学和行政管理学相结合的一门交叉学科，主要运用人类学的方法论和视野，通过参与式观察、深入访谈等质性研究方法，并将人类学文化相对论、文化整体论、跨文化比较等理论视野，应用于行政组织、行政运作、人事行政、财务行政、公务管理，以及公务伦理实践之中，让行政领导如同人类学家走进田野一样，学会走进基层进行调查研究，获取第一手资料，获悉民众需要什么，这样才能在制定政策和落实政策过程中，有的放矢。放下“官架”与“权力”，走进基层，参与调查，学会主客位的换位思考。学会聆听下属以及人民群众不同的声音，让权力真正的用于民，造福于民。

引　言

习近平总书记不断强调，我们必须凝聚全国各族人民的力量，全面建设小康社会，实现中华民族伟大复兴的中国梦。当前，我国已经进入了全面建设小康社会的决胜阶段，即中国特色社会主义发展的关键时期。中国共产党第十九次全国代表大会，将高举中国特色社会主义伟大旗帜，为决胜全面小康社会实现中国梦而奋斗，作为重要的政治经济路线主题，无疑具有深远的重大历史意义。[①]毛泽东主席曾经说过，政治路线确定之后，干部就是决定

① 马骁潇．习近平发表讲话为十九大定调［EB/OL］．http://news.sina.com.cn/o/.

的因素。习近平同志在党的十九大报告中强调，要建设高素质专业化干部队伍，要注重培养专业能力、专业精神，增强干部队伍适应新时代中国特色社会主义发展要求的能力。随着我国经济社会发展进入一个全新的历史阶段，人民、党和政府对各级领导干部的要求，将不断提高。因此，各级领导干部必须加强学习，不断提高自身的综合素质，才能更好地面对新的挑战。

习近平同志在党的十九大报告中还强调，要大力发现储备年轻干部，注重在基层一线和困难艰苦的地方培养锻炼年轻干部，源源不断选拔使用经过实践考验的优秀年轻干部。高素质专业化干部队伍的建设，是一项艰巨复杂的社会工程，具有多重路径。按照党的十九大报告精神，加强高素质专业化干部队伍的建设，就要不断增强党自我净化、自我完善、自我革新、自我提高的能力，始终保持党同人民群众的血肉联系。能否保持党和党的干部同人民群众的血肉联系，是领导干部素质建设的一个重要方面。正如习近平在报告中所指出的，我们党来自人民、植根人民、服务人民，一旦脱离群众，就会失去生命力。加强作风建设和干部队伍建设，必须紧紧围绕保持党同人民群众的血肉联系，增强群众观念和群众感情，不断厚植党执政的群众基础。

保持同人民群众的血肉联系，就要努力践行党的群众路线。毛泽东主席曾经提倡“从群众中来，到群众中去”的工作方法，党的十九大政治报告则反复强调我们必须始终保持同人民群众的血肉联系。无论是毛主席提倡的“从群众中来，到群众中去”，还是党的十九大政治报告所强调的保持同人民群众的血肉联系，都要求领导干部必修深入到基层去，深入社会实践的第一线去。本章所论述的“领导干部”为一特定概念，指在正式的社会组织中，经合法途径被任用而担任一定职务、履行特定职能、掌握一定权力、肩负某种领导责任的个人和集体。领导干部运用权力或权威对组织成员进行引导或施加影响，以使组织成员自觉地与领导者一道去实现组织目标的过程。领导者在组织中担负起引导和服务两个方面的职责。行政领导者是行政管理活动中的关键要素，行政管理过程学派认为，行政管理就是对人力和其他资源进行计划、组织、领导和控制，以快速有效地实现组织目标。管理者通过作出决策、分配资源、指导被管理者等一系列活动来实现工作目标。因此，管理是一种社会现象。管理人类学并非孤立地研究管理问题，而是将管理放到政治“亲属制度”、宗教仪式等构成社会文化整体的系统中，去观察分析。人们建立组织，进行计划“领导”控制的动机由其文化传统所形成，是与社会文化整体相联系的，而不是孤立的行为。[①]

行政管理注重效能和效率。领导干部通过计划、组织、指挥、控制、协调、监督和改革等方式，最优化地实现预定任务，达到应有的社会效果。但管理机制并非空中楼阁，准确地说，任何的管理行为，实则是如何处理好人与人之间关系的问题，管理者与被管理者，也就说主体与客体都是人，而人类学恰好就是研究人的一门学科。强调领导干部学习人类学，并非借用人类学的学术范畴去引导领导干部“高深莫测”或者学术式的“高大上”，而是借用人类学既有且比较成熟的方法论与理论范式，让领导干部在处理行政管理的事务中多一些“接地气”的方法，从而在行政管理事务中起到真正的有的放矢和高效的管理。

人类学对人的研究，既关注人的生物性特征，更关注人的社会文化特性，倾向于从社会与文化的视角来剖析人的共性与差异性。人类学所采用的田野调查、参与观察、主位与客位、文化相对论、文化与人格理论、文化功能主义等方法和理论视野，能够从多个角度认识人的本性，理解人的行为动机，把握人的心理特点，客观评价人的物质与精神需求，真正把握人的生物与文化需求，进而为领导干部提供参考，以便采取有针对性的措施，提高管理效率，在不违背基本人性原则的前提下，真正实现“以人为本”的人性化管理。[②]

从最初欧美学者对“异文化”的涉猎，到如今广泛应用于各个学科及领域，如与哲学、语言学、教育学、社会学、政治学、经济学、工商管理学、心理学、艺术学、旅游学、影视学、医学和历史学等学科结合延展成新的学科分支，人类学的学科发展已经渐趋成熟。人类学的田野工作方法论、民族志的独特书写文化与其他多个学科新的学术生命力与实践创新力，实现了超越原本学科所能想象的质的飞跃，获得了全新的发展前景。行政管理人类学是在全球化背景下应时代及现代行政管理的要求，形成的一门关于行政管理学与人类学相结合的交叉学科。行政管理人类学研究的内容就是协调人与人之间的关系，其目的在于使人力、财力、物力相互协作达到最高效率。[③] 因此，领导干部学点人类学，是管理潜质和能力提高的一条重要且有效的路径，值得探讨。

---

① 吕力．管理人类学：学科特征与体系结构［J］．商业经济，2009（3）．

② 陈兴贵．人类学在公共事务管理中的作用［J］．青海民族研究，2014（3）．

③ 田广，刘瑜，王一帆．质性研究与管理学科建设：基于工商人类学的思考［J］．管理学报，2015（1）．

第一节　作为理论指导的行政管理人类学

行政管理人类学作为一门理论指导的学科是通过人们长期实践过程总结而来的。人类学在行政管理中的运用并非空穴来风，这需要从行政管理学科发展的三个阶段谈起。行政管理发展的第一个时期大约是18世纪中期到19世纪初，这一时期被称为行政管理的传统时期，是行政管理学的提出与摸索时期，主要研究如何提高政府行政效率和节省开支，主张政治与行政分离，实现组织系统化，工作方法程序化、机关事务计划化、工作要求标准化等，以达到权责分明，追求实效。但其理论缺陷在于过分重视行政管理效率的机械化，行政组织系统过于封闭，强调物质最大化，而忽视人的精神因素。①

行政管理发展的第二个时期，即行为科学时期，人类学开始介入行政管理，这一时期由于科学管理和行为科学等理论和方法的不断引进，行政管理学的内容也在不断更新。加入人类学因子的行政管理学开始转向从社会学、心理学、人类学的角度对人的行为和心理因素以及人与周围环境关系进行研究，并注意激发人的积极因素。②

1927—1932年美国哈佛大学教授George Elton Mayo等人通过霍桑实验，提出人际关系理论。③ 美国系统组织理论创始人，现代管理理论之父Chester Barnard在《执行者的职能》中提出均衡理论。④ 美国管理学家和社会经济组织决策管理大师Herbert A. Simon开创了以行政决策为重点的行政管理学研究的新领域，他从人的有限理性出发，把决策理论、数学方法、计算机学融为一个新的研究体系。⑤ 这一时期的研究，从只重视行政组织机构、规章制度、法令以及责权分配，转变为更重视行政管理中组织成员的意见沟通，

---

① 赵宏斌，叶常林．行政管理学概论［M］．合肥：中国科学技术大学出版社，2016.

② 蒋希众．管理学［M］．成都：西南财经大学出版社，2011.

③ Cunningham W J, Wood M. eds. George Elton Mayo: Hawthorne: Human relations in the workplace［M］. London: Routledge, 2004.

④ Barnard C. I. The functions of the executive［M］. Cambridge, MA: Harvard University Press, 1968.

⑤ Simon H A. A behavioral model of rational choice［J］. The quarterly journal of economics, 1955 (1).

个人欲望的满足到同时重视组织成员意见的沟通、个人欲望的满足、非正式组织的作用；从只重视监督制裁到重视激发人的积极性；由专断领导到民主管理；由“重事”到“重人”[①]。而这一时期恰巧是应用人类学的兴起时期。

在行政管理人类学中，行政管理是根据国家法律推行政务的组织活动，而行政组织的职员或者可以说干部是由不同文化背景的个体组成，这些不同文化背景的干部通过上级领导干部参与和执行一切的行政事务，如经济建设、文化教育、市政建设、社会秩序、公共卫生、环境保护等各个方面，并且把执行后的决策结果落实到普通民众身上。在看似庞杂机械的行政管理系统中，实质的落脚点则是：行政领导——行政职员——人民群众。这也诠释了行政管理事务的最终结点就是毛泽东主席所倡导的“为人民服务”。在行政人类学的视野里，领导与被领导的关系，说到底就是人与人之间管理与被管理的关系。这也正是行政管理人类学视野的独特之处。行政管理学将人类学的民族志研究方法，即通过参与式观察、深入访谈等质性研究方法，并结合人类学文化相对论、文化整体论、跨文化比较等研究方法运用于行政管理中行政组织、行政运作、人事行政、财务行政、公务管理以及公务伦理中，从而让领导干部学会走进基层，如人类学家走进田野一样调查研究，获取第一手资料。[②]

在领导干部下基层的过程中，领导干部应当像人类学家一样，运用专业的调查方法，去参与观察。在观察过程中，领导干部要应当给自己提出以下问题：观察什么以及如何观察？参与什么以及如何参与？与谁对话？参与到什么人群中去？以及参与到什么程度？结论是什么？发现问题该怎么解决？领导干部自己应该理清调查研究过程中的各种关系，用调查的事实情况清楚地回答这些问题。这对领导干部明确调查研究目的具有强烈的启发意义。调查者仅仅是沉浸在他者的生活中，比如只是与基层、下属和民众打成一片，同吃同住同劳动，还不足以理解该生活；除去对他人所作所为以及对他人彼此互动所产生事件的某种被动观察外，他还需要实现不同形式系统化、深入的观察，涵盖到他人社会生活的不同方面，这些系统化的调查要求调查者与

① 张永桃. 行政管理学［M］. 南京：南京大学出版社，2007.

② 姜秀敏. 行政管理学［M］. 大连：东北财经大学出版社，2015.

被调查者建立一种可持续的合作关系。[①] 在行政管理中，作为执政者或者决策者要了解民众需要什么，这样才能在制定政策和落实政策过程中有的放矢，放下“官架”与“权力”学会换位思考，学会聆听下属以及人民群众不同的声音，而不是一味用自己固有的“常识”去判断。习近平主席2015年9月22日，在华盛顿州当地政府和美国友好团体联合欢迎宴会上以梁家河今昔对比为主题的演讲，就很好地诠释了这种富有人类学特征的思想和工作方法：

20世纪60年代末，我才十几岁，就从北京到中国陕西省延安市一个叫梁家河的小村庄插队当农民，在那儿度过了7年时光。那时候，我和乡亲们都住在土窑里、睡在土炕上，乡亲们生活十分贫困，经常是几个月吃不到一块肉。我了解乡亲们最需要什么！后来，我当了这个村子的党支部书记，带领乡亲们发展生产。我了解老百姓需要什么。我很期盼的一件事，就是让乡亲们饱餐一顿肉，并且经常吃上肉。但是，这个心愿在当时是很难实现的。今年春节，我回到这个小村子。梁家河修起了柏油路，乡亲们住上了砖瓦房，用上了互联网，老人们享有基本养老，村民们有医疗保险，孩子们可以接受良好教育，当然吃肉已经不成问题。这使我更加深刻地认识到，中国梦是人民的梦，必须同中国人民对美好生活的向往结合起来才能取得成功。[②]

走进田野、全面考察、调查研究，要求领导干部把调查对象——人民群众放在首位，领导干部走进民众生活，即走进田野，与老百姓同吃同住，把当地人对自己生活和文化以及他们的需求作为调查和研究的主要目标。文化相对论一般采用文化主位研究法，要求研究者客观地看待被研究的对象，从被研究者的角度来看待被研究者的文化。参与观察，设身处地思考和分析梁家河老百姓的需求，得出最简单和质朴的调查结果即解决老百姓的温饱问题，让老百姓吃上肉。当然作为研究者、决策者的领导干部不能只是用主位角度去思考问题，还应该跳出主位，用宏观的视角去看待整个问题，即客位。这里就是我们所要阐述的行政管理人类学的文化整体论，要理论联系实际，点面结合，把小事情放在大环境里去研究。

---

① 〔法〕郭德烈，陈晋编译．人类学：一门拥有未来的社会科学［J］．民族研究，2012（1）．

② 习近平，叶晓楠，孙琳，整理．习近平讲给世界的“小故事”［N］．人民日报海外版，2015－12－11（009）．

必须强调，在现实社会中，任何事项都是由产生因素、行动表现、参与者、行为结果等多种因素构成的独立体；同时，各种事务之间也是相互联系、不可分割的有机整体。如果忽略这种关联性，孤立地看待某个事务，那么极有可能会误解其本质。在这个案例分析中，作为一个调查者，习近平的田野主位调查研究结果是老百姓需要吃饱饭、吃上肉，但作为一个国家主席，其客位研究结果是老百姓不仅仅是要吃上肉，还要实现老百姓安居乐业的梦，真正的中国梦，让每个老百姓都能居有定所，老有所依，普及教育，遍及医疗等。因为中国梦是人民的梦，必须同中国人民对美好生活的向往结合起来才能取得成功。

第二节　作为方法论的行政管理民族志

笔者曾经指出，民族志是人类学的品牌，在人类学理论著作中，民族志既是一种研究方法，也是一种研究载体，但更多地是指人类学家以参与观察的方法，对特定文化及社会搜集制作资料、记录、评论，并以人类学的理论视野来解释此类观察结果的一种研究方法。民族志作为一种典型的定性研究方法，既是一种科学也是一门艺术，既是一种研究方法也是一种写作文本。它将结构性的研究目标和研究者直觉进行有机组合，并与其他具有创造性的研究方法联合在一起，以达到研究目的。[①]

目前，民族志作为一种研究方法正被越来越多地应用于各个领域，形成新的交叉学科。民族志对于不同领域的价值，主要体现在四个方面：参与观察，民族志研究者花费时间研究对象的日常生活，通过他们每天要做的事情来了解他们；自然状态下的民族志，指的是在参与者实际生活、工作和休息的地域开展实地研究；运用他者语言的民族志，指的是研究发现并采用参与者的词语，运用他们的语言和语调；整体观，指人们的行为或思想通过其日常生活的点滴，被直接或间接地影响着，人类学家对一切潜在的联系持开放的态度。虽然人类学家运用多种不同的研究方法对人们进行深入的研究，但

① 田广，王颖，王红．从民族志到工商民族志［J］．青海民族研究，2017（4）．

都是围绕着这四个核心开展的。①

作为方法论的行政管理民族志需要领导干部走进基层，进行实地调查研究，采用参与观察法，文化相对论，即主客位结合法，跨文化比较法，文化整体论而形成的一种完整的行政管理写作文本。运用通俗的语言来解释就是领导干部与政治、管理、工作方法与人类学的关系问题，以人类学的民族志工作方法为指导，让领导干部学会调查研究，学会观察，学会聆听，学会换位思考。行政管理民族志研究方法主要包括：选择田野点研究分析对象；通过参与观察、深度访谈等途径搜集民族志资料；提出行政管理民族志问题；进行民族志分析；书写民族志。

在行政管理人类学中，领导干部的决策至关重要，如果对决策的受众和文化背景思维模式不够了解，就会造成政策执行的效率低下，同时导致受众的抵制乃至反抗。一项决策的制定和实施，需要多方人员的参与，而非武断地将“自己”想当然的设想强加于他人身上，否定他人的能力。政策制定不仅要集中管理者的多方观点，更要广泛征求政策实施对象的意见，鼓励当事人积极参与政策制定和执行，使他们能够充分发挥“主人翁”意识，以保证最终的政策能够使实施对象受益。行政管理民族志研究的田野点，主要是行政机关内部的行政组织和机构以及群众中。行政管理民族志的田野对象则是执行公务的行政工作人员，决策落实点的普通老百姓。行政管理人类学要重视行政系统与外界环境、外部系统之间的关系。

在行政管理民族志中，领导干部调查研究的田野点可以分为两块：第一是行政机关内部的行政组织，即要重视行政系统内在的各个部分之间的关系，既要强调行政组织结构、工作程序等因素，又要强调人的因素。一个决策的形成和执行，需要行政组织内成员共同努力，任何组织的员工都是由不同文化背景的个体组成的。因此，就领导者而言，对文化差异的认识和了解，识别出文化差异存在的地方，是与被领导者之间相互理解并建立积极友好工作氛围的最关键一步。在这个田野点里，领导干部不能仅仅依靠自己手中的权力和常识，凌驾于员工之上，而是要放下“官架”走进基层，虚心倾听下属意见，并进行仔细观察。现代领导不能再仅靠权威去管理下属，而是需要更加智慧的管理方式，能够游刃有余地换位思考，积极处理与员工的关系问题，调动下属的积极性，才能真正地提高工作效率。若不能让下属心

① 田广，周大鸣．工商人类学［M］．宁夏：宁夏人民出版社，2012.

服口服、没有抵触情绪地干活，那政绩、业绩就真如浮云，与其无缘了。与此同时还必须取得同事和下属的信任，且领导者与被领导者的关系不应当只是简单的、冷漠的上下级关系。[①]

行政管理人类学民族志第二田野点工作对象，就是领导干部必须要走进决策最终受众群体，即人民群众之中，因为决策的最终承载者是人民群众。解决人民群众的问题是每一项决策的目的。在每一项决策形成之前，领导干部需要走进决策需求现场即走进行政管理民族志的田野，站在老百姓的角度即以主位的身份，参与观察，切身体验，了解老百姓真实的行为动机和真实需求，把调查对象放在第一位，把当地老百姓对社会和文化的认识及观点作为调查和研究的主要目标，深入和全面地了解当地群众文化体系，熟悉他们的民族性、价值观、伦理道德、生活习俗等，然后提出行政管理民族志的问题，即老百姓真正需要什么？接着运用客位的角度，即研究者自身的角度去研究和理解文化，以客观公正的标准对被调查对象的心理和行为进行深入分析，即民族志分析，用文化整体观和文化相对论、跨文化比较等理论范式进行分析，并对研究对象的实际材料进行应用，从而提出自己客观的看法和解释。

以当年安徽省小岗村书记沈浩的工作为例。2004 年 2 月，沈浩从安徽省财政厅被选派到这里担任第一书记时，村民们都认为沈浩是来“镀金”的。上任一个多月，沈浩把全村 108 户人家跑了个遍，几个月后，就开始建设通村公路，为了节约资金，也为了凝聚村民的干劲儿，沈浩和大家商量决定由村民出工干。之后几年，村里发展起粮食、葡萄规模种植等一系列现代农业。2006 年，小岗村的人均收入超过 5000 元。这时沈浩的任职即将结束，小岗人用他们特有的按红手印的方式，留下了沈浩。而到 2009 年年底，沈浩的第二轮任职期又要到了，村民们再次用红手印请求他留下时，45 岁的沈浩却因心脏病突发，倒在了小岗村。小岗人在挽留沈浩的请愿书上第三次按上红手印，留下了沈浩的骨灰，把沈浩永远留在了小岗村。[②]在这个案例中，作为委派干部的沈浩，以客位的角色切身力行地走进田野，参与调查，走访了全村 108 户，了解小岗村老百姓所需，并且能够以主客位相结合

---

① 薛刘洋．浅谈领导科学与领导艺术［J］．管理纵横，2016（5）．

② 王方友．好干部标准视角下沈浩精神的科学内涵及其启示［J］．内蒙古农业大学学报（社会科学版），2015（5）．

的视角，客观地作出自己的田野民族志，通过这些一手田野民族志，作出正确决策，帮助小岗村民修路，发展粮食与葡萄种植业。决策实施的结果是当地百姓的人均收入由他上任时的2300元，提高到12000多元。

再来看另外一个案例。2011年6月19日《人民日报》摘登了山西省副省长刘维佳的部分下乡日记，引起社会关注，“干部下乡”成为探讨热点。2011年4月26日，5月25日、6月23日，刘维佳三次造访贫困村——山西长治市沁县册村镇温庄。在其下乡日记中，他是这样记录的：“这一次可算得上‘轻车简从’，不但没带秘书，而且是搭乘省扶贫办的公用车，只是带上了住村所需的被褥。为避免层层陪同，不干扰市县乡同志的工作，也就一概没和他们打招呼。我是想一竿子插到底，悄悄在村里住下，尽可能做到‘村不扰民、县不扰官’。”在这期间，刘维佳通过和当地百姓一起劳动吃住，发现了以下问题：

由于成本高，当地并没有普及农机耕种，老百姓更多的是用牛耕地，而这些用牛耕地的多数都是老年人。他在日记中写道：“看来乡村的老年农妇也面临着通胀的现实压力，这也是今年经济工作必须应对好的首要问题。”继而他又发现前几年给村里投资的百亩喷灌项目，因为村里穷没法修理被烧坏的电表、水表和水泵导致灌溉管闲置，百亩灌溉项目停滞。而且村里自发修的“千女水库”因为渠道坏了，即便灌溉管有水也没办法灌溉，注意到“百亩喷灌”和千女水库的尴尬境地后，刘维佳在日记里写下：“项目建设必须解决好配套、使用和管理的问题，否则就是劳民伤财。”由于刘维佳的田野调查研究受到广泛关注，上级政府资助温庄建设，村里的灌溉工程修好了，并且田间路和新的项目也得到了快速发展在农业生产中发挥了重要作用。大学生村官任江辉说，修设备花了约1万元，是上级政府帮助解决的费用。因村里部分田间路只有一两米宽，部分农机不能通行，县发改局还承诺帮助村里修一条2500米的田间路。

刘维佳7000多字的领导干部下乡日记，就是一篇非常典型的行政管理民族志报告，他在调查研究过程中真正地应用了行政管理民族志的方法，如第一步选择田野点——贫困村——山西长治市沁县册村镇温庄；第二步，和老百姓同吃同住同劳动，通过参与观察和访谈等途径搜集行政管理民族志资料；第三步，提出行政管理民族志问题并进行分析，如他在日记中写道的：“看来乡村的老年农妇也面临着通胀的现实压力，这也是今年经济工作必须应对好的首要问题。”“项目建设必须解决好配套、使用和管理的问题，否则就是劳民伤财；第四步，书写民族志，及下乡的日记以及汇报材料。通过这个案例的行政管理民族志 走进田野，让领导最真实的了解民情。放下架子、俯下身子、走下车子，与群众同吃同住同劳动，才能掌握好第一手资料，才能最真实的了解民情，才能实现权为民所用、情为民所系、利为民所谋。这也正是行政管理民族志的作用。

第三节 毛泽东主席论调查研究对领导干部学习人类学的启示

毛泽东主席关于调查研究的理论，是毛泽东思想的重要组成部分，不仅为中国革命和建设实践提供了理论指导，也是中国共产党思想路线和工作路线的根本出发点，在现代仍然具有极强的指导性和现实意义。从毛泽东主席诸多有关工作方法论的理论中，如调查研究要坚持群众路线——“要有甘当小学生的精神”；调查研究必须点面结合——“不但要走马看花，也要下马看花”、鞍钢宪法等理论，其方法论与理论视野与行政管理人类学的方法论及视野非常契合。

比如毛泽东主席所提倡的“从群众中来，到群众中去”的工作方法，从认识论上说，就是特别重视调查研究的过程。这就把党的实事求是的思想路线同群众路线的工作路线有机统一起来。领导干部要做到“从群众中来，到群众中去”，首先要虚心向人民群众学习，向群众做调查工作。做到“从群众中来”，只是完成了领导工作的第一步，更重要的是要将这些从群众中集中起来的领导意见再回到群众中去，使群众认识到这些意见是符合他们的根本利益的，号召群众实行起来、化作他们自觉的行动，使党的路线、方针、政策转化成为人民群众改造客观世界的物质力量。

1960 年 3 月 22 日，毛泽东主席在中共中央批转《鞍山市委关于工业战线上的技术革新和技术革命运动开展情况的报告》的批示中，以苏联经济为鉴戒，对中国的社会主义企业的管理工作做了科学的总结，强调要实行民主管理，实行干部参加劳动，工人参加管理，改革不合理的规章制度，工人群众、领导干部和技术员三结合，即“两参一改三结合”的制度，该制度后来被称作“鞍钢宪法”。以行政管理人类学视角来分析，“鞍钢宪法”的制定，是一个非常典型的行政管理人类学案例，也是一个典型的行政管理民族志。

在这个案例中，毛泽东主席以苏联的经济为鉴戒，把当时中国最大的钢铁厂，鞍山钢铁厂作为调查研究对象，特派彭真赴鞍钢检查、指导，同时鞍山市委也作出积极响应，通过深入细致的调查研究，起草了5000多字的《关于工业战线上的技术革新和技术革命运动开展情况的报告》，1960年3月11日呈送毛泽东。毛泽东主席对鞍钢市委的调查报告做具体分析，并且做长篇批示，这也是“鞍钢宪法”的由来。在这个案例中，毛泽东主席并没有亲临第一田野点，而是通过分析鞍山市委的调查资料来作出决策，毛泽东所说的“鞍钢宪法”也是经过领导、专家从“报告”中归纳得出的。

毛泽东主席打破了原有的“马钢宪法”，即以马格尼托哥尔斯克冶金联合工厂经验为代表的苏联一长制企业行政管理方法，通过具体专家和领导对工厂第一线领导干部，技术员、工人群众的实地调查，得出第一手的田野资料，他在这些第一手资料的基础上，点面结合对当时中国的社会主义初期企业的管理工作做了全面而又科学的总结，改革了以往生搬苏联的一些强调领导者绝对权威的管理制度。通过民主以及人性化的管理，让领导干部去第一线，与工人和技术员一起参与技术和生产，让工人参与管理，让管理真正地落到实处，发挥员工的主观能动性，通过团队合作，让企业管理和效益最大化。毛泽东对“鞍钢宪法”的批示，是在有关人员调查研究的基础上进行的，在人类学中被称为二手资料分析法，指调查研究者因各种原因未亲自去田野调查，但通过对他人调查研究的第一手资料，应用人类学理论和视角，作出客观分析并得出结论的一种研究方法。

在人类学经典著作中，不乏以二手资料分析法而完成的优秀成果，最典型的案例就是美国人类学学家露丝·本尼迪克特（Ruth Benedict）的著作《菊与刀》。[①] 第二次世界大战后期，日本败局已定，美国急需制定战后的占领政策。面对陌生的日本，西方人无法理解日本在战争中的一些举动，也不能预测日本下一步将如何行事。因此美国政府特地组织了各方面的专家和学者从事有关日本的专题研究。1944年6月，人类学家Ruth Benedict接受政府的委托开始研究日本。她在无法踏足日本本土的不利条件下，运用文化人类学、心理学的方法及文化模式理论分析了日本的国民性，推断日本政府会

① 露丝·本尼迪克特．菊与刀［M］．哈尔滨：北方文艺出版社，2015.

投降，并提出美国应保留日本天皇而不宜直接统治日本的重要建议。在战后的1946年，Ruth Benedict将该研究成果整理成书，以《菊与刀》作书名出版。该书的出版立刻引起日本国内的强烈反响，也被学术界公认为有关日本国民性研究的最富代表性的成功个案，甚至被誉为“现代日本学”的发端。这部书能取得如此巨大的成功，与作者人类学调查研究原始资料二次分析方法的熟练掌握和出色运用是分不开的。如果按照具体学科精细的划分，《菊与刀》乃是行政管理人类学范畴的经典著作。[①]

任何一个理论的产生，都是从实地调查研究开始的，如毛泽东思想的“从群众中来，到群众中去”“鞍钢宪法”这些理论以及政策确立的第一步，都是进行大量的田野调查，且必须明确调查目的，以解决问题为导向。在毛泽东看来，要解决实际问题，显然不能“闭门造车”，凭想象来解决，而是要通过一定的有意识、有针对性的调查研究，掌握其基本的情况和发生原因，才能有效地加以解决。而要了解情况，唯一的办法就是进行社会调查，“作几次周密的调查，乃是了解情况的最基本的方法”。在调查研究过程中领导干部必须要有端正的身份定位，同老百姓同吃同住，做老百姓的学生和朋友，从群众中发现真正的问题。“群众路线”是毛泽东调查的重要方法论原则，“凡属正确的领导，必须是从群众中来，到群众中去”。毛泽东正在按照这样的方法论原则，主动与被调查者“同吃、同住、同劳动”，比如毛泽东经常与农民拉家常、请农民吃饭、给农民被子等。这样的态度和行为，使毛泽东在调查中能够与作为被调查对象的工人、农民打成一片，也使得被调查者能够讲实话、讲真话。[②]

行政管理人类学理论中，领导干部理解和了解经济与社会发展所遇到的真实桎梏，才能够使政策制定者发展出一套可行的政策制定计划和方式，而且政策的制定者同样会对整个政策价值观念产生变化，不会仅仅从利益角度出发来满足特点利益集团的利益，而是建立在理解文化背景和文化中人们行为动机和真实需求的角度思索新的价值视角。公共政策会认识到，即使是在当时是合理的，时过境迁后也将有可能存在不合理之处，为情势所致，决策者可能要对不可理喻的决策部分进行必要的调整和修正，这种调整和修正既

① 王宇丰．从《菊与刀》看本尼迪克特的人类学调查方法［EB/OL］．http：//xy. scau. edu. cn/gongguan/shdc/2008/11－26/10812. htm，2008－11－26.

② 谭宏．毛泽东调查理论和实践对人类学田野调查的反思和启示［J］．毛泽东思想研究，2016（4）.

可能来自于公共政策者自身的经验和反省，也是出于文化认同和对社会发展的责任。①

本章小结

当前，在我国行政管理体系内，政策制定均是遵从自上而下的政府主导性原则。从人类学的视角来看，这种政策制定过程均是客位行为主导下的行政行为。而人类学研究一直强调主位的重要性，始终把主位的思想、行为作为重要的信息和资料进行处理。行政管理中强调主位视角就是要多听取当事人的观点，尊重当事人的话语权，给予他们发表个人意见的机会和权力，鼓励公众参与发展计划的制定和执行。从行政管理人类学的角度来说，民众是公共事务管理的主要对象，要实现有效管理，同样离不开对他们的了解。只有了解他们的基本心理以及社会文化特征，才能采取有效的行动。行政管理学将人类学的民族志研究方法，即通过将参与式观察、深入访谈等质性研究方法结合人类学文化相对论、文化整体论、跨文化比较等研究方法运用于行政管理中行政组织、行政运作、人事行政、财务行政、公务管理以及公务伦理中。② 习近平同志以梁家河今昔对比为主题所作的演讲，就很好地诠释了这种富有人类学特征的思想和工作方法。为提高干部队伍素质和专业化建设，提供了一个非常值得学习借鉴的案例。在行政管理人类学中，作为行政管理体系中的决策者即领导干部在学习和实践人类学理论中应该学会：

第一，放下身段走进“田野”。在行政管理的任何范畴，要想让一项政策或者决策真正地落实到位，领导干部必须放下自己的身段，也就是放下官架子，走进田野，也就是要去第一线去调查研究。这样既可以了解党和国家方针政策的落实情况，又能够掌握不同地区经济社会的发展程度，有利于感受群众的冷暖疾苦，最终增强工作的针对性，提高各项工作的实效。

有的领导干部也走基层，但下基层时“兵马未动，粮草先行”，人还在机关，让下面“好好准备准备”的通知早已下去了，甚至连走访对象见了领导说什么都“排练”好了；有的领导下乡调研用警车开道，记者拍照，

---

① 周琼．浅谈公共政策的本土化建构模式——以民族志问方法［J］．经营管理者，2015（3）．

② 陈兴贵．人类学在公共事务管理中的作用［J］．青海民族研究，2014（3）．

陪同下乡的领导班子一拨又一拨，路线反复修订，考察检查的方案制定了一套又一套，大小车辆前呼后拥，走起来大队人马，坐下来一大片，可谓阵容强大，引起基层干部群众的反感，下基层变味成了“吓基层”。由此可见，要想让调查研究不“走调”，就必须弘扬求真务实精神。

如托马斯所言，我们常常对研究对象抱有傲慢和恩赐的态度，但长时间同他们在一起，打成一片会削弱这种绝对优越感，以观察为依据的经验使从前诸多基本推测越发不可相信。① 只有放下自己身段，俯下身子、走下车子，放下自己的优越感，以主位的角色真正地融入基层群众中，与当地老百姓同吃同住同劳动，参与观察，才能了解当地百姓真正的需求，才会发现以前自己在办公室里理所当然的想象与田野调查事实之间的差距。走进田野的最终目的是为老百姓办实事和办好事，让老百姓真正的得到实惠，要带着政策去田野，带着课题去田野，带着问题去田野，带着情感去田野，带着责任去田野，将为基层办实事、解难事、做好事视为最大的政绩。走进调查的田野点，才能实现将手里的权力真正的为民所用，为老百姓谋福祉。

第二，主客相宜，换位思考（主客位）。主客相宜要求领导干部无论在进入田野调研或者在处理各种行政事务时，都应该以一种先入为主的态度，融入当地，了解调查对象的生活习惯，文化背景，以当地人的角度去思考和分析问题，这也就是我们通常所说的换位思考。当然作为一个决策者，当你身体力行地获得第一手资料时，还要转换回你客位的身份，即调查者或者研究者的身份，用历史和文化比较的观点去分析获取的田野资料，从而获得比较客观的结论和决策。

行政管理人类学方法论中有关主位与客位的规范，能够帮助研究者避免在行政管理事务中“自我为大”的观念，从人类学文化角度分析，研究者和被研究者也就是主位和客位均来自不同文化背景和价值取向的群体。因为文化背景不同，主位和客位对同一事物会产生不同的看法和需求，同时也会作出不同的行动。所以领导在进入田野点的时候，首先抛掉自身所固有的“自我为中心”的状态，由客位转为主位角色，姿态放低，融入所要调查的群体中，站在被调查者的角度去观察和思考，尊重被调查对象的人格，维护被调查对象利益，以人文本，坚持学术伦理与社会伦理并存的学科态度。这

① 奈杰尔·拉波特，乔安娜·奥弗林．社会文化人类学的关键概念［M］．鲍雯妍，张亚辉译．北京：华夏出版社，2013.

样调查的结果才能客观和详实，并不带有个人偏见。

第三，放下“常识”与“权力”学会倾听。“常识”是被社会普遍接受的对文化所做的表达方式，“常识”深深嵌入我们通过感觉获取的经验和各种权术政治中，领导干部通常会以固有的“常识”或者“经验”等比较主观的态度做决策。权力是领导者表现自己管理手段的体现，但无数事实证明，过分保持和夸大这种权力就会存在私人欲望，就会产生滥用权力的现象，滥用权力是对权力价值的破坏。任何权力都有一定的限制和范围，如果硬要突破这种限制和范围就会形成“权力扩张”，最终会危及受众群的利益。文化人类学强调“文化”在人类学领域的奠基性功能，那么，哪一种“文化”不是一种形形色色的“权力”场域呢？不管是偏僻遥远、人迹罕至的“江湖之远”，或者是繁华似锦、光怪陆离的“庙堂之高”，都有自己独特的具有排他性质的“文化”，而这种人种与文化差异之下的“排他性”，正是“权力”滋生的肥沃土壤。[①] 常识与经验限制并塑造了我们获取知识的途径。我们在怀疑其他人是否能够理解这个世界的同时，却不能摆脱自身经验框架的局限。[②]

领导干部在与下属或者当地群众交流的时候，首先应该放下固有的常识和权力，学会倾听。第一时间要考虑的不是怎样改变对方，而是怎样让对方充分表达自己的意见。所以，想让下属表达意见的最佳方案不是说，而是问。你一说，就相当于是先定调，你都先定调了，让别人怎么办？所以这个时候，就算你心里有一百个主意，也得装成什么想法都没有的样子问：大家有什么看法啊？这不是虚伪，为了最终统一思想，你必须要让下属真实地表达自己的想法，所以你只能负责总结，不能负责开篇立论。这就是领导为什么必须最后才说话的逻辑。[③]

第四，放宽“眼界”把握全局（文化的整体观）。在行政管理体系中，科层制管理、社会分工较为细密，行业分割越来越细，这导致一些行业之间缺乏有效的联系。社会分工的职业化，使人们在认识、处理一些行政事务的过程中过于强调自身领域的特殊性，而忽视了作为整体社会组成部分的各项

---

① 陶庆，陈津京．新政治人类学：一种跨学科的理解范式［J］．学术月刊，2017（2）．

② 迈克尔·赫茨菲尔德．人类学：文化和社会领域中的理论与实践［M］．刘珩，石毅，李昌银译．北京：华夏出版社，2013．

③ 马薇薇，黄执中，周玄毅等．好好说话：新鲜有趣的话术精进技巧［M］．北京：中信出版社，2017．

事务之间的内在关联性。这种过于细化的分工导致公共事务的处理往往会顾此失彼，难于得到圆满的解决。行政管理人类学方法论中的整体观不仅强调文化要素之间的相互关联性，它还强调具体文化要素与整体社会之间的不可分割性。社会作为一个有机整体，其良性运行和稳定发展离不开各组成部分的功能协调与正常发挥。任何一项事务的发生、发展和演变均会对社会整体的发展产生不同程度的影响。一个社会的良性运行得力于各种构成要素的有机配合。

就一个整体社会而言，其构成要素具有可分割性与独立性，领导干部在处理具体行政事务中，往往容易顾此失彼，难于周全考虑各种事务之间的关联性，从而违背人类学的整体观原则；而任何一项行政管理事务在具有自身特殊性的同时，又与其他事务相关联。在处理一些事务时，若领导干部只看到事务本身的特性，而忽略了事务之间的关联性势必会导致对事务的认识出现偏差，由此得出的结论和采取的措施往往适得其反。比如行政管理事务中的民族事务与宗教事务在民族地区往往相互交织。民族文化、宗教乃至于政治、经济均具有错综复杂的关系，如果孤立地看待和处理这些问题，就无法使问题得到圆满解决。①

总之，随着中国共产党第十九次全国代表大会的胜利闭幕，合理解决我国行政管理体制问题已经刻不容缓。作为行政管理体制的重要组成部分，领导干部必须坚持“从群众来，到群众中去”的工作路线，以人民群众的切实需求为主要工作任务。人类学以人为研究对象的特殊视角以及主客位相结合的研究方法，能够帮助领导干部更好地认识自身，更好地发掘群众的真实想法，更全面地收集多方资料来制定真正有效的方针政策，从而进一步实现人民对美好生活的向往，实现中国梦。作为实现中国梦的关键一步，全面建设小康社会的进程已经到了决胜阶段，在这个关键时期，必须高度重视党的十九大所制定的政治、思想、经济等一系列路线之重要性，高举中国特色社会主义的伟大旗帜，凝聚全国各族人民的力量，为决胜全面小康社会进而实现中国梦而奋斗！

---

① 陈兴贵．人类学在公共事务管理中的作用［J］．青海民族研究，2014（3）．

第十一章

实质性原型与工商管理策略

本章摘要

工商人类学涉及社会科学以及政策制定的不同领域，以实践为指导所展现出来的理论视野，超越了新古典主义理论，以工商社会实践案例为背景所提出的建议，具有可供操作的现实意义。首先讨论新古典主义理论，然后简要讨论原型理论，并对现代市场营销理论进行梳理。现代市场营销理论在接纳了新古典主义理论的基础上，着重解释如何通过与客户合作而得以互惠互利。将实质性范式与新古典营销范式相结合，可形成更加丰满且更富活力的分析模式，对现实工商实践以及学术研究具有一定的理论指导意义。

引　言

新古典主义经济学理论，主张理性的经济选择，其理论假设有三个：理性人假设、信息完全假设、市场出清假设。它们不是彼此孤立的，而是一个有机联系的整体，其意义不在于是否或在多大程度上符合实际，而在于体现了新古典经济学家对理想市场环境的总体条件设计①。而实体经济人类学，则倾向以社会文化为选择导向。

美国著名的工商人类学专家阿尔法·瓦力（Alf Walle）教授认为，将原型理论放在整个人类精神发展史来看，柏拉图和荣格（Jungian）分别代表

① 李纲要．新古典经济学的理论假设与我国的经济“新常态”［J］．济宁学院学报，2016（3）：105－110.

了原型概念的两种解释思路，即理性的与感性的、哲学理智的与宗教神秘的不同路径。荣格不是从理性的角度去推论事物的原型，而是从感性方面，通过人的非理性“观察”再由人的“行为”体现出的心灵原型，因而它的原型与本能接近，无法脱离神秘色彩；柏拉图从理性的角度出发，假设事物背后都有其最初的原型，事物都有反映其本真的原因，因此柏拉图的原型就是“理念”[①]。

现代原型概念的真正提出和现代原型理论的形成，与西格蒙德·弗洛伊德（Sigmund Freud）关于无意识的发现有着最直接的关系。从弗洛伊德关于个体意识的理论提出和阐述，到荣格的集体无意识的发现，再到将集体无意识的内容认定为“原型”，并引进“原始意象”的概念，这便是原型理论的大概轨迹[②]。随着学科发展，学者们开始反思自我，呼唤正义，提倡从本土观点看问题，推崇对本土文化的研究，提倡文化相对论。社会经济的发展，往往伴随着文化的变迁及发展，而对工商社会发展的研究，离不开对工商文化的分析解剖。本章介绍并延伸探讨瓦力教授等学者对实质性原型与工商管理策略研究的相关理论，并在此基础上从文化环境概念入手，梳理有关工商管理的若干问题。

第一节　新古典主义与实质性模型

新古典主义建立在理性人效用最大化和市场决定供求的假设之上。因而，在自由贸易中，理性人利用其最优生产要素优化商品生产以供应国际市场，从长远看这无意将有效刺激经济增长。而且现代新古典主义经济理论强调，作为经济增长解释变量的“开放性”，是一个十分重要的理论概念，因为开放性增加了对外直接投资以及提升人力资本的生产率。而以波拉尼为代表的实质性经济人类学家认为，现代工业世界是一特定的经济领域，理性的行动和战略决策（主要是新古典主义模型的反射）占主导地位。但实质性

① Walle A H. Rethinking Business Anthropology: Cultural Strategies in Marketing and Management [M]. Abingdon, Oxford: Routledge, 2017.

② 龚俊威．荣格原型理论的起源与演化［J］．商情，2013（13）：41－42.

理论强调理性的反映并非人类社会普遍的模式，新古典框架是工业时代的一个工件，并非人性的反映。部分实质性经济学家认为，在许多小型社会，经济活动不是一个单独的和不同领域的战略行为；相反，它巧妙地交织在整个文化中（包括亲属关系模式、道德观念、宗教仪式等），社会、文化、经济压力和响应沉浸在这一方式中。显然，实质性理论认为一维的新古典分析不够完善，不能描绘经济行为的复杂性，必须从实质性的视野予以重新解读。

一、新古典主义理论

根据经济增长理论，商品和服务的自由流动会促进知识积累，而其对经济增长有重要作用。最重要的是，新古典经济增长模型（Solow）① 同样假设经济发展是因高投资和储蓄所导致的资本积累的结果。因而，对外直接投资也许会通过提供外国的储蓄和知识促进该国的增长。虽然新古典增长模型将生产技术视为外生性的，但新经济增长理论认为，知识积累可以通过促进R&D和教育的合理政策得到提升。这是新古典主义和新增长理论最主要区别之一。该理论争论已经成为当下关于全球化和国际贸易协定中政策干预角色讨论中的焦点。政治经济学关于全球化和贸易对本国经济影响的争论，从两个最主要的原则出发，即来源于大卫·李嘉图（David Ricardo）新古典模型的观点：基于规模报酬不变的前提下考虑静态要素；持有生产要素所有权而决定自由贸易得失。在贸易开放后，市场均衡由完全竞争市场条件下的供求决定。因而，一国融入世界经济中存在利益损害者和受益者。要素累积（比如知识资本）和生产资料进口的结果是技术进步，不过它有可能是由于技术外溢效应而形成的。亚当·斯密（Adam Smith）② 的观点是基于不完全市场竞争和规模报酬递增基础上的。贸易自由化后的市场扩大，经济中动态专业化分工产生潜在的再分配效应。在一定程度上，最初的损害可以得到补偿，并且从新的市场力量所驱使的新均衡中获益。此外，由开放所导致的市场扩大，同样要求市场准入水平提高，这会使市场参与者效率提高，实现市

① Solow R M. A Contribution to the Theory of Economic Growth [J]. The Quarterly Journal of Economics, 1956, 70 (1): 65-94.

② Buchanan J. M, Yoon Y. J. A Smithean Perspective on Increasing Returns [J]. Journal of the History of Economic Thought, 2000, 22 (1): 43-48.

场均衡的帕累托优化。就技术而言，要获取规模报酬递增，就必须采纳最新的先进技术，创造动态生产力。合适的规则制度和政府政策，可以加强这一市场进程，促进要素（知识、资本）积累和创新。

关于区域一体化协定对经济影响的讨论，涉及以上所提及的两种政治经济学模型：古典经济学理论明显遵循李嘉图传统，其重点集中于贸易创造和贸易转移的短期影响；而现代贸易理论与斯密的观点类似，认为规模报酬区域一体化会产生动态经济效果、经济活动的积聚和技术外溢。然而，传统观点都强调，虽然从短期看，一些市场参与者会遭受损失，但从长期来看，贸易自由化使生产要素更有效率地分配。一体化理论还强调，在特定区域中，深度一体化协议反过来会形成更高的生产率和更多的经济福利。生产率的促进作用，会因不完善的现代国际贸易市场而扩大。

普拉纳卜·巴汉（Pranab Bardhan），克里斯托弗·德拉德（Christopher Udry 1999 chapter 05）[①] 描述了关于贸易开放的市场增强效果模型：上游市场的特点是不完全竞争和规模报酬递增，而在下游市场上企业是价格接受者，并处在规模报酬不变的环境中。在上游市场上，与更为发达经济体的贸易自由化和一体化，会同时提高本国上游和下游市场的效率和生产率，因为在自由化后投入在下游市场上的标记价格趋于下降。

从历史上看，国家间产生的贸易增长已经促进了现代经济增长，并且发达国家间的贸易比发展中国家的贸易要多（Kravis，Irving B. 1970[②]；Barbara L. Easterlin[③]，1998）。技术变革是经济增长的重要原因，它必须和制度安排，例如财产权（如知识产权）和法律的执行力相结合，才能形成市场激励。

越来越多的实证文献表明，简单去除关税不足以促进经济增长。部分经济学家就明确否认贸易壁垒（关税或非关税）与经济增长间存在负相关关系。基于对一系列的实证资料研究，他们指出是其他因素在促进经济增长，包括宏观经济政策和国内制度的差异，并且认为对贸易政策变化的研究，可

① Bardhan P.，Udry C. Development Microeconomics［M］. London：OUP Oxford，1999.

② Kravis I. B. Trade as a Handmaiden of Growth：Similarities Between the Nineteenth and Twentieth Centuries［J］. The Economic Journal，1970，80（320）：850－872.

③ Easterlin B. L.，Cardeña E. Cognitive and Emotional Differences Between Short－and Long－term Vipassana Meditators［J］. Imagination，Cognition and Personality，1998，18（1）：69－81.

能会是一个更好的分析渠道（Francisco Rodríguez and Dani Rodrik，1999）[①]。然而，有学者认为贸易对收入增长的影响，取决于国家的大小和地理特征。在对这些因素加以控制的前提下，贸易对收入增长会产生积极的影响，并且这一结论同时适用于发达国家和发展中国家。他们还提出要尽量降低关税减免的影响，并承认政策和制度是影响经济增长的重要因素（Jeffrey Frankel，David Romer，1999）[②]。

总体而言，在分析贸易—增长关系时，采用不同的研究方法会得出不同的结论。鉴于此，大卫·格林纳威（David Greenaway）[③] 等对不同的方法进行了分析比较，并采用滞后因变量解释贸易自由化对收入增长的影响，发现贸易自由化对收入的影响可以描绘为 J 曲线形状。最后，罗曼·瓦克奇亚格和凯伦·韦尔奇（Romain Wacziarg & Karen Horn Welch）[④] 的一篇文章探讨了这一问题。首先，他们全面校正了有关贸易指标的跨国数据库，将非关税壁垒以及贸易自由化的时间追溯到 20 世纪 90 年代；然后，根据国内贸易政策的变化补充了新的测度策略，更正了之前文献中不一致的测项。研究结果表明，随着时间的推移，国家间的贸易自由化积极显著地影响经济的发展。

二、新古典经济学的合理性与文化性

新古典主义经济学家假设：（1）经济决策基本上是合理的；（2）独立的个人会作出效用最大化的决定，或者在更少成本的情况下提供最大效用的决定；（3）人们可以接触到所有的信息；（4）人们互相之间，倾向于独立地作出行动；（5）独立的个人追寻效用，组织追寻利润。这样的观点以人类学家雷蒙德·弗思（Raymond Firth）[⑤] 为代表，弗思是“形式主义经济人

① Rodriguez F., Rodrik D. Trade Policy and Economic Growth: A Skeptic's Guide to the Cross – National Evidence [J]. NBER Macroeconomics Annual, 2000 (15): 261 – 325.

② Frankel J. A., Romer D. Does Trade Cause Growth? [J]. The American Economic Review, 1999, 89 (3): 379 – 399.

③ Bleaney M., Greenaway D. The Impact of Terms of Trade and Real Exchange Rate Volatility on Investment and Growth in Sub – Saharan Africa [J]. Journal of Development Economics, 2001, 65 (2): 491 – 500.

④ Wacziarg R., Welch K. H. Trade Liberalization and Growth: New Evidence [J]. The World Bank Economic Review, 2008, 22 (2): 187 – 231.

⑤ Firth R. Elements of Social Organization [M]. London: Routledge, 2013.

类学”的领袖人物。形式主义经济人类学运用新古典主义经济的模型来研究普通人的经济反应。哈罗德·施耐德（Harold K. Schneider）也采纳了形式主义观点。新古典主义经济学的主要研究方法包括以下几个方面：

“经济人”模型：新古典主义学者采用“经济人”模型的一些观点，假设人们用合理的方式达到既定目标时，获得最大化效用或者使用最小成本。当然，这些假设并不意味着人们的选择都是明智的，但是，可以利用明显的理性思维争取达到最大化效用或者最小化成本的意图。

完全信息假设模型：新古典经济主义经济学家常常假设，完全信息和完全竞争的情况是存在的。完全信息基本上意味着所有的经济活动参与者知道关于经济决定的所有信息，包括成本和产品质量等，并且他们能够运用这些信息作出最合适的决定。虽然这个模型在很多情况下都有用，但是根据常识，我们知道这种情况几乎不存在。

利润驱动模型：当个人在追逐效用最大化时，公司也在追逐利润最大化。因此，组织为了获得消费者和代理商的支持，追寻一个优于竞争对手的优势，以达到利润最大化。

新古典经济学家和形式主义理论通过提出一些显然不完全正确的假设，来简化对经济行为的分析。虽然新古典经济学家意识到他们的假设并不是完全正确的，但是他们依然为经济学建模提供了帮助。工商企业经常运用新古典经济学模型的变体来制定策略。为了阐述这个趋势，下面将会讨论一个根据新古典经济理论而形成的市场营销主流思想的例子。当代市场营销理论是新古典经济思想的一个例子，它的一个关键前提是“市场营销概念”，提出组织存在的唯一原因是能够在盈利的情况下服务他们的消费者，过程包括理解特定目标市场的需求和如何更好地服务于消费者。今天，这个方法被普遍地称为“4P”市场营销理论。

“4P”市场营销理论反应了新古典主义理论的观点，假设消费者在基本知道他们想要什么的前提下，搜索市场以寻求他们需求的东西①。组织寻求了解他们的消费者并且尽量提供他们所需要的东西。因此，消费者寻求效用的最大化，组织寻求利益最大化（见表 11 – 1）。

---

① 田广，冯蛟，王颖．市场营销人类学［M］．银川：宁夏人民出版社，2017：17 – 20.

表 11－1　市场营销理论概述

项目	现象	影响	含义
产品	商品或服务被卖到目标市场	有形或无形的产品满足目标需求时才视为成功	产品能够反映消费者的感知
价格	商品或服务的价值	价格能够影响市场规模以及决定消费者购买的时机	价格能够快速地变化来应对长期或者短期战略
渠道	获得产品的途径	产品的销售地点和销售群体影响产品销售额以及受众	目的是将产品送到一个合适的目标市场
促销	组织与中介、消费者或其他大众进行沟通以期营造良好的市场效果	组织必须与目标受众进行有效地沟通来有效地售出产品	沟通必须能够加强一些市场变量并且能满足目标受众的需求
市场营销理论	结合以上可控制变量能够使产品更畅销	有意识地灵活使用这些变量，能够使组织运行更有效	在一致的场合中，将变量进行结合能够更好地营销产品

三、实质性模型及其相关商务管理概念

当代工商学科，比如市场营销和形式主义的经济人类学认为，新古典范式有效模型普遍倾向于生产、收购、消费。另一种立场表明，经济行为和决策嵌套在文化背景中，因此，在很多情况下需要探索的文化敏感模型①。在跨文化沟通研究中，跨文化敏感性（Intercultural Sensitivity，ICS）则是实现跨文化有效沟通的最为重要因素，它体现着在不同文化交汇情况下，应对文化差异的能力。如果 ICS 缺乏，将会导致较低工作效率以及较低工作满意度，同时还会因为文化不适的原因导致沟通谈判失败②。此外，霍夫斯塔德（G. Hofstede）作为跨文化沟通领域研究的专家，在 1980 年出版巨著《文化的影响力：价值、行为、体制和组织的跨国比较》后，又采纳了彭麦克等学者对其文化维度理论的补充，总结出反映文化差异的五个维度：权力距

① Bennett M. J. Developmental Model of Intercultural Sensitivity [M]. NY: John Wiley & Sons, Inc., 1998.

② 何燕．跨文化敏感性研究回顾［J］．沿海企业与科技，2007（12）：136－138.

离，不确定性避免，个人主义；集体主义，男性化；女性化，长期导向；短期导向，来描述不同国家的文化差异①。

卡尔·波拉尼（Karl Polayni）② 认为，人类的分水岭是从小型社会（人与人之间都是面对面进行互动交流）转变为现代工业社会（人与人之间越来越没有人情味，经济是建立在工资劳动和金钱的基础上）。波拉尼提出具有影响力的两个术语："再分配"和"互惠"。互惠是一个长期的相互交换商品或服务的模式，通常交换被认为是平等的。相比之下，再分配发生在具有强有力的领导者和政治力量的环境中，通过收集资源，然后依照规则图式进行发放。波拉尼和实质性经济学家们使用"嵌入式"这一术语来表示这一运作过程。经济活动不是独特的和离散的，而是嵌套在整个文化和社会框架中。比如，在中国这一社会框架中，社会主义市场经济下，以市场为主体，政府宏观调控收入和财富的再分配，通过计划、市场两种手段来实现社会资源合理配置，以缓解因收入差距过大、地区发展严重不平衡而引起的社会矛盾③。新古典工商模型的选择如表 11－2 所示。

表 11－2　　新古典工商模型的选择

项目	观点	含义
功能	功能性方法不做关于人们如何反应的假设	在没有预先假定新古典理论框架的前提下，功能性方法能够探索营销的角色
商品	确定的商品特性能够影响再分配和假设的发生	不同的商品需要用特定的方式对待
制度	再分配和消费发生在制度框架里	对于稀缺和被需求商品的再分配而言，制度发挥了深远的影响

第二节　原型理论与工商管理

原型学派是现代西方出现的一个新的学派，建立在人类学、心理学和符

① 李文娟．霍夫斯泰德文化维度与跨文化研究［J］．社会科学，2009（12）：126－129.

② Polayni K. The Great Transformation: The Political and Economic Origins of Our Time［J］. New York: Rinehart and Company, 1944.

③ 曾子芯．政府干预经济的作用及局限性分析［J］．商业文化月刊，2012（44）.

号学等多门学科的研究之上。原型学派把原型解释为一种结构，象征是原型理论的重要概念。原型学派的学者认为“圆”，象征人的自我，也象征心灵的完整，还象征人与自然的关系①。

“原型（archetype）”，“arche”是最初的、原始的意思，“type”为模式形式的意思，因此“原型”一词最初的意思可以理解为初始的模式或形式。在杰弗里·高尔特·哈珀姆（Geoffrey Galt Harpham ）所编的《文学术语词典》中，原型这一术语是指在范围广泛的各种文学作品以及神话、梦幻甚至社会礼仪中反复显现并可识别的叙事策略、行为模式、人物类型、主题和意象。自柏拉图从哲学角度开始运用“原型”概念，到荣格（Jungian）分析心理学派系统提出“原型”理论，再到人类学家詹姆士·弗雷泽（James Frazer）的《金枝》巨著中对“原型”的探讨，“原型”经过2000多年的嬗变与发展，其内涵不断丰富。作为一个学科术语，其能指与所指也因时而异，因地而异②。

一、“原型”理论要义

随着学科建设的不断发展，各学科之间的明确界限逐渐消失且有了相互借鉴、交叉融合的趋势。“原型”一词由于其本身的包容性与广泛适应性，在发展的过程中已不仅仅局限于某一领域而是出现了多领域齐头并进的现象。在不同的学科门类里，“原型”概念有不同的解读。通常看来，“原型”因其既现代又古典，既异域又本土，没有具体形式只可通过感知才能领会的概念，显得太过隐晦、神秘。

在原型概念的发展过程中，其概念的拓展在六个领域尤其引人注目：

（一）哲学领域

在柏拉图生活的时代，古希腊人普遍认为世界虽由千差万别的事物构成，但不同的事物背后有一个共同的世界本源——本质。柏拉图提出的“理式”说正是暗含了这一点，其虽然没有直接运用“原型”这一概念，但

① 杨丽娟．“理论之后”与原型—文化批评［M］．北京：中国社会科学出版社，2010.

② M. H. 艾布拉姆斯（Meyer Howard Abrams）．文学术语词［M］．吴松江等，编译．北京：北京大学出版社，2009.

其意义指向已很明显。之后伊曼纽尔·康德（Immanuel Kant）的“图式”说，讲求人们对先天范畴的认识必然通过图型来进行，图型是想象的产物，没有具体的形式①。

（二）宗教领域

原型常被作为“上帝的形象”而被当成人类物质世界的精神本源，人总是按照人之外的形象或者上帝的形象来被创造的。一些古典神学家、宗教学家认为，人类精神世界先于人类物质世界存在，且人类物质世界是按照人类精神世界即“原型”而演化发展而来的。因此，精神世界就成了物质世界的“本体”“本源”或“原型”。

（三）心理学领域

“集体无意识”的提出是20世纪世界心理学发展的重大突破。荣格“深层心理学”的纵向发展将“原型”概念置于“集体无意识”的肥沃土壤之上，促进其进一步发展。

（四）文学领域

诺思洛普·弗莱（Northrop Frye）的文学“原型”概念无疑更加丰富了原型理论的应用范围，与荣格对“原型”的界定不同，在弗莱的理论体系中，“原型”更加具体。在这里，“原型”被假定为先于文学作品而普遍存在的，成为文学总体中的某一个象征符号，具体化为一个文学结构、一个普遍出现的意向或者一个更小的文学单位。

（五）艺术领域

在古希腊文化中，“理式”原意是事物的“形式”“图式”等，侧重于事物的外形。柏拉图混用了这几种意思，他的‘理式’概念同时包含了如“形式（form）”、“种（genus）”、“范式（paradigm）”、“规则（principle）”等诸种含义。自柏拉图之后，这种“万物有型”的思想在西方思想史上流传下来。柏拉图之后，康德的“图型（scpleftlata）”理论最接近于“原型”

① Jung G. The Archetypes and the Collective Unconscious [M]. Beijing: China Social Science Publishing House, 1999.

的含义。在康德关于先天范畴与感性材料结合的方式的理论中，他认为感性材料不能直接见到先天范畴，先天范畴也不能直接应用于感性材料中，沟通两者的是时间。以时间的图型来分析范畴，图型必然与范畴相一致，没有图型的串接，范畴就不能形成知识。康德在《纯粹理性批判》中，提出图型自身常为想象力之所产。

（六）人类学领域

1859 年，查尔斯·罗伯特·达尔文（Charles Robert Darwin）《物种源始》的出版，直接促进了文化人类学的发展。在文化人类学家弗雷泽的巨著《金枝》中，弗雷泽通过对全世界原始民族和土著民族的仪式、神话和习俗资料的整理收集，着重对“文化模式”进行研究，并通过大量的事实证明，在不同的民族之间存在着共同的文化模式，即“交感互渗”原则。所谓“交感互渗”原则，是指两个事物可以通过某种神秘感应进行超越时空的相互作用。弗雷泽对文化模式的研究深深影响了原型批评，以至于曾一度形成原型批评的“剑桥学派”。

原型理论在不断纵深理论深度、繁荣发展的同时也存在着不足之处，主要表现在两个方面：第一，对“原型”概念解读的莫衷一是，造成了各取所需的局面，概念的不确定性演变成没有概念。概念支撑不够确定，理论大厦必然不会稳健；第二，由“原型”理论层次的丰富性带来的“普适性”，常被盲目当作的万灵药去解释古今中西的万事万物。这种完全从自身为出发的曲解，阻碍了“原型”理论的发展。

二、荣格模型的形成发展

荣格作为医生和精神分析派的心理学家，他的原型研究主要侧重于精神分析范畴。相对于西格蒙德·弗洛伊德（Sigmund Freud），荣格对当代心理学的最大贡献在于提出了“集体无意识”概念，他的原型研究便立足于“集体无意识”之上，同样，原型概念对集体无意识观点也是不可缺少的。集体无意识中的主要存在形式即原型，是集体无意识中无数确定形式的存在。原型可能一直不被意识到，但当现实中出现能唤起该种原型的情境时，该原型就会复活。19 世纪末至 20 世纪初欧洲既经历了精神上的危机转变，也经历了现实生活中的暴动及革命。这一时期的心理学发展也呈现出主张回归，探究人类心灵的研究趋向。荣格在心理学领域对“原型”的研究成功地把这一理论的发展推向了高潮。荣格分析断言，人类的内心和包括“原型”的集体无意识是可连通的，对于非专业人员来说，这种原型可以描述成所有（或者大多数）人所拥有的、复杂的、与生俱来的本能，这种本能也是思想、爱好和行动的主要原因，使得人类行为模式化和可预测。

“原型”的概念在神话传说、民间传说和文学批判尤为有用。为了吸引观众，“优秀的文学作品”总是采用引人注目的原型，倾向于编制特别的情节，让人们从中产生共鸣。诺思洛普·弗莱（Northrop Frye）是一个主要的典型批评者，他没有信奉荣格的本能理论，也不关心集体主义的投机。他排斥荣格分析的这种原则，认为我们不可能理解这种无意识的思想。在《批评的解剖》一书中，弗莱不关心“原型”是怎样从存在中得到的，而是将注重点放在探究他们的功能和角色上（循环的和可辨认的文学模式可以带动观众和引导出创造性的想象力）。尽管弗莱的很多想法可能已经过时了或者存在争议，但是他确实从荣格已经提供的心理的和本能的框架中解放出来，释放了经典分析方法。弗莱坚持认为关注的关键问题不是“原型”起源，而是在人们的灵魂、文学以及文化传统中所扮演的角色①。

三、原型理论的应用与发展

就一种文学理论而言，其理论内容、理论特性、理论体系的严密性可以看作是该理论体系给人的“第一印象”，而在理论指导实践过程中所体现出来的“实用性”才是其长久生存之道。原型理论亦如此。在原型理论体系不断丰富发展的同时，其实用性不断得到加强，一些文学现象的解读、文学理论的探索更是得益于此。神话—原型批评理论在文学领域的实践应用便是一个有力例证。荣格认为，我们要将分析的艺术作品，置于无意识的神话领域之中。这个神话领域中的原始意象乃是人类的共同遗产。东西方文学文化发展的共同基石乃是东西方都蕴藏着丰富的神话故事。

神话这一全人类的共同宝藏，不仅在沟通东西方文学方面起着重要作用，其所蕴含的丰富原型对于全人类的前溯“寻根”与后视探索更是不可

---

① Walle A. H. Rethinking Business Anthropology: Cultural Strategies in Marketing and Management [M]. Abingdon, Oxford: Routledge, 2017.

替代。神话—原型批评是将神话与真实的文学实际联系起来的理论体系，着眼于神话中所蕴藏的丰富原型，并将其应用于现实的文学现象及作品的解读中，透过文艺活动来回溯人类文学艺术发展的精神历程。在西方，古希腊的神话对西方文学的繁荣发展起着基础作用，神话当中的许多原型在无意识当中成了后代人创作的源泉①。

英雄回归。1970 年播出的可口可乐/乔·格林的商业广告，或许就是美国电视历史上最成功的广告活动之一。在这个商业广告中，一个有望夺冠的运动员怀着失败后的失望和气愤离开了运动场。被这种心情影响，乔拒绝了一个年轻粉丝递给他的一杯可口可乐。乔冷静下来后，意识到这样断然拒绝这个支持他的年轻人是不对的，于是接受了这杯可口可乐，并且将象征着勇敢和英雄地位的运动衫作为回报给了这个男孩。这个商业广告十分有趣，它展现的是乔·格林失败的一面，而不是胜利的一面。比起比赛的胜负，乔·格林在情景中的性格特点显得更加重要。如果我们把这个电视商业广告方案作为一个产生共鸣的“原型”，就可以看出可口可乐公司利用了神话结构的一部分。在典型分析中，通过分离、启蒙、返回三个过程的循环对商业广告的情节主线作出解释，如表 11 - 3 所示。

表 11 - 3　　英雄回归

分离	失落的英雄在被打败后失去了冷静，当他拒绝了一个年轻的仰慕者时，他的不适当做法和不礼貌行为使他失去了英雄本色
启蒙	尽管被一种不英雄的方式对待，这个年轻的仰慕者对英雄依然友善并且给他提供营养（以可口可乐的形式），这种友好的做法帮助失落的英雄重新冷静下来
重返	英雄高贵的特征被树立起来，他对这个年轻人和弱的仰慕者展现出友好和同情，乔·格林把象征英雄地位的运动衫作为友好的回馈送给了仰慕者

从这方面来看，在世界文学中被记录的最早的故事之一是《伊索寓言》中的狮子和老鼠的故事。这故事讲述了一头狮子因为脚被刺扎伤，失去了森林之王地位。和乔一样，在受伤和沮丧之后，他所失去的远远不止是勇猛，那种过激和不英雄的做法使他变成了一个弱者。尽管如此，友好的老鼠通过移除那根刺让狮子又重返到他的英雄地位，后来狮子对老鼠表现出友好和尊重的态度展示了他的英雄地位。广告的亮点更多的是它的普遍主题而不是美

① 叶舒宪．神话—原型批评［M］．西安：陕西师范大学出版社，1987.

国广告业的“创造性”。乔·格林的商业广告之所以成功，是因为他处理了一个普遍的主题：困惑中英雄地位的重生，如表 11－4 所示。

表 11－4　　虚构和乔·格林的典型对比

	狮子	乔
分离	狮子被刺扎伤，走起路来一瘸一拐，失去了“森林之王”的称号，当他虐待一只脆弱的小老鼠时，这个被弃王者所作出的行为典型不是英雄所为	足球比赛结束了，乔不再是曾经那个胜利者，当他对一个年轻的仰慕者作出不合适的行为时，他的英雄本色也比以前黯淡很多
启蒙	那个脆弱的小老鼠拔出刺让狮子痊愈，让狮子重返王者地位和角色	乔的王者风范是通过和一个年轻人或者仰慕者的相互学习中重新树立的
重返	未来，狮子在对待这只老鼠态度上，就展现了他的王者风范	乔的英雄角色重新树立起来，他给了帮助他的年轻仰慕者一种英雄气质的象征

漫漫返乡路。受伤的或者老迈的主角暴风般重返顶峰是一个不朽的英雄传说，这可以运用到许多运动员身上。许多运动员粉丝发现没有什么比那些受伤的或者与时间赛跑的运动员重新获得失去的荣耀更加吸引人。打橄榄球的四分卫布雷特·法弗（Brett Favre）处于他的全盛时期时，许多粉丝只是看到了他精湛的技术。随着岁月的流逝，法弗的英勇技术开始下滑，并且在 2008 年正式宣布退役。

法弗的追求是重新回到他的顶峰时期，追逐想象中的整个橄榄球世界。因此，尽管伤痕累累，他依然在战斗，经过重重困难重返运动顶峰，就像史诗般的英雄故事。典型的分析所强调的英雄传说通常不会反映现实生活中的人们，相反，他们围绕普遍的主题。当真实的人和活动碰上这种主题，就会变成真实的事件。百威啤酒的广告讲述像法弗那样的明星棒球球员重返赛场的英雄故事。短短 60 秒的情节，紧紧围绕着英雄这个主题。如表 11－5 所示。

表 11－5　　“棒球”中的英雄周期

分离	一个过气的明星球员已经被职业棒球联盟抛弃，并且只被允许为小的棒球联盟打比赛。大职业棒球联盟队的年轻球员忽略他在早些赛季的表现，认为年轻就是未来。经纪人想要在后面的比赛中替换他，不给他在星探面前展现天赋的机会

续表

启蒙	尽管年老多伤的老运动员筋疲力尽了，经纪人想要把他踢出比赛，但最后，他知道自己被大职业棒球联盟的星探看在眼里。他们需要一个老练的球员所能带来的“帮助”，因此，我们的老英雄被允许待在球队，他也知道自己必须做到最好
重返	比赛赢了。老英雄重新获得了队友们的尊重，重新得到了大职业棒球联盟的荣誉

超越英雄周期。迄今为止，神话分析在评估与体育运动相关的电视商业广告中发挥了重要作用。通过以上分析，我们发现原型分析在以下方面可能发挥重要作用：(1) 解释为什么某个商业广告是有效的；(2) 探究神话—原型分析怎样才能够帮助促销活动拥有一个普遍的吸引力。在《神话和神话传说的精神研究》一书中，赫斯克尔·尤利乌斯（Heuscher Julius）指出，民间传说、传奇和神话的连续体能够处理人们所遇到的需求和危机。最重要的是，赫斯克尔指出神话传说、英雄事迹和传奇强调人类对和谐发展的需求。

第三节　文化环境理论

原型理论在文学批评发展史上占据过重要地位，曾一度与精神分析理论和马克思主义文学批评形成三足鼎立之势。在对原型理论继续进行摸索的同时，我们还需要对文化环境进行分析。在人类学家看来，人们的一切行为都是文化的产物，在特定的文化环境中必然产生特定行为①。亚历山大·冯·洪堡（Alexander von Humboldt）在18世纪末和19世纪初的调查可以被视为工商人类学和文化相对论的前身。当时，西班牙已经与其殖民地进行300多年的贸易，但西班牙对其殖民地区的事物几乎不了解。当被西班牙控制的美国发生反叛和叛乱时，洪堡意识到，巩固帝国统治的前提是加强对其贸易伙

① 田广等. 费拉罗文化维度模型：工商人类学理论对国际贸易的指导［J］. 西南民族大学学报，2017 (4)：1－7.

伴的了解[①]。

一、国际贸易、变革和破产

国际贸易是社会变革的重要因素，在带来繁荣和进步的同时，也会带来伤害和破坏。即使有利于社会发展的外部入侵，也会给一些特定的群体带来伤害。如威斯康星州（美国）的温尼伯戈印第安人。在18世纪，法国毛皮贸易商进入该地区提供贸易货物（包括火器）以换取皮毛，西方产品和经济侵入土著世界。

在这种情况下，温尼伯戈部落（居住在现在的绿湾附近）开始与白色毛皮贸易商交换海狸毛皮，以获得欧洲消费品和火器。最终获得的火枪打破了权力的平衡，温尼伯戈部落吞并了阿尔冈昆部落。从温尼伯戈的角度来看，与白色毛皮交易商的贸易往来最终导致了温尼伯戈部落的变革。温尼伯戈再也不是一个安稳的自给自足的农业社会了，他们失去了能够帮助他们抵御单一可销售商品被用尽或者对它需求减少等风险的能力。

经济干预经常会引发意想不到的副作用，从而产生深刻的破坏性影响。例如，在中国，国有企业是在计划经济体制之下，依靠着国家权力而建立、发展的。在改革开放之后，许多企业因经营机制的僵化、经营管理不善等问题，导致大量的国有企业陷入严重亏损，资不抵债的绝境。为了挽救这些企业，国家实施很大的扶持政策，表面上看，企业危机得到暂时的缓解，但本质上，不仅阻碍了这些企业市场化改革的进程，同时也导致资源的无效配置[②]。工商人类学家在帮助决策者处理这些根本问题方面发挥着至关重要的作用。齐诺瓦·阿切比（Chinua Achebe）和弗朗茨·法农（Frantz Fanon）两位学者有关变革的研究，对社会发展作出了巨大的贡献[③]。

---

① Walle A. H. Rethinking Business Anthropology: Cultural Strategies in Marketing and Management [M]. Abingdon, Oxford: Routledge, 2017.

② 曾子芯. 政府干预经济的作用及局限性分析 [J]. 商业文化月刊, 2012 (44).

③ Walle A. H. Rethinking Business Anthropology: Cultural Strategies in Marketing and Management [M]. Abingdon, Oxford: Routledge, 2017.

二、弗朗茨·法农和发展的心理学

作为图森和桑戈尔智谋和技艺的传人，作为尼采、弗洛伊德和萨特反传统精神的继承者，法农是潜越和过渡真理的传播者。他可能渴求人类和社会的总体改造，但却最有效地从历史变化的不稳定的间隙中说话：即从种族与爱欲之前的既爱又恨的心理领域；从文化与阶级之间尚未解决的矛盾中；从心理再现和社会现实的斗争深处[①]。

在马提尼克岛的法国殖民地出生长大，法农拥有中产阶级的所有优点。事实上，他几乎相信他本质上是一个法国人，而他的种族和殖民地起源是偶然的[②]。解读法农就等于经历感性的分化，这种感性分化预示着一种真正激进思想的出现。这种思想如果不投下一道不确定的阴影便永远不会破晓。在1952年的《黑皮肤，白色面具》中，法农抱怨土著人常常使用白人的尺码作为自己的价值和成就。在一个熟悉字眼儿的破坏性转折中，在一种突然破裂的沉默中，能最清楚地听到他的声音："黑人与白人有什么不同。"

在1965年《地球上的不幸者》中，法农作为流血暴力革命的倡导者，反对一个新兴的文化同质化，不主张模仿欧洲，而是主张在新的方向上将力量和大脑结合起来[③]。这是一个革命性的、有意识地争论党派的观点，然而，法农却不仅仅是宣传者。《黑皮肤，白色面具》提出，殖民主义和新殖民主义可以创造伤害性的刻板印象，土著人民必须通过采用"白色面具"容忍或通过同化来规避。

作为一个精神病医生治疗病人后，法农总结出精神疾病的症状，最终提供方案，以消除土著人民在不断变化的世界面临的紧张、创伤和格格不入。法农的目标是"防止人在自己的环境中感觉到陌生人"。归根结底，环境必须要改变[④]。法农的成就是记录文化同化的潜在负面影响，这些负面影响是针对那些准备不足或不愿抛弃传统方式的人而言的，当然，我们不同意法农认为暴力革命和流血是不可避免的，但是，法农确实指出了许多可能由外部

① 陈永国．纪念法农：自我、心理和殖民状况［J］．外国文学，1999（1）：70－77.

② Bandy, F. Frantz Fanon: Black Orphans of the Homeless Left [J]. Encounter, 1979 (1): 25－29.

③ Fanon, F. The Wretched of the Earth [M]. NY: Grove/Atlantic, Inc., 2007.

④ Wakeman J. World Authors: 1950—1970 [M]. NY: Wilson. 1972.

侵入和经济活动所造成的伤害。

工商人类学家在帮助决策者理解其组织所面临的文化环境方面发挥作用。实现与其他人最佳的长期经济关系必须建立在理解的基础上，关于不可避免的文化演变和全球文化同质性的推测继续影响着企业高管和公共决策者。

三、齐诺瓦·阿切比（Chinua Achebe）的三部曲

齐诺瓦·阿切比不仅是伟大的小说家，而且是伟大的现实主义小说家，他的创作以祖国尼日利亚为背景，反映了19世纪英国殖民者来到尼日利亚至尼日利亚独立时期的全部历史。事实上，阿切比描绘了外人侵入传统文化所造成的《未来冲击》中的图景。经济和社会发展计划是社会变革的推动者。身处反殖民和民族独立这样一个复杂的时代，阿切比在自己的作品中表现出强烈的民族意识。他的三部曲《崩溃》《动荡》《神箭》集中描写与西方化、个人剥夺权利、文化破坏和社会混乱所造成的社会变革。

肩负着重新树立同胞形象的重任，1958年阿切比发表了小说《崩溃》，成功地塑造了奥孔克沃（Okonkwo）这个类似希腊悲剧中的失败的英雄形象——他在本民族的传统民俗文化环境中成长起来，一生忠实地践行民俗文化的传统价值观念，然而社会的变迁，时代的发展以及他性格的乖张，却屡遭传统民俗文化的制约和惩罚，最终为捍卫传统民俗文化而死，却不为传统民俗文化所容。小说塑造了众多的人物形象，如刚强固执、敢作敢为的奥孔克沃，怀疑恐惧与背叛的纳沃耶，智慧安详与包容的尤臣度以及友善大度、与时俱进的奥别里卡等，同时也以冷峻的现实主义手法描写了大量的非洲传统民俗文化。沃莱·索因卡认为这是“第一部发自非洲人内心世界的英文体小说，而不是像白人那样把非洲人描写成异类”①。

在重树同胞形象的同时，阿切比也对入主非洲的白人进行了全面细致的重新刻画，如《崩溃》中小心谨慎的传教士布朗和刚愎自用的史密斯；《动荡》中貌似开明，实则满脑子地理决定论的格林先生；《神箭》中自以为满腹经纶的副官克拉克。阿切比早在拉什迪提出帝国反写概念20年以前就发

---

① 黄永林，桑俊．文化的冲突与传统民俗文化的挽歌——从民俗学视角解读齐诺瓦·阿切比的小说《崩溃》[J]．外国文学研究，2006（5）：32-39.

起了反写战役，他的反写不是简单地以其人之道还制其人之身，而是富于当地优秀文化的气度，他所塑造的白人有我们寻常可见的人的优点、缺点、污点，但不是笑料，更不是天生的白痴和坏蛋。通过把对手当人，作家把自己稳稳地置于人性研究和评判者的崇高位置上①。

第二部《动荡》继续描述传统的残余物如何影响人民的生活，为工商人类学家提供了关于外部干预所触发的全面社会变革和经济反应的线索。《不再动荡》的主角是奥比·奥孔沃茨（Obi Okonkwo），奥比是真正的四海为家的人，是土著人民西化的一个典型例子是在西方大学接受训练，精通英语，穿西装的公务员，渴望改变他的政府，以适应西方的模式。

令人惊讶的是，小说从奥比因接受贿赂而被审判开始。法官评论说，他不能理解这样一个满是机遇、前途无量的人为何变得如此堕落。书中其余的内容是在解剖奥比的生活，描述其被夹在两个文化之间，由于不会处理两者之间的关系而最终堕落。在《动荡》之后，《神箭》描述了几年后的情况，描绘了埃泽乌鲁（Ezeulu），一个企图通过精明的赛马来获取权力，保护村庄的酋长。尽管埃泽乌鲁的战略是适应殖民统治，但这种行动远非被动投降。例如当埃泽乌鲁的儿子转化为基督教徒时，酋长将男孩送到一个任务学校，以便他能窥探白人。变革并不完全取代传统。总体来说，这三部小说描绘了一个个在大背景下的人，发现自己在某种程度上被夹在传统文化和西方之间。

阿切比的三部曲密切反映了人类学的异常理论。在19世纪末期，先驱人类学家埃米尔·涂尔干（Emile Durkheim）使用"异常"一词来指社会的规则和规范正在崩溃，引发经济、技术和文化的变革。例如谈到工业革命的影响，涂尔干认为，人口转移到城市地区，向工资收入型经济的转型改变了社会，破坏了传统的生活方式。结果，人们被迫以与其文化相冲突的方式生活。失范及其有害的副作用相应产生。

失范通常会造成不适，因为人们不再知道如何行动，失去了感知他人期望的能力。随着早期传统的削弱，共同的规范、信念、希望不再以积极和建设性的方式团结人民。涂尔干将这种痛苦的环境与不断攀升的异常和自杀率联系起来。在20世纪中叶，社会学家罗伯特·默顿（Robert Merton）认为，社会给人们的目标与不能以社会可接受的方式实现他们目标之间的差异是引

---

① 桑俊．论齐诺瓦·阿切比的小说特色［J］．山东文学，2010（2）：121－122.

起失范的主要原因。

阿切比三部曲的情节主线，大体上与美国商业评论家艾尔文·托夫勒(Alvin Toffler)的想法相似。在1970年出版的《未来的冲击》中，托夫勒阐述了社会和经济变化对人类产生的深刻影响。他认为，不加控制和毫无节制的技术变革所带来的社会变化是惊人的。

托夫勒认为，在西方国家受到工业化变革破坏的同时，发展中国家受到由外部势力造成的社会变革所带来的伤害更大。阿切比提到美国小说，如托马斯·沃尔夫（Thomas Wolfe）1940年写的《你不能回家》，书中描绘乔治·韦伯（George Webber）的家乡已经被经济发展彻底改变了，他的家已经不复存在。

另一个例子是哈罗德·拿破仑（Harold Napoleon）1996年出版的《人类之路》，其中涉及阿拉斯加原住民由于意外和毫无节制的社会变革而面临的创伤。拿破仑指出，一个悲惨而讽刺的事实是：社会变革的产物不仅是阿拉斯加土著区域内物质生活条件的改善，还有不断攀升的自杀率。像阿尔文·托夫勒这样的商业思想家，像托马斯·沃尔夫这样的文学伟人，以及阿切比和拿破仑等土著观察家都认为“进步”有黑暗的一面。

本章小结

原始经济不具备使用机器生产的技术，也没有遍及各地、充斥各行各业的市场组织和全功能的货币，那时的经济交换行为没有办法完全与复杂的社会动机、社会责任等清楚地区分开来，这决定了建立在许多重要假设前提基础之上的、分析理性的、纯经济行为的西方经济学，难以对原始经济结构和经济行为作出合理、有效的分析。因此，对于经济人类学而言，最为重要的就是“实在主义”的经济概念①。

新古典经济学建立在理性最大化和市场决定供求的假设基础之上，通过提出一些显然并不是完全正确的假设来简化对经济行为的分析。工商企业将新古典主义相关理论应用于工商管理中，形成新古典工商模型，能够帮助企业家更好地进行战略制定，“4P”市场营销理论就是新古典主义经济理论在工商管理运用中的产物，它反映了新古典主义经济理论的效应最大化等观

① 施琳．经济人类学中的“形式”与“实在”之争［J］．江汉论坛，2002（6）：27－30.

点。当代工商人类学家认为，新古典范式有效模型能够为消费、营销、生产等市场经济领域的研究以及文化背景、文化模型等方面的研究提供借鉴。

原型理论作为一种文学理论，“原型”因其本身的包容性和广泛适用性在发展过程中不仅仅局限于某一领域而是出现了多领域齐头并进的现象，其核心概念及适用范围对工商管理战略的制定，有着非常重要的意义。在数字媒体越来与发达的21世纪，广告对人们的影响是颠覆性地。而将原型理论应用于广告中，能将广告主题普遍化，更加吸引观众，从而产生更好的营销效果，神话—原型批评理论的实践应用便是一个有力例证。在诸多商业广告中，英雄神话的广告诠释中更好地引起一个民族的共鸣。同样神话分析在评估电视商业广告中发挥了重要作用，它解释为什么某个商业广告是有效的以及怎样才能够帮助促销活动拥有一个普遍的吸引力。

在人类学家看来，人们的一切行为都是文化的产物，在特定的文化环境中必然产生特定行为，文化环境是工商人类学研究的一个关键视角。社会变革所带来的影响是双向的，在经济发展的同时，也会带来破坏性的创伤。外部入侵所带来可能不只是经济进步，还有家园的毁坏、自杀率的攀升。工商人类学家在帮助决策者理解其组织所面临的文化环境方面发挥作用，不可避免的文化演变和全球文化同质性的推测将继续影响着决策者。因此，无论是引进外来技术或者是引进外来文化，都要根据本土文化环境的实际情况来决定，无节制的社会变革最终会导致灾难性的后果。

第十二章

中国管理学科建设的人类学路径

本章摘要

本章在反思当前国内管理学研究方法的基础上，对管理学界研究工作中存在过于偏重“定量”的问题进行分析，同时对社会科学中经典的质性研究方法进行简要梳理，提出在管理学中有对质性研究方法进行再认识的必要性。科学研究的本质在于创新，原则是去伪存真，不应被研究方法桎梏。在对主流质性研究方法梳理的基础上，结合西方管理学已兴起但中国管理学界所缺乏的内容，对人类学分支学科工商人类学进行详细论述。在此归纳概括前人研究的基础上，分析管理学与管理实践本土化离不开人类学的原因，明确工商人类学在管理本土化过程中的重要作用，强调中国传统文化在管理学本土化中已取得的成绩，指出中国管理学科建设在于突出中国文化的本土化特质。

引　言

经过30多年的发展，管理学在中国已不再是舶来品，中国的管理学者不再单纯满足于将西方管理学理论运用于中国的管理实践。中国需要发源于、成长于且适用于本土的管理学。这不仅是期望，更是需要。一方面，30多年的实践告诉我们，西方管理理论建立在其自身的制度环境之上，与其政治、经济和文化背景紧密相关，其理论和方法在中国“水土不服”；另一方面，中国已经积累了足够的管理实践经验，能够探索出具有中国特色的管理理论。这两方面都需要管理研究者深入思考和探索管理科学的社会科学属性。管理研究的路径和方法会因为文化的不同而不同，在很大程度上，管理中的规律和实践亦因文化的差异而差别显著。

本章以质性和定量研究之间的关系为出发点，在回顾关于两者历史讨论的基础之上，梳理出社会科学中经典的质性研究方法，进而提出对管理学中质性研究方法进行再认识的必要：指出质性研究和定量研究仅仅是方法的不同而已，其结果是殊途同归，因为两者都为研究内容和研究目的提供帮助，亦各自都具有优缺点，在特定的研究背景下应当选择适当的研究方法。更重要的是，科学研究的本质是创新，其原则是存真去伪。只有具备更优秀的研究内容和更广为接受的研究目的，论文才能为学术研究的发展作出更大的贡献。

在对质性研究示弱现象进行梳理后，不难发现其真正的原因在于，经典的质性研究方法在中国学术界缺少规范的方法论研究。反观西方社会科学乃至管理学，对众多质性研究方法都有成熟的应用，这也为质性方法论在中国的研究提供了范式并提出新的研究课题。当今中国管理学界研究工作中存在过于偏重“定量”的问题，我们希望提醒注意的是，西方研究者已经关注到“制度和文化”的“质性”研究，也提出了用人类学的理论或工商人类学的理论开展研究管理学的思路。

工商人类学，作为应用人类学的一个重要分支，近年来兴起于西方管理学研究众多优秀的质性研究方法，且目前是中国管理学界所忽视的重要内容。为此，笔者拟对工商人类学进行详细阐述，并就工商人类学对管理学研究中的具体领域，例如市场营销、产品设计和企业家精神等研究方面所作出的贡献，进行阐述并从理论上予以升华。

最后，本章将深入分析管理学与管理实践本土化以及必须借鉴工商人类学视野和方法论的原因，阐述工商人类学对管理学和管理实践本土化所能作的贡献，强调中国传统文化在管理学本土化中取得开创性成果，指出中国管理学科建设归根结底在于从国情出发努力开拓本土化的新路径。

第一节　对当前我国管理学科方法论的反思

纵观当前在中国管理学学术研究中，量化建模和计量检验等定量研究方法所占篇幅过度偏重。例如，第 4 届 IACMR（International Association for Chinese Management Research，中国管理研究国际学会）年会录用了 400 多篇中英文论文（作者都是中国管理学界研究能力最强的学术群体），论文所用方法90%以上属于量化建模法①。笔者从中国自然科学基金委员会（http：//www. iss. ac. cn/managesci/pointjournal. pdf）认定的30种管理科学重要学术期刊中选取A类两种（《管理世界》和《中国工业经济》），B类一种《管理学报》），对这三种期刊2013年可获得共计超过450篇的学术论文进行了分析，同样发现有近90%的论文重点都在量化建模和计量检验。

美国管理学界曾经历过“只接受科学的实证研究论文”的迷思阶段，今日美国管理学界在探索学科严谨性和实践相关性的动态演进中，倡导管理学和管理实践的研究中应当使用适当的运算和数学模型，更加注重文化背景和社会环境的分析②。在美国管理学和管理实践研究已经发生过定量研究方法取代创新研究的历史背景下，中国管理学和管理实践研究仍在重蹈美国管理学界的覆辙，这无疑是一大遗憾。对计量模型、统计计算的推崇，很重要的一个原因是：在缺乏实质内容和知识创新的论文中，定量分析方法成了能发表论文的救命稻草，也成为了一些缺乏真知灼见的学术期刊畏惧非议的不二选择③。

当下中国管理学研究方法的迷失，症结就在于急功近利。量化建模分析是一种“潜规则”，是参与学术探索的通行证。但是，这种做法完全脱离研究本身的原始目的与价值④，方法服务于研究内容，内容的创新才是研究的本质。从中国高校管理学院产生的历史渊源出发，有学者将定量研究的“天然”偏好，归结为基于工科院校传统建立管理学院的弊端⑤。而那些独尊定量方法偏好的管理学者，也许并未真正理解管理的本质其实就是人的活动，按照他们的思维定式，管理学有沦为数字游戏的危险。笔者认为，我们决不能将研究方法作为判定研究优劣的唯一标准。判定好研究的标准应该是创新和存真去伪。创新是本质，存真去伪是原则；只有创新才能避免思想的平庸和平庸思想的泛滥。

---

① 孙继伟．论管理学界的研究方法迷失——实践迷失、客户迷失、价值迷失的继续研究［J］．管理学报，2011（2）．

② 格泽高滋·W．科勒德克．主流经济学过时了［J］．中国经济周刊，2013（4）．

③ 项国鹏，田广，汪一帆，欧阳桃花．共议管理学（三）——对〈再问管理学〉的回应［J］．管理学报，2013（10）．

④ 孙继伟．论管理学界的研究方法迷失——实践迷失、客户迷失、价值迷失的继续研究［J］．管理学报，2011（2）．

⑤ 谭劲松．关于中国管理学科定位的讨论［J］．管理世界，2006（2）．

第二节　社会科学质性研究方法问题

邓津和林肯[①]在《定性研究：方法论基础》书中从历史角度开始讨论应用质性研究传统，探讨实地研究政治与伦理。专门从相互竞争的各范式（实证主义、后实证主义、建构主义、批判理论）的论述到具体诠释性的视角讨论，现在正建构并影响着人类各学科的质性研究，并论述了研究者用于具体研究的主要研究策略。从研究的问题到范式（视角）再到经验的世界，方法问题以质性研究课题的设计为起点，为质性研究方法奠定了基础。质性研究和定量研究是殊途同归的左膀右臂，两种方法从不同的角度，在不同的层面，用不同的定义化操作，对同一事物的本质进行研究。质性研究在研究者和被研究者的互动中，通过长期深入的体验、调查和分析，对事物形成一个全面深刻的认识；定量研究依靠对事物可量化的内容进行测量和计算，并对变量之间的相关关系进行分析以达到对事物的把握[②]。张梦中和马克·霍哲指出不能把质性研究与定量研究对立起来，应该看作是社会科学中两个互补的研究方法。质性研究与定量研究方法同属社会科学获取真知的手段，两者不可偏废。应该有效性、可靠性、客观性以及能够经受检验的理论均为质性研究与定量研究的评价标准[③]。

事实上，“定量研究”和“质性研究”的争论，多是由字面表述方便延伸至实际操作中，而在实际操作时，无论研究内容和研究范式简单或复杂，都需要根据实际研究同时使用多种不同的方法。两者区别的根源在于采用定量方法思考的研究者认为自己只是认识、解释客观规律和社会现象，不干预也无法影响研究对象。而使用质性方法的研究者，将自己和研究对象放在同一个条件下，学习、体验和感受研究对象的行为方式、价值观、道德标准、风俗习惯、文化形式等。特别是社会科学研究中，研究者融入被研究对象之中就是一个长期的、抽丝剥茧式的研究过程。

---

① 诺曼·K. 邓津，伊冯娜·S. 林肯. 定性研究（第1卷）：方法论基础，中文版（风笑天译）[M]. 重庆：重庆大学出版社，2007.

② 陈向明. 社会科学中的定性研究方法 [J]. 中国社会科学，1996（6）.

③ 张梦中，马克·霍哲. 定性研究方法总论 [J]. 中国行政管理，2001（11）.

鉴于国内管理学研究对定量研究方法持有强烈偏好，且学者们对此表示认同[①]，本章对定量研究方法不再赘述，而拟重点论述质性的研究方法。学术界关于方法论和方法的争论比较激烈，像20世纪波普尔和库恩关于证伪和范式的争论，就是属于方法论，而本章主要从方法层面而不是方法论层面进行讨论。质性研究手段包括现象学学问以及三种经典的质性研究方法：扎根理论、民族志和关键事件法等。

“现象学”概念大致可分解为四个亚概念，即最广义的现象学概念。广义的现象学概念，严格意义上的现象学概念和最严格意义上的现象学概念（“胡塞尔现象学”）[②]。西方学者则将现象学方法划分为七个步骤：研究特殊现象；研究一般本质；理解诸本质间的本质关系；观察现象在意识中的构成；观察显现的方式；将对于现象存在的信念搁置起来；解释现象的意义。现象学的某些步骤称得上是全新的和独有的，特别是观察显现的方式和揭示现象在人们意识中的构成。从根本上说，现象学方法的独创性是建立在哲学崇敬精神的决质性影响之上的[③]。

扎根理论作为一种质性的研究方法，重要作用就是在经验资料的基础上建立理论。扎根理论的基本思路有以下几个重要方面。第一，不断地对资料进行浓缩，从中产生理论。第二，对现有资料中呈现的理论保持敏感。第三，在资料和资料之间，理论和理论之间不断进行对比。第四，将从资料中初步生成的理论作为下一步资料抽样的标准。第五，不要过度使用过往文献，个人解释在建构理论时可以起到重要作用[④]。最后，扎根理论有一套完整的检验和评价理论的标准，是基本一致的研究过程：开放性和选择性编码，不断比较，理论性采样，理论性饱和，理论性编码，写备忘录和手工整理备忘录。总体上来讲，扎根理论非常适合研究个人发展过程、群体内人际关系和个人与群体的相互作用的关系[⑤]。

民族志研究方法是人类学重要的研究方法，确切地说是一系列密集和长

---

① 谭劲松．关于中国管理学科定位的讨论［J］．管理世界，2006（2）．

② 倪梁康．现象学运动的基本意义——纪念现象学运动一百周年［J］．中国社会科学，2000（4）．

③ 赫伯特·施皮格伯格著，王炳文，张金言译．现象学运动［M］．北京：商务印书馆，1995.

④ 陈向明．扎根理论的思路和方法［J］．教育研究与实验，1999（4）．

⑤ 费小冬．扎根理论研究方法论：要素、研究程序和评判标准［J］．公共行政评论，2008（3）．

期的田野观察项目，在当地人的文化背景下去理解被研究者。其主要包括两大阶段：地点的识别和介入，收集数据和分析①。在传统的人类学田野调查中，调查人员与被调查者保持长时间的接触，调查者必须成为被调查者文化体系中的一员才能进行研究。民族志学者在一系列的数据收集活动中，从一个被动的观察者变成一个主动的参与者②。民族志作为一种质性研究方法，既是一种科学也是一门艺术，因此，可将具有创造性的工具与结构清晰的研究目标及直觉加以完美地组合③。

关键事件分析尝试通过访谈唤起调查者的回忆，例如比较关键的事件或情境，对事件的选择以及一些反复提到的细节，这其中就包含了被调查者价值观和文化因素等宝贵信息。要求被调查者回忆当时的行为、思路和态度是下一步得到规范分析的重要前提。关键事件法的意义在于以个体的视角，从认知、情感和行为等不同层面来理解关键事件④。关键事件法的优点包括：（1）关键事件的选择来自被访者本人的认识，所有的资料都是原始信息。（2）该方法属于归纳的逻辑推导，对于现有研究较少、知识和信息不足的问题，或进行描述性研究时，关键事件法优势明显。（3）关键事件法可以为验证性的实证研究提供基本的思路，待验证的影响因素和各因素之间的关系。（4）在跨文化背景下，该方法特别适合于对不同个体感知的差异研究⑤。

质性研究者认为，研究过程就是研究者与研究对象相互影响、相互学习的互动过程。在研究过程和研究设计上，质性和定量研究两者确实存在明显的区别，各自都具有优缺点，在特定的研究背景下应当根据研究内容选择适当的研究方法，不可本末倒置，让研究方法左右研究内容和研究目的。对定量分析和质性分析过于简单的分类逻辑，必然导致两者对立，使之不能相互

---

① 田广，周大鸣．工商人类学通论［M］．北京：中国财政经济出版社，2013.

② Lofland J, Lofland L A. Guide to Qualitative Observation and Analysis, 2nd Eds［M］, Belmont, California: Wadsworth Publishing Company, 1984.

③ Mariampolski H. Ethnography for Marketers: A Guide to Consumer Immersion［M］, Sage Publications, Inc Thousand Oaks, California, 2006: 109.

④ Chell E, Pittaway LA. A study of Entrepreneurship in the Restaurant and Café Industry: Exploratory Work Using the Critical Incident Technique as a Methodology［J］, International Journal of Hospitality Management, 1998 (17): 23 – 32.

⑤ Dwayne D, Gremler. The Critical Incident Technique in Service Research［J］, Journal of Service Research, 2004 (1): 65 – 89.

学习和吸收。实质上，方法本身并无对立性可言，定量研究和质性研究的目的都是达到对事物获得一个比较全面深刻的认识和把握[①]。在这个基本原则下，随着研究的深入，质性和定量两种方法应能形成默契的配合，满足研究所需。事实上，那些粗糙的区分质性和定量研究方法的标准对研究本身并无实际意义。

第三节 质性研究方法在管理学中的应用及其价值

对于“管理学最合适的研究方法”这一命题的探讨，必须从管理学的研究内容和研究目的开始。管理就是通过协调人与人之间的关系，即默契和明契，来协调人与物、物与物的关系，从而完成工作[②]。从这个定义出发，笔者认为，管理学研究的内容就是协调人与人之间的关系，其目的在于使人力、财力、物力相互协作达到最高效率[③]。研究者不应该深陷研究方法的泥潭，应当以研究内容和研究目的为导向，选择最佳研究方法或方法组合。程文广[④]对定量方法和质性方法的特点进行了系统地分析并介绍了质性分析与定量分析的内涵，科学地把两者进行了比较。发现质性管理与定量管理各有特点以及优缺点，在大多数情况下是相互补充、相辅相成、不可分割的。促进两者互补整合，对于提高管理绩效，促进管理科学化、最优化，具有重要的实践价值。将质性和定量方法应用在管理学中，在对质性和定量的分析基础上，得出结论是将质性和定量的方法结合起来应用才是一个最佳的选择。

典型的研究过程由数个重要环节构成，即明确研究对象、确定研究内容、整理文献、分析关系和提出假设、搜集资料、对原始资料进行提炼、得出结论等。据此，笔者整理挑选出国内顶级管理学学术期刊中，使用上述重要的质性研究方法而成的具有代表性的文章，对其研究方法的应用进行详

---

① 陈向明．社会科学中的定性研究方法［J］．中国社会科学，1996（6）．

② 韩德强．整体管理［M］．北京：中国社会科学出版社，2008．

③ 项国鹏，田广，汪一帆等．共议管理学（三）——对〈再问管理学〉的回应［J］．管理学报，2013（10）．

④ 程文广．管理学中的定性与定量方法比较研究［J］．商场现代化，2007（31）．

述，从中可以清晰地看出，质性研究方法在研究的每个环节都能起到推动研究前进的重要作用。

在管理学研究中，标准的质性研究过程从明确研究对象开始，构建基于研究对象的概念，根据过往的文献整理出概念之间的逻辑关系，便于研究问题所包含的维度和层次，现象学就能描述和分析研究对象的构成和各成分之间的关系。例如蒋廉雄等[①]以认知理论和现象学访谈方法，对消费者通过意义建构而形成的品牌产品知识体系提出了初步的理论框架界。之前的概念性研究和实证研究，对如何定义消费者品牌产品知识没有专门的涉及。此研究成果利用现象学对人们日常生活经验的意义或性质获得更具深度的理解，扩展了品牌产品认知的分析只限于品牌物理特征联想及品牌功能评价的传统思路。

然后，采用访谈、观察和实物分析等方法完成资料收集。人类学的民族志方法在了解研究对象背景，收集资料方面可以最好地达到研究要求；关键事件法则能收集到原始的、隐秘的属于研究对象个体的宝贵信息。例如，王知津[②]构建了使用民族志方法研究个人信息管理行为的模型，根据模型得出了每个阶段的关键任务。在使用民族志方法来对 PIM（Personal Intelligence Management）行为进行研究时，强调在一种自然的环境中收集资料，并将所获得的事实资料仅作为用户 PIM 行为过程的证据。该研究还对民族志在个人信息管理和信息管理中的应用进行展望，并从信息搜集的针对性，全面性和准确性对民族志方法给予高度肯定。费显政[③]等使用关键事件法对不同样本的消费者内疚关键事件，进行了探索性研究。该研究成果首先使用内容分析法在不同维度上对消费者内疚进行描述性分析，探索不同维度之间的关系。然后归纳总结营销者引发消费者内疚的行为、消费者内疚后的反应以及两者之间的关系。质性研究方法在公共管理中的应用也得到充分的体现，杨立华和何元增[④]通过简单文献荟萃收集分析的基础上，并通过比较与整合文献，对质性研究的定义及特征、应用条件、研究设计、方法类型、操作步

---

① 蒋廉雄，冯睿，朱辉煌，周懿瑾．利用产品塑造品牌：品牌的产品意义及其理论发展［J］．管理世界，2012（5）．

② 王知津．基于民族志方法的个人信息管理行为研究［J］．情报理论与实践，2009（1）．

③ 费显政，游艳芬，杨辉等．营销互动中的消费者内疚——对关键事件的探索性研究［J］．管理世界，2001（9）．

④ 杨立华，何元增．公共管理定性研究的基本路径［J］．中国行政管理，2013（11）．

骤、质量评价和伦理等重要问题做了简要的归纳研究，并指出质性研究方法是公共管理研究的重要方法，构建了公共管理质性研究的基本路径，供后续研究者学习参考。

原始资料完成后，还要经过分类、归档和编码。这种对原始资料的分类、分阶段的分析方法，在当下的主流研究中都会采用“扎根理论”。例如李志刚和李兴旺[①]以蒙牛公司为研究对象，以扎根理论为主要研究工具，得出蒙牛公司厚积裂变、模仿超越型快速成长模式，并找出影响该公司在模仿跟随和实现超越两个不同发展阶段的因素。该研究成果对于信息的处理重在目标企业的信息丰富度，而非样本数量大小。还有汪涛[②]等运用扎根理论，通过收集和分析美国、印度两国消费者对中国产品的评论帖子，构建出来源国形象的形成机理和影响机制模型，满足跨国企业亟需具有可操作性的来源国形象维度的要求。此研究成果运用扎根理论处理海量二手数据，基于系统化的资料搜集与分析用归纳的方法去发掘现象背后的理论。此外，黄敏学[③]等运用扎根理论，收集和分析公众在网上对企业社会责任评论的帖子，构建出“期望—满意—行为”的反应模型，解释公众对企业社会责任行为的认同和反应模式。

另外，还有其他的质性研究方法可以帮助搜集和分析原始资料，例如徐岚[④]等借助解释学方法研究父辈品牌代际影响发现，在父辈品牌的代际影响背后，存在着四种不同的消费者社会化机制。过往的研究成果重点集中在代际影响的结果，缺乏对代际影响内在深层次作用机制的分析。该研究成果采用经典的解释学研究程序，包括资料收集和资料分析两个阶段，最后通过验证性程序验证后期研究者主观解释观点的适当性。

最后，在得出结论方面，可使用的方法更是多种多样，包括多种形式的定量研究，且在质性研究的信度、效度等检验中，也常常会用到简洁和直观

---

① 李志刚，李兴旺．蒙牛公司快速成长模式及其影响因素研究——扎根理论研究方法的运用［J］．管理科学，2006（3）．

② 汪涛，周玲，周南等．来源国形象是如何形成的？——基于美、印消费者评价和合理性理论视角的扎根研究［J］．管理世界，2012（3）．

③ 黄敏学，李小玲，朱华伟．企业被“逼捐”现象的剖析：是大众“无理”还是企业“无良”？［J］．管理世界，2008（10）．

④ 徐岚，崔楠，熊晓琴．父辈品牌代际影响中的消费者社会化机制［J］．管理世界，2010（4）．

的定量方法。例如何佳讯[①]等先用质性方法，归纳出消费者对于老品牌“变与不变”态度的营销要素及基本作用机制，同时得出结论：对于老品牌的“变与不变”，消费者具有不同的态度。在这个结论的基础之上，该研究继续使用定量的方法验证不同的消费者特征是否影响老字号长期发展的差别态度，从而为老品牌细分市场，细分顾客群体的相应营销策略提供理论基础。

在质性研究中，具体的研究过程与研究设计没有标准化的流程，研究者本人会将自己的价值观渗入研究过程中，运用参与式观察、文献分析、民族志等具体的质性研究方法，形成多元的、适合具体情境的研究架构和研究设计。然而，当下在中国管理学的研究中，定量研究由于其本身范式的要求相对单调，研究内容模型化，研究过程在形式上具有类似“八股文”的特征，通常都会借助数据分析软件检验模型化的假设。洪芳[②]研究指出，应该克服那种非彼即此的做法，把质性研究和定量研究相互结合起来，充分发挥两种研究方法的优势，质性研究是进行定量研究的基础和前提，没有质性的定量是一种盲目的、毫无价值的定量。定量研究使质性更加科学、准确，可以促使质性分析得出广泛而深入的结论，对丰富研究成果、提高研究质量具有很大的帮助。因此，笔者认为，定量研究方法在某种程度上不容易发掘构建模型的前提条件的变化及其带来的作用，在这种作用下如果构建模型验证，可能会误以为模型中变量之间关系发生了变化，事实上是外部环境和条件的变化导致的事物之间相互作用的关系也发生变化。国内很多研究的创新可能就是缺乏考虑具体条件而验证出的不同于前人的研究结果。

第四节　工商人类学作为人类学分支对管理学科的贡献

中国目前的管理学研究过于重视定量研究，忽视质性研究，更缺乏国际主流学界认同的规范质性研究方法论指导，这一缺陷制约着研究水平的提

① 何佳讯，秦翕嫣，杨清云，王莹．创新还是怀旧？长期品牌管理“悖论”与老品牌市场细分取向［J］．管理世界，2007（11）．

② 洪芳．定性研究和定量研究的比较分析［J］．南方论刊，2013（12）．

升。一些学者在详述经典质性研究方法研究程序和研究规范的基础上，例如“扎根理论”，对质性研究和定量研究之间的关系进行了分析，并结合管理学理论指出规范的质性研究方法在管理实践中的优势[①]。人类学是以人类为研究对象的一门专业学科，它研究人们赖以生存的社会环境以及人们对环境所作出的情绪、态度和行为等反应。人类学是一个跨越自然科学和社会科学的交叉学科，大致可分为广义人类学和狭义人类学。狭义人类学主要是指对人类体质和体形发展规律的研究，通常称为体质人类学。广义人类学又可细分为文化人类学或者社会人类学、经济人类学、城市人类学、教育人类学、管理人类学、环境人类学等[②]。Denny 和 Sunderland[③] 研究发现很有必要创建一个平台来开发人类学理论的实际应用，从经验数据开发新的理论和在商业组织中执行民族志研究方法以及提供一个专门为质性管理研究分析工作的论坛，这些灵感来自人类学理论和方法。美国公司雇佣的人类学家设计新技术来研究他们的客户和提高他们的业务水平[④]。而工商人类学逐渐地成为一个商业学科[⑤]，给人口结构的变化、民族差异、文化的独特性分析提供建议[⑥]。

綦晓光等[⑦]指出，工商人类学可以说是广义人类学的一个新的分支学科，与经济人类学和管理人类学两者密不可分的。工商人类学是一门新兴的应用人类学，在传统的四大分支中，它应该被囊括在文化人类学中。其中，

① 贾旭东，谭新辉. 经典扎根理论及其精神对中国管理研究的现实价值［J］. 管理学报，2010（5）.

② 蓝雪华，田广. 人类学在商业教育中的应用及工商人类学的崛起［J］. 中国管理信息化，2011（4）.

③ Denny RM, Sunderland PL（Eds.）. Handbook ofAnthropology in Business［M］. Creek, CA: Left Coast Press, 2014.

④ Treitler I. Backyard ethnography: Defamiliarizethe familiar to transform business［J］. International Journal of Business Anthropology, 2014, 5（1）: 26 - 37; Jordan B. Notes on the state of Business Anthropology［J］. Journal of Business Anthropology, 2014: 3（1）: 126 - 131; Tian R, Van Marrewijk A H, Lillis M. General Business Anthropology［M］. 2nd Edition. Miami, FL: North American Business Press, 2013.

⑤ Jordan A. Business Anthropology［M］. ProspectHeights, IL: Waveland Press, 2003.

⑥ Schwartz P. Art of the Long View［M］. New York, NY: Doubleday Currency, 1991; Walle A. H.. Rethinking Business Anthropology: Cultural Strategies in Marketing and Management［M］. Sheffield, UK Greenleaf Publishing, 2013.

⑦ 綦晓光，王晓娜，刘振宇. 管理学和人类学的对话及发展：工商人类学的兴起［J］. 大连海事大学学报（社会科学版），2012（3）.

工商人类学和当今的管理学、经济学和心理学的联系也是非常紧密。Luo 和 Walle[①] 指出，工商人类学是研究进化而来的学科分支，并把它作为应用人类学的专门分支。工商人类学家们已经开始致力于商业和其他社会分析，并从社会文化角度来处理现实问题。笔者拟在介绍人类学民族志等经典质性研究方法的基础上，揭示人类学作为工商管理理论来源，Marrewijk[②] 研究中就发现商业组织对使用民族志研究方法去研究和理解他们的生产流程、客户行为、国际商业和跨文化协作的兴趣越来越大，充分说明了它不仅为管理学提供重要的研究方法，也为管理实践作出重要贡献。同时，笔者亦将分析工商人类学对管理学本土化的重要作用，探讨中国管理学在本土化过程中的新出路。

一、人类学是管理科学的基础理论来源

作为社会科学中一门重要的学科，人类学研究的主要内容是人们赖以生存的社会和文化环境以及人们对环境所作出的情绪、态度及行为等方面的反应。人类学与工商管理学科具有天然的联系，为当下管理学科理论产生和发展提供了重要的来源。例如，著名管理学家罗宾斯[③]就非常细致地将人类学对组织行为研究的贡献，分别归在群体行为和组织系统中，对群体行为的贡献包括比较价值观、比较态度和跨文化分析，对组织系统的贡献包括组织文化和组织环境。罗宾斯进一步总结道：现在对组织文化、和组织环境差异的认识大多是人类学家的研究结果或采用人类学家的研究结果。又例如，在消费者行为的研究中，学者们都推崇“自然主义分析法”，其基本策略就是通过人类学的参与式观察来研究和解释人们置身于真实环境中的行为，及其与行为发生相适应的文化氛围和价值等[④]。这种自然导向的方法正是人类学田野调查的核心价值。

管理的本质是人的活动，管理理论以人为出发点，发挥人的主观能动

① Luo KL & Walle Alf H. Traditional Economies and Mainstream Alternatives: Business Anthropology Looks at Dong Tree Farming [J], Anthropologist, 2014, 18 (1): 25 - 31.

② Marrewijk Alfons H. van. Exceptional Luck? Conducting Ethnographies in Business Organizations [J]. Anthropologist, 2014, 18 (1): 33 - 42.

③ 斯蒂芬·罗宾斯．组织行为学（第七版）[M]．中国人民大学出版社，1997.

④ Belk R., Sheery J., Wallendorf M. A Naturalistic Inquiry into Buyer and Seller Behavior at a Swap Meet [J], Journal of Consumer Research, 1989, 14 (4): 449 - 470.

性，促进管理实践向人性化、科学化的方向发展，运用人类学已有的人性及文化的专业知识，是科学管理的有效途径。除了协调人与人之间的关系，管理理论还研究外部环境的影响，这些都与文化密切相关，完全可以运用人类学的原理和方法予以解决[①]。面对外部世界多种多样、内容丰富的问题，人类学是举世公认的对文化具有独特且深刻研究的社会科学和行为科学之一，而管理学借鉴人类学对文化的研究成果，必然会在理论上少走很多弯路，在实践中也有迹可循，减少企业及个人的损失，提高管理效率。

二、工商人类学质性研究方法的特质

工商人类学主要研究组织文化和社会结构，其研究对象包括可被观察的人的社会行为及相互作用，人们之间相互沟通的信息，以及构成社会实践的物质资料[②]。工商人类学家需要长期实地的参与来进行研究，通常在这个过程中工商人类学家将自己定位在研究对象所处的文化背景之下，例如使用民族志方法收集原始资料。具体收集资料的过程有四个主要方法：参与观察、访谈、问卷调查和隐蔽式观察。

运用工商人类学的方法进行研究时，也是与现象学、扎根理论、关键事件法等其他质性研究方法紧密合作的过程。一般在对研究对象进行观察、访谈和问卷调查之前都会利用现象学的方法，明确基于研究对象的概念以及概念之间的逻辑关系，便于观察和设计问卷。在访谈、观察的过程中，利用关键事件法则能收集到原始的属于研究对象个体的宝贵信息。原始资料完成收集后，还可以利用“扎根理论”对原始资料进行分类、归档和编码。最后，在信度、效度等检验中也会用到简洁和直观的定量方法。

工商人类学对于管理学研究中的具体分支，例如市场营销、产品设计、消费者行为、知识管理和企业家精神等等方面，有着一套完整而成果丰硕的质性研究方法。通常人类学研究都被形容成“纯粹的”或者基础性的，人类学方法有七个明显优势：耐心的参与式观察，以局内人身份研究，多样化

① 田广，戴琴琴．人类学与工商管理学科中国本土化的路径思考［J］．管理学报，2013（6）．

② Rousseau D M. Assessing organizational culture：The case for multiple methods［J］, Edited by Schneider B. “Organizational Climate and Culture”, San Francisco：Jossey - Bass Publishers, 1990：153 - 192.

的具体操作，针对性的专业知识，跨文化预警，关心弱者，以及平等的合作[①]。

工商人类学为消费者行为的研究提供典型的文化变量，这些文化变量通过共享的符号、编码、价值取向和知识体系塑造出遵守规范的社会人，这些遵守不同文化规范的消费者具有其独特的消费行为[②]。工商人类学研究市场营销人员进行数据收集和分析时通常使用：观察法、访谈、文献分析、情景假设、关键事件法、网状分析和焦点小组等等。工商人类学关于理解目标市场和解析消费模式给产品设计师们提供了更加深刻的见解。美国专业设计协会（AIGA）等三方机构甚至构建了一个产品设计的民族志模型。（http：//www.aiga.org/ethnography - primer/）。同样，人类学家也为知识管理构建了一个人类学模型，旨在回答那些拥有不同背景的人是如何构建知识以及他们如何对知识进行管理（Burke，1998）。企业家精神对于工商人类学家来说是一种社会文化形成与发展的进程，更加适合使用工商人类学方法去发掘和理解企业家精神产生的外部环境、企业组织结构和企业增长等因素[③]。

三、工商人类学对管理学和管理实践的贡献

管理是一种社会现象，也是一种文化现象，人类学作为一门对文化具有深刻研究的社会科学和行为科学，其研究范式、研究方法和研究成果对管理学都具有重要的借鉴作用，尤其是民族志的研究方法已被广泛的应用于当下的管理学术界[④]。

管理学与人类学一样，本质上都是研究人与人之间的关系。管理中包含了人的思想、观念、意志、情感和行为，具有个别性、非确质性和非量化性，难以用纯自然的科学方式来客观地加以描述和分析[⑤]。例如在对企业文化的研究中，国内的学者通常采用国外研究中普遍使用的测量指标，且不论这些指标本身是否具有合理性及解释的力度如何，仅就对这些指标是否适用

---

① Tian R, Van Marrewijk A H, Lillis M. GeneralBusiness Anthropology [M]. 2nd Edition. Miami, FL: North American Business Press, 2013.

② Harris P, Moran R. Managing Cultural Differences [M]. Houston: Gulf, 2nd ed, 1987.

③ 田广，周大鸣（主编）. 工商人类学 [M]. 银川：宁夏人民出版社，2012.

④ 田广，戴琴琴. 人类学与工商管理学科中国本土化的路径思考 [J]. 管理学报，2013（6）.

⑤ 吕力. 深度情境化与诠释：管理学的质性研究方法 [J]. 科学学与科学技术管理，2012（11）.

于中国的管理进行质疑就彰显了各项研究所存在的基本问题。如果使用工商人类学参与式观察以及开放式提问的方法，就能够获得更直接、更具体的第一手资料，一方面在足够的、具有统一特征的研究对象集合里发展理论；另一方面得出的结论也非常具有针对性、适用性和时效性。

工商人类学将人类学的研究对象集中在工商组织及其经营领域，是人类学与管理学、经济学重要的交叉学科。当然，对象上的差异并不妨碍具体的研究方法的运用。而民族志等方法的独特性，针对不同的、具体的对象恰恰能给出更合理的解释。同时，民族志方法可以揭示影响人类经济活动的无法测度的文化和社会模式。例如，Rudkin[①] 通过民族志方法对金融服务业的研究发现民族志方法独具两大优势：一方面，研究者在特定的环境中能够洞察独立的文化内涵；另一方面，民族志方法帮助研究着发现特定环境中被边缘化的群体。

经过长期的理论研究和实践，工商人类学家们认为，人类学在企业管理中的应用可以细分为七个方面：企业文化、知识管理[②]、文化审计、组织变化、产品设计、市场和消费者行为研究[③]、全球化与跨文化商务[④]。我国人类学家，比如中国社会科学研究院民族研究所张继焦教授也认为，人类学在企业管理中也得到了充分的应用，企业在国外得到了很多非经济管理类学科诸如人类学、心理学、社会学等的关注和研究。“企业人类学”可以研究企业组织、人力资源管理、消费者行为分析、产品设计、市场营销、广告宣传和沟通策略、企业文化、跨文化管理、国际营销中的跨文化适应、企业的社会责任、企业的地方性和群体性、一个新兴的群体——少数民族企业家等12 个领域[⑤]。

工商人类学对企业内部管理的作用包括企业文化审计和塑造，隐形知识

---

① Rudkin K, Deo H. Ethnographic Methodology and Its Implications for Banking Studies [J], The Business Review: Cambridge, 2006, 6 (2): 20 - 25.

② Tian G. Xinjiang and the Greater Central Asia Regional Economic Cooperation [J], Journal of Applied Business and Economics, 2009, 19 (3): 59 - 72.

③ Jordan A. The Importance of Business Anthropology: Its Unique Contributions [J], International Journal of Business Anthropology, 2010, 1 (1): 15 - 25.

④ Ferraro GP. The Cultural Dimension of International Business, 5th ed [M], Upper Saddle River, NJ: Person Pretice Hall, 2006.

⑤ 张继焦．“企业人类学”的实证与应用研究 [J]．云南民族大学学报（哲学社会科学版），2009 (1).

管理和人力资源管理等等诸多方面。在企业文化审计和塑造中，工商人类学家将组织文化视为组织克服外部文化环境制约的方法，一方面用文化差异的观点去质疑自己假设的“正确的”做事方法；另一方面将文化差异作为契机去学习新的解决问题的方法，探索正式或非正式的知识，据此塑造利于企业利益发展的组织文化①。另外，对隐形知识的管理，需要将隐形知识转化为具体的、可学习的知识和可操作的过程。而人力资源的管理要求企业学会解决员工流动频繁，职务安排不合理和员工满意度低等众多问题，保证雇员关系与组织目标相切合。

工商人类学对企业生产环节的影响主要集中在产品设计、产品发展以及工艺创新②。以人类学视角观察的消费者行为为产品的设计、服务形式和新技术的应用提供了最基本的导向。这不仅是对过去消费行为的分析，也是对一般消费需求的研究，同时预测未来消费的潮流和趋势。

在市场和销售领域，工商人类学分析产品对消费者的象征意义以及在特定社会文化因素影响下的消费者动机，给企业提供如何激发消费热情的市场战略。对于跨国企业跨文化管理和全球化运营，工商人类学更是发挥得游刃有余。从人类学的视角去观察超越国家界限，超越文化制约的世界，工商人类学不仅改变了企业价值观和企业文化，还能改变当地的消费文化，甚至是更广泛的生活方式③。

总之，工商人类学作为人类学应用的重要分支，在继承人类学成熟的质性研究方法的同时，将人类学的成果应用到管理学中，给管理学带来革命性的变化。

四、工商人类学视角下中国传统文化对管理学的意义

人类学来源于西方，传入中国已经100多年了，已经形成了现有的体系和适合中国本土的形式。西方人类学发展研究的成果为中国相关研究的开展

---

① Avruch, Kevin, Peter Black. Conflict resolution in intercultural settings: Problems and prospects [M], in Sandole and van der Merwe (eds.) Conflict Resolution Theory and Practice: Integration and Application, Manchester, England: Manchester University Press, 1993: 131 - 145.

② Wasson, Christina.. Ethnography in the field of design [J]. Human Organization. 2000, 59 (5): 377 - 388.

③ 田广．工商人类学与文化差异管理［J］．青海民族研究，2013（3）．

奠定了良好的基础，更为中国人类学者留下了诸多研究空间[①]。同时，从19世纪欧洲殖民时期开始，工商人类学逐渐发展起来。例如为了开拓印度市场的商业利益，英国东印度公司雇佣人类学家研究印度[②]。日本为更好地打开中国市场，研究发现中国人不同于西方人。西方人喜欢花未来的钱。正好相反，受到传统文化影响的中国人喜欢把钱存起来，以备将来不时之需。中国传统文化与西方文化存在着一定的差异，对管理学的发展存在着不同的影响。中华五千年文化源远流长，对管理有着深刻的影响，而人类学是对管理有着深刻影响的学科。

在当今跨区域，跨文化交流成为常态的趋势下，几乎每个大型企业组织都有来自不同文化背景的员工，需要构建多元化团队，在跨文化的区域进行服务和产品销售。在中国很多公司及其管理者来自发达市场经济国家，具有强烈的工商业文化背景，而员工则是社会主义体制下具有强烈的农业生产和生活背景的农民，这两者在共同利益之上建立了正式的组织文化模式，在矛盾之上则建立了非正式的组织文化模式。人类学家利用民族志研究方法对这种正式与非正式的企业文化异的相互关系进行研究，可以以最恰当的方式解决当下企业内部的矛盾。例如田广等[③]从人类学的视角解释“富士康13连跳”问题，认为由于员工文化背景不同而产生的冲突，对员工满意度、企业绩效等具有很大影响。

同时对“富士康13连跳”问题的分析，让我们深刻认识到中国的文化传统完全不同于西方，也不同于东方的日本或者韩国文化，甚至与中国台湾、香港的文化也存在明显的差异。文化传统必然具有延续性，随着五千年文明的发展，中国人在价值观，思维模式和行为习惯上形成了一套独特而稳定的文化心理结构，这种心理结构使得中国的管理主体、管理客体和管理情景都和西方显著不同[④]。这就是西方的管理理论在中国水土不服的原因。在管理本土化之路上忽略已经成熟的，基于中国独有的文化心理结构构建的中国管理思想，盲目崇拜舶来之理论，真是捡了芝麻，丢了西瓜。

---

① 杨小柳. 发展研究：人类学的历程［J］. 社会学研究，2007（4）.

② Jordan A. The Importance of Business Anthropology: Its Unique Contributions［J］, International Journal of Business Anthropology, 2010, 1（1）: 15－25.

③ 田广，戴琴琴. 人类学与工商管理学科中国本土化的路径思考［J］. 管理学报，2013（6）；田广. 工商人类学的兴起及应用［J］. 管理学家，2012（23）.

④ 胡祖光，陈敬宇. 中国管理学发展方向之管见——兼论东方管理学的定位［J］. 商业经济与管理，2013（12）.

中国传统文化对现代管理学理论，特别是西方管理学理论既有创新也有补充。例如吕力[①]用易学构建解释“管理与环境”关系问题的独特的理论体系。他指出，一方面易学管理理论与西方管理论在理论来源和方法上都有本质区别；另一方面，易学对管理的认识论和研究对象等问题与从西方管理理论视角的解释有不谋而合指出。由此易学管理理论既是独特的又是普遍适用的。在中国传统文化中，关于人的管理思想至今仍闪耀着先哲们的智慧，胡祖光将中国传统管理思想分成“纳言”“用人”“治法”“处事”“教化”五个层面展开研究，就每个层面总结出具有代表性的警句为形式的管理思想[②]。

我国传统的管理思想，包括法家、道家、儒家等，在许多方面与西方管理思想一致，有些问题甚至探讨的更深入，对西方管理学理论既有创新又有补充。法家提出“好利恶害”的人性论，对于现代企业管理中如何有效地运用激励手段非常有启发。“不法古，不循今”的思想更是符合企业要创新，不要墨守陈规现代企业生存法则[③]。道家思想对管理学乃至其他社会学科影响深远，道家强调整体性和和谐发展的思想，对企业内部管理和对外部环境的适应指出了基本原则[④]。而道家思想以“天下莫柔弱于水”“柔弱谦下”为秩序原则，注重协调人与自然环境和社会环境的关系，提倡协作精神和和领导者的人本思想等，“无为而治”充分尊重个人个性和尊严，通过提高员工满意度，激发员工工作动机，提升企业社会形象，增强企业核心竞争力，完善企业文化，加大企业软实力的构建。

中国文化中另一重要思想——儒家思想对管理学的重要问题也有深远影响。儒家思想主要是以“仁、义、礼”为核心构建伦理价值观，不断地通过语言、文字以及各种文化工具影响中国人的思想和行为，形成特定文化背景下的民族集体行为。企业学习和吸收儒家伦理道德的精华，对于塑造企业形象，构建底蕴深厚的企业文化有着重要作用[⑤]。许多企业在不同的方面汲取儒家思想，例如汲取“和为贵”的思想，树立团队精神；汲取“诚信”

---

① 吕力．易学管理理论与管理学中国学派：基于管理与环境视角［J］．管理学报，2013（8）．

② 胡祖光．东方管理学及其在管理理论连续谱中的地位［J］．浙江社会科学，1995（5）．

③ 李总，居水木．浅谈法家，道家，儒家管理思想在现代企业管理中的运用［J］．技术经济与管理研究，2008（3）．

④ 余达淮，银娟．道家思想对东亚经济的影响及其伦理价值［J］．南通师范学院学报（哲学社会科学版），2004（4）．

⑤ 赵曙明，黄昊宇．企业伦理文化与人力资源管理研究［J］．经济管理，2006（16）．

的思想，树立奉献精神；汲取“自强不息”的思想，树立创新精神等①。

五、工商人类学对中国管理实践本土化的作用

从管理研究的历史来看，中国管理学界已经取得的研究成果与全球管理知识还相距甚远，当下我们尤其缺乏关于中国企业管理的知识②。管理学和管理实践会因为文化的不同而有国界的不同，至少在很大程度上管理中的规律和事实，会因文化差异而差别显著，而文化正是人类学研究的核心③。自20世纪90年代以来，在重视管理实践的欧美管理流派中，兴起基于人类学的管理学研究范式和方法。近年来越来越多的跨国企业处于外部市场和内部管理的需要，纷纷雇佣人类学家为公司提供操作性更强的管理措施。当下管理研究与管理实践严重脱节，中国管理研究领域已经无法满足中国管理实践需求④，人类学对管理学的引领才刚刚起步，因此，中国本土管理实践在呼唤着人类学的思考。

管理实践既与生产方式有关，又与生产关系有关。更重要的是管理实践是文化的一个过程，又是文化环境的产物。文化对于管理实践的影响最集中地体现：企业哲学、企业价值观、企业道德和组织制度等方面。既然管理实践与生产方式、生产关系以及文化紧密相关，就一定不是“普世”的，一定不能忽视本土环境与文化对管理实践的重大影响⑤。人类学家在长期研究过程中形成足以支撑其认识论和方法论的主题，而这些主题与本土管理实践的“本土性”紧密相关。其重要主题包括：文化相对论，统一论，适应性和整体论等⑥。这些主题强调将文化放在具体的历史和社会环境中进行研究，也认识到基于人共同的需求而产生的文化特征和要素具有一般共性。而“本土性”即考虑世界形势，更深入中国国情；即探索管理学理论的一般

① 史少博，张文青．现代企业精神对儒家思想的汲取［J］．吉首大学学报（社会科学版），2009（4）．

② 徐淑英，张志学．管理问题与理论建立：开展中国本土管理研究的策略［J］．南大商学评论，2005（4）．

③ 田广．工商人类学的兴起及应用［J］．管理学家，2012（23）．

④ 管理学报编辑部．直面中国管理实践，催生重大理论成果——国家自然科学基金委员会管理科学部第二届第一次专家咨询委员会扩大会议纪要［J］．管理学报，2005（2）．

⑤ 吕力．人类学视野下的本土管理实践［J］．发展研究，2009（8）．

⑥ 庄孔韶．人类学概论［M］．北京：中国人民大学出版社，2006．

性，也揭示其条件性。

人类学在我国一向以实际应用为主，加上近30年来我国经济与工商文化的迅速发展，为工商人类学在中国的兴起和发展创造了潜在的条件，同时我国管理学术界也认识到人文要素在管理研究中的作用，开始着手将人类学成果和方法应用到管理学研究中。例如郭毅[①]曾经就指出，中国企业的组织文化与管理现象，绝不是附上“情境”的条件就可以生搬硬套西方管理理论就能够解释的问题，而是根植于“地方性知识”，相对独立且特色鲜明的知识系统。西方管理理论的产生，源于自身的制度环境，有其独有政治、经济和文化背景，因此面对中国的大环境，中国必须有自己的管理理论。张继焦教授[②]经过长期观察研究发现企业（工商）人类学对公司管理研究具有不可替代的作用。以企业的国际化发展为例，在制定国际营销战略中，一般讨论全球标准化、完全本土化以及折衷的“全球策略、本土执行”。张继焦认为，“全球观感，本土策略”的方式与“全球策略、本土执行”有所不同。两者综合考虑，可以理解为“全球兼顾当地”，是中国市场上的主流策略。但目前中国市场上的趋势转向则更彻底地中国本土化。而要彻底实行中国本土化就要加强人类学与管理学的结合，加快工商人类学和管理人类学的中国本土化，是探索中国管理理论，本土化管理实践的重要途径。

本章小结

从20世纪80年代引入西方管理理论至今，中国管理科学研究和管理学教育已经走过了学习、借鉴、模仿的阶段，现在正面临着未来路在何方的问题，从“照着做”到“接着做”，再到“创新做”，中国的管理学越来越强调要有中国特色。管理学本质上是一门科学，更是对特定文化的反映和诠释，因此管理学要在中国得到更大的发展就必须本土化。

当今中国管理学界研究工作中存在过于偏重“定量”的问题，提出了用人类学的理论或工商人类学的理论开展研究管理学的思路。当前的管理学研究中，实证分析方法仍然占据主流地位，这在很大程度上忽略了构建变量

---

① 郭毅．地方性知识：通往学术自主性的自由之路——“管理学在中国”之我见［J］．管理学报，2010（4）．

② 张继焦．“企业人类学”的实证与应用研究［J］．云南民族大学学报（哲学社会科学版），2009（1）．

和假设的条件，忘记了管理行为所处的特定文化是实证分析的大前提，绝非附上某些控制变量、中介变量就可以生搬硬套西方管理理论就能够解释的问题。管理学及管理实践本土化的有效路径之一，在于将人类学的研究方法用于本土的管理实践中，使中国管理理论构建出能更好地解释人们的实际反应以及影响其行为的因素。在此本土化的过程中，中国的管理学家们接受并很好地应用质性研究方法，重视质性研究在管理学科中的应用，必将能从更广阔的领域开拓管理学科研究的新路径。

中国的管理学术界在吸收接受西方管理学理论和方法的同时，要不断地在其中加入中国的要素，从而形成有中国特色的管理科学及其方法论。中国5000多年的文明发展史，为我国管理科学的发展奠定了雄厚的人文基础，因此在管理科学的发展过程中，我们必须更多地强调中国特色，而这种特色是难以用数量分析的实证研究所能予以突出的，因此加强管理科学研究中的非实证主义研究范式的应用，是发展具有中国特色的管理科学的有效途径之一。

第十三章

工商民族志案例：汕头老字号餐饮品牌发展研究

本章摘要

老字号品牌不仅是一个地区商贸的见证者，还是人文历史的传承载体。从人类学民族志的研究方法入手来探讨研究老字号品牌的价值和管理问题，特别是对餐饮这一与人类活动和社群文化紧密相关的行业老字号进行研究，具有重大意义。通过选取五家汕头老字号餐饮品牌店，采用民族志中的参与式观察和访谈的形式获取原始资料。然后依据修正后的大卫·艾克（David Aaker）战略品牌流程理论框架进行分析，得出汕头老字号餐饮品牌店的四大问题，并对解决这些问题而提出具体方案。

引　言

老字号品牌不仅是一个地区商贸发展历程的见证，而且也是当地历史悠久的文化传承载体。相对于新生品牌，老字号品牌经历过人口迁移、外来文化入侵、时局动荡等因素的冲击，并且在长期的生产经营活动中，形成了独特的工艺和经营特色，沿袭了当地优秀文化传统，具有鲜明的地域文化特征和历史痕迹。老字号品牌是中国灿烂的商业和文化遗产，对于后世者的商业经营和文化传承具有重要意义①。

---

① 张继焦，李宇军．中国企业都“富不过三代”吗？——对“老字号”企业长寿秘诀和发展前景的社会学分析［J］．思想战线，2012，38（4）：48－53.

汕头文化底蕴深厚，历史悠久，不仅有“海滨邹鲁”的美誉，还被称为“美食之乡”。汕头濒临南海，地方文化底蕴深厚，逐步形成具有区域特征的饮食文化，而且华侨遍布世界各地，与海外交往密切，令汕头饮食文化名扬海外。汕头饮食文化最重要一个特征就是与潮州饮食文化的融合，孕育了著名的潮汕小吃。在汕头，老字号潮汕小吃是老一辈人的历史记忆，承载了汕头“百载商埠”的文化轨迹。榕香蚝烙店和爱西饺面店已经有70多年的历史，见证了汕头老城区从繁盛走向衰败的过程。老妈宫粽球、飘香虾米笋粿、福合埕牛肉丸、无米粿甜汤等等汕头著名老字号食品，体现了汕头饮食精工细作、色香味俱全的特点。有的老字号美食还获得“中华名小吃”的称号，如飘香小食店的栗只桃粿，爱西饺面店的爱西干面，老妈宫粽球店的老妈宫粽球[①]。

随着市场的发展、营销环境的变化，老字号品牌面临着发展瓶颈，甚至可能濒临生存危机。本章选取汕头五家老字号品牌餐饮店作为研究对象，通过民族志研究方法，以深入访谈、参与观察为主要路径获得第一手资料，尔后通过战略品牌管理流程分析现状[②]，总结汕头老字号餐饮的症结，并结合现代品牌管理理论和基于顾客的营销观念，为汕头老字号餐饮行业提出解决方案和建议。这五家老字号品牌餐饮店分别是老牌无米粿甜汤店、榕香蚝烙店、飘香小食店、爱西干面店和老妈宫粽球店，其中榕香蚝烙店、飘香小食店和老妈宫粽球店被汕头市社科联和旅游局评为“潮汕老字号”，飘香小食店的栗只桃粿，爱西饺面店的爱西干面，老妈宫粽球店的老妈宫粽球曾被原国家商务部授予“中华名小吃”的称号。这五家店的品牌管理模式基本代表了汕头市20余家老字号餐饮店的情况，能反映一定的共性。

由于“老字号餐饮品牌管理”主要涉及“老字号”“品牌管理”“餐饮服务”，而这些关键词背后是传统文化理念与现代经营概念的冲突，不仅反映在管理经营者上，还体现在对外的顾客和对内的员工上[③]。基于顾客的现代品牌战略优先考虑顾客，其次才是员工和管理者。因此，本章将主要针对顾客、员工和店主三大人群的特质进行定性分析。结合现代品牌战略的理论

---

① 曾漫路．开发品牌资源 汕头市启动“潮汕老字号”评选［N/OL］．大华网．2008－11－26［2012－01－14］．http：//www.csfqw.com/html/3/2008112609385173.html.

② 田广，周大鸣．工商人类学［M］．银川：宁夏人民出版社，2012：11－12.

③ 陶骏，李善文．“中华老字号”品牌复兴：品牌延伸及反馈［J］．经济管理，2012，34（2）：97－106.

框架，归纳汕头老字号餐饮行业的症结所在，并给出解决方案的建议。

民族志（Ethnography）是人类学的基本研究方法，其是一种定性研究的方法，通过田野工作中的参与式观察、访谈等方法获取第一手资料，用以研究社群文化和习俗。民族志强调以个案为视角，聚焦特定社会时点、特定群体和特定文化语境①，其主要包括观察与参与观察、访谈、对话、系谱法、重要文化报道人、生命史、主位观点与客位观点、团队研究、调查研究、长期研究和问题取向。在工商管理领域，如工作流程、群体行为、组织改变、消费者行为、产品设计以及全球化和多样性，都是目前民族志研究方法擅长的方面②。

第一节　“老字号”品牌价值管理研究综述

有学者认为，老字号品牌具有四大特征：一是历史性，经历了几代人的继承经营；二是优质性，品质优良，或精工细作或独门秘方；三是信誉性，消费者口碑好，社会知名度高；四是民族性和文化性，与本土和社区文化紧密相关，老字号品牌既需要本地人文的孕育，也需要社区商业文明的支持③。而在人们普遍印象中，老字号就是人口密集的街区中，悬挂着泛黄、古朴招牌的店铺④。

国内外对老字号品牌都有丰富的研究成果，国外主要针对品牌再生、品牌老化和品牌活化三个方面。随着国外一批老企业在20世纪80年代末出现经营问题，奥美广告公司（Ogilvy&Mather）的贝里（Berry）第一个提出活化老字号品牌的七个步骤⑤。基于贝里提出的老字号品牌八大优势与七大活化品牌步骤，引发了业内研究老字号品牌的浪潮。1991年，阿克（Aaker）

---

① Genzuk, Michael. A Synthesis of Ethnographic Research. Occasional Papers Series. Los Angeles: Center for Multilingual, Multicultural Research, University of Southern California, 2003.

② 科塔克．文化人类学：文化多样性的探索［M］．徐雨村，译．台湾：美商麦格罗·希尔国际公司，2005：57－58.

③ 龚桂英．北京餐饮业老字号的现状与发展对策［J］．中国食品，2004（4）：18－21.

④ 孔令仁，李德征．中国老字号第一卷［M］．北京：高等教育出版社．1998：1.

⑤ Berry. Norman. C, Revitalizing Brands［J］. Journal of Consumer Marketing. Santa Barbara, 1998（5）：15.

在《管理品牌资产》中列举了品牌活化的具体方法[①]。勒胡（Lehu）在深度访谈三家企业经理，以定性研究方法分析得出这三个品牌老化的原因[②]。凯勒（Keller）提出品牌人化，有生日、身份、形象、性格等特点，也有出生、成长、衰老、死亡的生命周期。如管理不善，相当于后天发育不良，只会加速其衰老[③]。从外部影响看，布莱恩、文森特（Brian Wansink）认为消费者需求的改变和企业间的过度竞争，都会影响品牌走向衰老和死亡[④]。

在国内，在20世纪90年代前，老字号品牌企业大多属国有企业，由国家政府经营，兼具社会公共目标和经济目标。在此期间，老字号品牌企业不以营利为唯一目标，得到当地政府或国家红利政策的优惠和支持。但政府的长期扶持，也会导致企业缺乏竞争力和创新精神，具体反映在员工工作效率降低、经营理念过时等。自1997年中国共产党第十五次全国代表大会提出国有企业改革后，国内学者开始关注老字号品牌企业的改革和未来发展。尤其是2002年北京“王麻子”剪刀厂破产给老字号品牌企业敲响了警钟，受到专家学者的高度关注。国务院发展研究中心就“王麻子”事件指出，老字号的根本问题在于不注重品牌塑造和宣传[⑤]。

根据中国社会科学院“老字号”企业课题组的调研成果《老字号蓝皮书——中国“老字号”企业发展报 No.1（2011）》显示，我国“老字号”企业正面临着严重挑战[⑥]。有学者通过 SWOT 分析研究郑州市的“老字号”企业发现，这类企业面临着巨大的外在压力，很多面临着被市场淘汰的风险，然而“危”和“机”并存，“老字号”依然存在着广阔的发展前景[⑦]。

---

① Aaker. David A. Managing Brand Equity：Capitalizing on the Value of a Brand Name［M］. California University：Free Press，1991：176.

② Lehu. Back to Life! Why brands grow old and sometimes die and what managers then do：An exploratory qualitative research put into the French context［J］. Journal of Marketing Communications，2004，10（6）：133－152.

③ Keller. Managing Brands for the Long Run：Brand reinforcement and revitalization strategies［J］. California Management Review，1999，9（41）：102－124.

④ Brian Wansink，Jennifer Marie Gilmore. New uses that revitalize old brands［J］. Journal of Advertising Research. New York，1999，4（39）：90.

⑤ 宋喜燕，邓婷. 王麻子剪刀厂申请破产［N/OL］. 京华时报，2003－01－23［2012－01－12］.

⑥ 张继焦，丁惠敏，黄忠彩. 老字号蓝皮书——中国“老字号”企业发展报告［R］. 北京：中国社会科学院，2011.

⑦ 罗颖. “老字号”饮企业现状分析和战略选择研究——以郑州市“老字号”为例［J］. 经济经纬，2010（4）：40－45.

面对复杂的市场环境，“老字号”企业能否枯木逢春呢？张继焦与李宇军从社会学的角度研究“老字号”企业的长寿秘诀和发展前景。他们认为，企业是可以避免“富不过三代”的历史宿命的，面对市场全球化和本土竞争白热化的双重压力，“老字号”企业可以一方面通过不断适应外部的全球化和本土化双重市场的变化趋势；另一方面将自我的传统优势与现代优势相结合，将已有竞争力与新生竞争力相弥合，从而开创“老字号”的新春天[①]。有学者通过实证研究发现，不同的“老字号”品牌是可以依赖不同的路径实现品牌复兴的。品类相似且声望高的老字号适合延伸到与品牌相近的新产品，品类多样而功能强的老字号更适于彰显品牌的异样特色，“老字号”企业最重要的资产就是品牌，只要措施得当，是可以实现品牌和企业复兴的[②]。

那么老字号企业的品牌价值是由哪些构成呢？有学者通过梳理国内外的研究成果，特别是通过整合认知心理学和社会心理学的理论提出了品牌复兴的四大根本策略，即唤醒记忆、扩展意识、复古风格和改变形象[③]。鉴于此理论，老品牌的价值就在于唤醒消费者的怀旧情怀，并赋予此种情怀以新意义。因此“老字号”资产价值主要体现在招牌、对联、店规、品牌故事、品牌名称、标记、广告语和包装，而招牌、对联、店规、品牌故事是老字号较为独特的品牌元素[④]。那么要实现“老字号”品牌的复兴，说到底还是要提升受众消费者的消费体验。因此，安贺新等人认为，只有通过实施和把控好顾客体验管理才能赋予“老字号”品牌以新意义。而顾客体验管理的关键要素包括确立顾客体验、分析顾客体验需求、确定体验主题、设计体验产品和服务、营造体验氛围、体验式传播以及顾客关系管理[⑤]。

有学者进一步指出，“老字号”企业的品牌经营不仅涉及内部的管理，还涉及外部环境的处理。通过比较鹤年堂、同仁堂两个传统的“中华老字号”药业企业，学者认为企业与政府的关系对企业发展有较大的影响。这

① 张继焦，李宇军．中国企业都“富不过三代”吗？——对“老字号”企业长寿秘诀和发展前景的社会学分析［J］．思想战线，2012，38（4）：48－53.

② 陶骏，李善文．“中华老字号”品牌复兴：品牌延伸及反馈［J］．经济管理，2012，34（2）：97－106.

③ 何佳讯，李耀．品牌活化原理与决策方法探窥［J］．北京工商大学学报，2006，21（6）：50－55.

④ 朱丽叶．老字号独特性品牌资产的来源和构成［J］．经济经纬，2008（1）：117－120.

⑤ 安贺新，李喆．中华老字号顾客体验管理问题研究［J］．管理世界，2013（2）：182－183.

两家企业与政府存在着不同的“庇护”关系，在各种资源和资金的分配、占有和获取中，鹤年堂远不如同仁堂，导致了两者的发展出现了天壤之别：同仁堂成了“白天鹅”，鹤年堂沦为了“丑小鸭”①。因此，企业的内部经营状况和外部环境要求等都会影响到“老字号”品牌的盛衰。

第二节　汕头老字号餐饮品牌发展历史轨迹及其特点

汕头总共有20家老字号餐饮企业，我们选择几家“老字号”餐饮品牌作为代表以窥探汕头“老字号”的历史发展轨迹及其特点（见表13－1）。

表13－1　　汕头五家老字号品牌餐饮店的基本情况

店名	位置环境	经营所有权	创建时间	店铺规模	主要产品	人均消费
老福合沟无米粿甜汤粿品店	汕头市福平路20号，位于老城区小公园三岔路口处	个体经营	1960年街头摆摊位，1978年林绍伟在乡东开店，1992年搬到新店	1家店，10平方米，12个员工	汤类、粿类和冷热甜汤类。最著名的是无米粿和无菓汤	5—10元/人
榕香蚝烙店	汕头市金平区外马路183号，位于老城区交叉路口处	个体经营	1930年揭阳榕城进贤门前摆摊，后杨二保移至汕头，几经搬迁定居外马路	1家店，面积约300平方米，雇工约30人	蚝烙、海鲜、粿类食品、糯米猪肠、牛肉丸汤	20—50元/人

① 张继焦．从企业与政府的关系看“中华老字号”企业的发展——对鹤年堂、同仁堂的比较研究［J］．思想战线，2013，39（3）：34－40．

续表

店名	位置环境	经营所有权	创建时间	店铺规模	主要产品	人均消费
飘香小食店	汕头市小公园国平路39号，老城区中心。分店在海滨花园，新城区商业区	政府所有，汕头饮食服务公司管理，私人承包	1965年汕头政府建立，1989年承包给个体户郑陆辉	1家总店150平方米，12名员工和1家分店80平方米，7名员工	飘香蚝烙、各式粿类、小炒类等，其中以虾米笋粿、栗只桃粿著名	10—30元/人
爱西干面店	广东省汕头市金平区中山东路13街区13铺，老城区小公园内。2家分店分别在华侨公园和金沙中路，新老城区交界处	政府所有，汕头饮食服务公司管理，私人承包	1932年卢姓小贩创办，1949年后收归集体，1988年被罗应义承包经营	1家总店，面积50平方米，10名员工。2家分店各有80平方米，12名员工	一碗干面加一碗汤。干面上有猪肉、葱花。汤是清汤，放有猪杂、肉丸、鱼丸	10—20元/人
老妈宫粽球店	新关街57号。老城区小公园内	政府所有，汕头饮食服务公司管理，私人承包	1920年由张强德父子在升平路头妈祖宫摆摊，后其子张良杰在老妈宫对面租铺经营	店铺面积80平方米，12个员工。4年前在跃进路开了一间分店，但于2010年倒闭	猪肠胀；鲎粿；双烹粽（加料）；双烹球；五香球；纯甜粽球	5—10元/人

（一）老福合沟无米粿甜汤粿品店

在“文革”前，老板林绍伟的父亲在现店址附近的仙东巷路口摆路边摊卖无米粿和甜汤，生意到“文革”初年就停止了。1978年改革开放后重新开店，旧店在现在离店址 80 米远的派出所旁边。1992 年搬到现在的店，生意已经做了 18 年。

（二）榕香耗烙店

创于 20 世纪 30 年代的“榕香蚝烙”源于揭阳榕城，现任店主蔡武乳的祖父杨宗霖因在榕城进贤门摆摊煎蚝烙而生店名“榕香”；后杨二保移家汕头，挑蚝烙担子走街串巷叫卖，于 20 世纪 50 年代加入无米粿甜汤粿品店旁的“17 摊蚝烙”比手艺。杨二保把“忠厚能招天下客，公平可取世间财”作为自己经营蚝烙的信条并传给蔡武乳。经福合市场——同益市场——中山公园，榕香耗烙几经搬迁现落址外马路 183 号已有一年多。店面规模也在原有的规模上扩大，现面积约 300 平方米，雇工约 30 人，店内装潢耗资约二三十万元。

（三）飘香小食店

1899 年，徐氏家族购买土地，集资建成徐家祠堂。1965 年，为了汇集各种潮汕传统名小吃，方便当时粤东地区归国华侨集中品尝，由汕头市副市长李少霖亲自领导，市饮食服务公司召集汕头市原各小吃制作师傅，组建飘香小食店。“文革”期间，作为“封资修”的产物，被破坏了许多。改革开放后，公司倒闭。1989 年，作为其中一名职工，郑陆辉承包该店并经营至今，达 23 年。在 2000 年，弟弟郑陆军入股 50%。两人共同经营飘香小食店。2009 年政府出台旧城区改造方案，将飘香小食店列入小公园历史风貌片区拆迁改造范围。

（四）爱西干面店

20 世纪 30 年代初，原大埔县籍的姓卢小贩创办了爱西干面店。开始是在老市区西南通旅行社斜对面的步道上经营，摆设临时摊档，专营“芝麻干面”和饺子。由于经营得法，颇受欢迎。1945 年抗战胜利后，卢姓店主便租下国平路 1 号楼下（现爱西饺面店址）一间小铺面。后来，因为饺子的用料讲究，且制作时间长，为了得到更大利润，卢姓店主决定只经营干面，继续以“爱西饺面店”的店名经营“爱西干面”。新中国成立后，“爱西饺面店”收归集体所有，并入汕头饮食服务公司下的恒兴公司，由罗应义和林映钦负责经营。“爱西干面”在 1997 年被中国烹饪协会命名为“中华名小吃”。2002 年，恒兴公司注册了商标“爱西”，但是公司经营困难，无能力加大投入。20 世纪 80 年代末期，现任老板罗应义上山下乡回到汕头。因为父母从事食品行业，政府安排其到爱西干面店工作，并学习做面。后来，罗与林承包了爱西干面店，并一直经营下来，到现在已经有 30 多年。爱西干面店除了国平路的总店外，在华侨公园和金沙中路分别有一家分店。其中，海滨路的分店是 1999 年开的，已经有 15 年。金沙中路的分店也有五六年。

（五）老妈宫粽球

1920 年，张强德与张良杰父子在汕头升平路头妈祖宫附近摆摊卖粽，生意特好。当时妈祖宫（老妈宫）是汕头的闹市，人来人往，再加上张的粽子独特，倍受老百姓喜爱。张德强有他独特的“双烹粽”，每个粽子都有咸甜两种馅料，六边棱四个角，个头是一般粽子的 3 倍。然而，张德强认为做粽卖粽太辛苦，不愿儿子继承，反而劝其学习嵌瓷，“把灰匙的功夫学上手，就不愁会饿死”。张良杰却拒绝了父亲，说“粽球细细会发家，灰匙利利只度生”，生意虽小，但指不定哪一天就能发大财。父亲去世后，张良杰在老妈宫对面新关街租了一间新店铺，横幅赫然写着“食定正知”，从此“老妈宫粽球，食定正知”传遍街头巷里。1955 年通过公私合营，“老妈宫粽球”归属于汕头饮食服务总公司，供给私人承包。现在店铺的部分房产归还给华侨业主，但还有 100 平方米的产权纷争。因旧城区改造，在 2009 年被列入小公园历史风貌片区拆迁改造范围。目前“老妈宫粽球”的“妈宫”被台湾抢注，虽然已经有 87 年历史，但从此失去了注册商标的机会。通过对历史资料的梳理和对民族志实地调研及深度访谈的分析，笔者总结出了汕头老字号餐饮品牌店面临的四大问题，包括基于店主的品牌定位、计划经济式的营销活动设计、脱离经营状况的评估与绩效考核、故步自封的继承和创新。

第三节　汕头老字号餐饮品牌定位问题

对于老字号餐饮品牌来说，其核心价值早已从功能性价值上升到情感性价值。所谓功能性价值就是依靠产品或服务的质量、功能、款式设计来区别其他同类产品，而情感性价值建立在消费者对品牌的心理认同上。如著名的

"中华老字号"全聚德给人以厚重的历史文化感，楼阁设计、雕木门窗、红木廊柱，餐厅里的八仙桌、铜茶壶、青瓷烛台、老式电话、旧账簿，无一不体现其历史文化的氛围，传递出"历史积淀"的品牌价值。

一、店主自身经历

随着物质水平的提高，消费者在满足温饱之余更追求精神上的愉悦，即情感认同和社交地位。餐饮文化在中国消费者心中的重要性与日俱增，超越了功能性的饱足价值，上升至社交需要、环境体验和身份象征。而反观汕头的"老字号"没有装潢上的个性设计，也没有主动型的营销标语，更鲜少有扩建或开设新店的。店主大多认为"酒香不怕巷子深"，专心经营好手中的"酒"，而不理会巷子外早已挤满了新的"酒"。实际上，店主还停留在计划经济的卖方市场，"你生产什么，他就买什么"。殊不知市场经济并不仅仅脱了"国字"号，更是迫切需要经营理念的改变。

实地调研和深度访谈的结果显示，汕头老字号餐饮品牌定位的根本问题在于经营者以自身的视角出发，受个人因素影响颇深，如"自身经历""个人技艺""身体状况"和"宗教信仰"（见表 13－2）。

表 13－2　　五家老字号餐饮店的品牌定位

店名	店主	备注	品牌定位
老福合沟无米粿甜汤粿品店	林绍伟	47 岁，23 岁继承	街边，原汁原味
榕香蚝烙店	蔡武乳	53 岁，23 岁继承	德行，积善
飘香小食店	郑陆辉	60 岁，37 岁承包	朴实无华，质在内里
爱西干面店	罗应义	50 岁，40 岁承包	正宗优质
老妈宫粽球店	张以民	46 岁，38 岁承包	独特技艺

从表 13－2 可知，这些名小食店的店主几乎都是 20 世纪五六十年代生人。而处于这个特殊的年代，他们经历过新中国大起大落的几个标志性事件：1949 年前后时期、"三大改造"、自然灾害、"文革"时期、改革开放等。或者耳濡目染、或者亲身经历，跌跌撞撞后，他们更能以平和的心态面对现在的坎坷。因为如今的和平、安定就是恩赐的福气。另一方面，经历过苦难时期的他们，深知一分一厘都是这样来之不易，更珍惜如今的生活，也更勤勉地工作，毫无抱怨。

例如，飘香小食店的品牌定位是“朴实无华，质在内里”，这与店主郑陆辉曾经上山下乡8年的艰苦岁月息息相关。经历了上山下乡、“文革”，郑陆辉切身体会到芸芸众生在国家大环境变化下的无奈与无助。因此在生活和工作中，都选择低调做人，以谦卑、谨慎的态度做事。飘香小食店里无论装修还是菜式，都朴实无华，而只有尝过的人才知道质在内里（见专栏：访谈记录1）。

专栏：访谈记录1

郑陆辉：在这之前，还有一件我永生难忘的事。我读书的时候，遇上“文化大革命”。有一天早读，我和往常一样，坐在大大的毛主席像和“忠”字下面的座位上，翻开《红旗》杂志第一页，我朗朗上口，是江青同志的讲话，我读错了4个字，都城“铜青膏药”，被同学作证，老师记录。后来罚我每天早晨7点，站在毛主席像前鞠躬，再念自己写的请罪书，连续批了半个月。当时只有6岁，当着全班同学面，很是难受。好在家里的成分是红的，不是黑的。我也调皮，后来报复老师，让她一脚踩空，掉进了屎坑。初中的时候下乡，到农民家里，同吃同住同劳动“三同”。我在一个茶场里务农，旁边50米的地方有个中山医学院“五七干校”，那里的院长曾经的工资是一个月380元，那时毛泽东主席的工资也才340元。我当时看着一个老头子赶着几头羊，怎么也不敢相信，他的身份是这么高的。都是“文化大革命”惹的祸，把他们喊成“臭老九”。8年后，我上山下乡回来，工作没有着落，那是1980年。1982年的时候，我被分配到这个饮食服务公司下的飘香小食店。1989年承包了小食店。

二、个人技艺

在老字号餐饮店里，店主常常是第一个厨师兼师傅，带领刚进来的员工，教会他们制作小食的工艺。爱西干面店老板罗应义，每天5点半起来，到店里准备擀面、卤味、配汤佐料。30年如一日，亲自主厨。自擀的鸡蛋面，是经过半小时的反复强力挤压撮合而成，富有弹性而又略带韧性。特制的卤汁、芝麻、沙茶酱、猪腑和葱花是拌面的绝佳搭配。客人来时，罗老板便将面条甩入开水熟焯，沥干后入碗搅匀，叠上几片瘦卤肉，再盛上猪骨熬制的高汤，撒入鱼丸、肉丸、鲜蚝和香菜，总共不超过5分钟。看重厨师技艺和食材质量的罗老板，最得意的也是爱西干面“正宗优质”的品牌口碑（见专栏：访谈记录2）。

专栏：访谈记录2

访谈者：有很多传统的食品店好像都在走下坡路，可是我们看到，爱西饺面店怎样可以保持顾客临门？

罗应义：一个问题，就是价位，中午的时候，我们的价位最高就是15块，最普通是10块钱。大家都可以接受这个价位。还有一个是操作，作为老板，我亲自下厨，几十年不变。对于原材料，对于面条，特别是夏天，如果质量不对，用手一抓，或者一看颜色不对，就知道不行。所以，质量也是要保证的。不能明知道质量不行还用。作为老板，我还是亲力亲为，实实在在地做好。现在市面上，很少老板亲历其为，他们都在后面喝喝茶，吹空调，我不会这样。几十年来我就是这么做的。

三、宗教信仰

在被调查的5家传统小食店中，只有榕香蚝烙店店主蔡武乳有宗教信仰，但这一点在他成功经营的方面起着不可忽视的作用。于2003年开始信仰佛教的蔡武乳，坚信佛心为重，佛是教人“做人”。佛教信仰不仅影响着他个人性格，也反映在其经营管理上。从2005年开始，他大开慈善之门，在每天中午11点时布施饭菜给行乞者或者生活困难的人士。从此为榕香蚝烙店定下了“德行，积善”的品牌定位（详见专栏：访谈记录3）。

专栏：访谈记录3

蔡武乳：一年了，后来我就又回到汕头来。身体有一点好了。这时候想到自己的老婆一个人在汕头料理店面很辛苦啊。有个朋友就跟我讲，说我像时钟，每天24小时不停地转，最后就会烧掉的。回到汕头后，每天早上就去中山公园，做运动，打太极拳。打太极拳之前要将眼睛闭上凝神，别人都可以闭上，但我却连30秒都闭不上。我自己琢磨，觉得这眼睛肯定是有问题的，要不怎么一直闭不上呢。这时候，我看到公园旁边一个70多岁的老人，眼睛闭了2个多小时，在那里打坐。我就很好奇地过去问他，觉得他居然认识我。他说：你整天太忙了，你要钱就不能闭上，不要钱就能闭上。后来琢磨挺久，觉得自己身体差，真是生不如死，钱不如命。于是每天就和老伯一起静坐。当时我拿着茶具，去与老伯喝茶聊天。我们两人都吸烟。我递一根烟给老伯他不接，他说从来不收别人的东西，但是老伯一拿烟给我吸，我就接住，或许是那时候想和他靠近，学点秘诀吧（笑）。

访谈者：那老伯给你的影响，在你经营上面有什么反应或者说是改变呢？

蔡武乳：做人要讲道德和规则，否则，不光身体不好，连家庭也不好，还寿命短。跟老伯一起6年，道德就是命，佛经就是教做人的道理，佛是教人做好人，教所有的人走上正道。首先是"孝""忠""知足""吃亏"（用笔写在纸上）。在营业上，派饭也是受老伯启发。

访谈者：具体过程是怎样的呢？

蔡武乳：当时中山公园很热闹，老伯就说"老蔡啊，我给你钱，现在天气正热，你就去做些防暑茶派给那些行人。你店里有东西泡暑茶，一个月给你600元，派3个月（一年中最热的3个月）"。我后来就去买了几个大桶，一共300元。就拿了老伯2100元（3个月+桶的钱），但我后来派了5个月的防暑茶。又过了一年，天气热了，老伯又提出给钱派凉茶的事情，但是我老婆说，我们有经济能力做这件事情，这也是做善事，况且老伯都70多岁的人了，我们现在比他年轻多了，更不应该让老伯出钱。从那时候起，我就开始自己派凉茶，用的全是自己的钱。

访谈者：您觉得这位老伯对您来说像什么？他对你的影响之类的。

蔡武乳：以前没有这样做是因为自己心里没有这个想法，当时或许更是自私自利了一点，而这个老伯对我来说就像一个"点明灯"一样。一下就把我给点醒了。

访谈者：那2005年的时候，你开始在店门口派饭也是因为受老伯的启发吗？为什么会想到派饭呢？

蔡武乳：那时候来店里有很多乞丐，他们过来讨饭。店里面每天又有很多剩下的东西，那些东西留到第二天给客人吃也不好，所以就把当天剩下的做成炒饭派发给了乞丐。最先是30份，一派发，一下就完了，后来逐渐增加到50份，还是不够，最后增加到现在的每天派发80份。

四、身体状况

由于长年累月的工作，从做学徒到开店至今，店主平均工作了30年。加上规模小，忙时店主都要帮忙。甚至经历过苦日子的他们，怎么也闲不住，宁愿与员工一起工作。因生存在厨房高温，浓油烟的环境下近30年，店主蔡武乳曾两度病重，并落下了肺部、呼吸系统等慢性疾病。现年51岁的他称，身体已大不如前，而每当提到榕香耗烙店的经营发展时，“身体不行啦!”“太累了”都是他表示为阻碍他继续扩大经营的一大缘由。无米粿甜汤粿品店店主林绍伟在39岁那年由于身体不好差点丢命。飘香小食店店主郑陆辉也感慨，“太寂寞、太辛苦。一年365天，没有休息过一天”。从1989年来25年，每天5点半起床，不论刮风下雨，都赶来店里值上午班。员工在上午9点左右上班，因而在此之前，都是大老板一个人忙里忙外。因此，在品牌定位方面，没有一家老字号将自己定位在行业第一的位置，店主早已被岁月的年轮压榨得喘不过气，已经没有傲立顶峰的气魄了，（详见专栏：访谈记录4）。

专栏：访谈记录4

访谈者：身体不行了？是因为常年在厨房吗？

蔡武乳：是呀，油烟对身体很不好啊。

访谈者：您现在多少岁啦？当时身体是怎样的状况呢？

蔡武乳：53岁了。在厨房时间呆久了之后，整个肺部，喉咙还有七孔（用手指耳朵，眼睛，鼻子）全部都不行了。我已经“死”过两次了，有一次医生说是“九成死”了。8年前，那时候身体差，还需要买氧气罩，呼吸很困难，呼不上来气。医生跟我说：你这病查起来很难查啊，即使你有100万元，也不能治好这个病。在厨房里待的时间绝对不能超过30年，油烟太重了。走在马路上一闻到汽车尾气就头痛。

访谈者：但如今看来，您还是坚持下来了？

蔡武乳：没办法坚持。后来我放弃了。当时刚刚在公园头那边，我放弃回家（揭阳）了。在那个时候，我早上6点起来就在老家的水库那里睡觉，因为有熟人在那边，管理水库的，跟他聊天，还在那边吃饭、睡觉。渐渐地就觉得身体开始好起来了，因为水库的树木多，空气又清新，一天一天地身体就开始好，差不多有一年了。

由访谈结果可知，“老字号”餐饮店的品牌定位是自上而下的，而这种由上至下的品牌定位策略与现代品牌定位理念背道而驰的。菲利普·科特勒（Philip Kotler）提出现代品牌定位战略STP，即市场细分（Segmentation），选择目标市场（Targeting）和市场定位（Positioning）。从市场分析出发，区分不同需求和偏好的消费群体，然而选择一个或几个细分市场作为潜在消费者，最后针对每一个目标市场塑造和传播自己的产品或服务。相比之下，现代品牌定位战略由下至上的，从市场顾客出发；而汕头老字号餐饮企业则由上至下的，从管理层出发。这种背道而驰的品牌定位理念，与消费者心目中的品牌核心价值失之交臂。具体来说，经营者看重和认定的核心价值仍停留在功能层面，而消费者的心理期望已经成长到了情感层面。

第四节　汕头老字号餐饮品牌营销活动设计问题

除了品牌定位，“老字号”品牌店的推广主要靠外界驱动，而店主鲜有主动推介。

一、老福合沟无米粿甜汤粿品店

老板称顾客都是吃惯的，不用宣传自己都过来。有时候是外地人来汕头旅游，他们的朋友就会带他们过来这里吃，好吃下次过来。因为经营时间长，附近的人都知道，时不时就光顾。也有很大部分人是专程开车从澄海、揭阳、潮阳等地方过来喝甜汤、吃无米粿的，这些是因为原来来过，喜欢再专程带一家大小光顾。宣传主要靠朋友间的口语相传。

一些媒体栏目，如汕头“美食潮”“今日视线”，广州珠江台，香港本港台都曾对无米粿甜汤粿品店进行采访，但林老板表示不会特别注重媒体宣传，反而有些不愿。因为来这里的顾客都是平常知道无米粿甜汤粿品店过来光顾的，不是靠媒体宣传力；宣传出去后，突然来的人多了，店里也做不过来。

二、榕香耗烙店

于2003年开始信仰佛教的蔡武乳，坚信佛心为重，佛是教人“做人”。佛教信仰不仅影响着他个人性格，也反映在其经营管理上。

2005年，老板蔡武乳大开慈善之门，在每天中午11点时布施饭菜给行乞者或者生活困难的人士。而此举一发，便引来《大华网》《汕头青年日报》等媒体的报道。他说这是受佛的教化，在做一件善事。这一善举也提高了该店的知名度和整体形象，为人追捧，生意兴隆。

三、飘香小食店

店主郑陆辉几年前曾经为飘香小食店做过一次宣传，但是效果并不好。主要靠熟客带动，没有主动地宣传方案。最近几年，他没有再主动做过宣传，一直都是媒体免费给飘香小食店拍片、写新闻稿。很久以前就有媒体介绍了，中国香港、潮州、广州以及新加坡的媒体都会来飘香小食店拍片子，而这些都是免费的。但近几年媒体报道多了很多。通过媒体的报道，搬到新城区的老市民知道飘香小食店没有关闭，有空都会回来吃小食。于是飘香小食店的客流量逐渐增多，从2007年开始，生意逐渐好起来，也以此使得飘香小食店一时间成为传承潮汕美食的最佳窗口。

四、爱西干面店

老板罗应义一直不热衷品牌宣传，他觉得爱西干面店卖的就是名牌，更应该致力于产品的质量，秉承传统，追求真材实料。而且现在该店已有口皆碑了，宣传的作用也微乎其微。

曾经香港本港台有过来拍摄，但由于对方没有打招呼、不讲礼貌，直接与汕头电视台联系，就过来拍摄，基于做事讲原则、有规矩的老板对此不予理睬。就算顾客经过，店主也不会刻意叫顾客来吃，老板表示顾客喜欢就来。每一年汕头美食节，爱西干面店都不去。因为老板觉得在那里做质量得不到保证，同时，在美食节的时候抬高价位对口碑不好。另外，一般不会和旅行店打招呼。老板对自己的干面很有信心，也就是因为这份信心，使得干面的质量有所保障。

五、老妈宫粽球店

张强德和张良杰父子最早在妈祖宫附近摆摊吆喝，“粽球嗳”吸引了街坊邻居的光顾。后来被归为集体所有后，再没有主动公开的广告和宣传，但是“食定正知”的美谈早已传遍了汕头。在汕头人心中，老妈宫粽球不仅有用料上乘的粽子，还有这句潮汕俗语“老妈宫粽球——食定正知”，原意是“打开竹叶吃粽子，越吃越有好味道，吃罢又饱又回味无穷。”

据店主介绍，虽然没有主动打广告，但是时而总会有媒体上门采访。因为获奖众多，汕头电视台、《汕头日报》、香港本港台都慕名来报道过。不过张店主并不打算依赖媒体宣传，他认为做好粽球才是硬道理。到了端午节，由于人手不够，供不应求，老妈宫规定每位顾客每次限购5个粽球，若要多买，得重复排队。虽然能形成“洛阳纸贵”的效果，但是没有充分发挥其盈利能力，平滑利润才能更有效地利用资源。

从销售渠道可以看出，汕头老字号餐饮店的销售渠道单一，只依赖店面与外卖，没有充分利用现代化信息技术的资源，如开辟团购网站，超市销售等渠道。从渠道深度来看，最多也是爱西干面店开了3家店铺，然而从70—80年的创办历史来看，这样的拓展速度显然是极其缓慢的。

第五节 汕头老字号餐饮品牌绩效考核问题

根据实际绩效考核的现状，我们发现企业经营状况不是员工工资福利待遇的主要影响因素，反而职位、工龄、店主性格和所有权模式等发挥着至关重要的作用。在自由市场经济环境下，品牌价值的创造来源于市场，反映在经营状况上，若员工绩效考核与经营状况不匹配，那么也进一步违背了市场驱动的品牌价值链。美国哈佛大学迈克尔·波特（Michael Porter，1985）提出品牌价值链的概念①，指出企业应当以最终品牌价值为经营目标。而品牌价值不是一蹴而就的，贯彻于企业的研发、采购、生产、分销、服务、传播等所有环节。

员工的工资待遇最大因素由其职位以及工龄长短有关。例如在榕香蚝烙店中，其经理与门口帮人看车的工资的不同，最重要是取决于其所在职位。在飘香小食店，工龄长短，也被作为决定是否加薪的因素之一（详见专栏：访谈记录5）。

专栏：访谈记录5　飘香小食店访谈郑陆辉资料

郑陆辉：如果在飘香小食店工作比较久的，他们的工资会慢慢提升，最高就1600元左右。员工之间的工资相差不多，就一两百元左右。不过老师傅的工资比其他人会高点。节假日时，我们的员工是拿双份工资的，即干一天活，拿两天的工资。另外，他们还会有年终奖金，1000元到2000元之间。

员工工资待遇整体的改变与店内决策者有着不可分割的关系。例如榕香蚝烙店，老板因自身经历以及宗教信仰等原因，改变了其个人思想观念。而这一切反映在店内的经营管理上则为：员工的待遇开始提升，厨房内增设了抽油烟机，休息时间加长等（详见专栏：访谈记录6）。

---

① 迈克尔·波特．国家竞争优势［M］．李明轩，译．北京：中信出版社，2007：345－346.

专栏：访谈记录6　榕香蚝烙店访谈陈辉资料

访谈者：您对老板感觉怎样？他对你们有什么改变吗？

陈辉：老板脾气变好了很多，开始关心员工了，老板以前脾气很暴躁的，总是骂人。但是现在他都会给我们一些帮助，比如我们谁有困难，需要资金啊什么的，老板都会帮助我们。除了我们去找他，他看我们有什么不对劲，他都会主动来关心我们，问我们发生了什么事情之类的。

访谈者：那老板脾气变好了之后，有给你们加薪水吗？

陈辉：有啊，像休息日、国庆节，那些节日啊，都会加薪水。

访谈者：是双倍薪？

陈辉：是呀，休息日就是付给我们双倍薪水这样子。

选取的五间“老字号”食品店铺中，主要分为两种资本结构：国有企业以及私营企业。国有企业以老妈宫粽球、飘香小食店为代表，私营企业则以榕香蚝烙店为代表。国有企业会给予员工一定的补贴，比如随着物价的上涨，那么国营企业编制下的员工，其工资必定是有一定涨幅的。而私营企业员工福利待遇则在此方面稍有劣势。

除此之外，汕头老字号餐饮品牌传承的困境在于家庭经营模式无法代代相传，而创新的问题则在于经营者观念的落后。要解决这些问题，首当其冲的是转变立足点，从店主到顾客，由下至上。这并不是强迫经营者将培养数十年的孩子拱手相让，而是探寻一种双赢的管理模式，让经营者看到品牌活化的希望，同时也让老字号餐饮行业得到整体提升的空间。

第六节　汕头老字号餐饮品牌问题的解决之道

显然，从发展的眼光看，汕头老字号餐饮品牌的确存在不少问题，必须认真对待并加以解决。针对品牌定位和营销问题，可以具体采取的解决方案在于：一是基于市场的品牌定位，量身订做一个品牌标识和标语，将品牌名称与标识一同进行商标注册，为产权保护和“走出去”做准备；二是更新店铺装修，将标识、标语等高频次地列于店铺和外卖袋上，强化顾客心中已有的品牌形象；三是引导内部员工认同品牌定位，可以不定期地进行言传身教等，还可以对外定期投放广告和宣传；四是挖掘低成本渠道拓宽手段，如网上销售、连锁经营、特许经营等。

事实上，品牌联合不失为一个良策。乍看没有一个汕头老字号餐饮能独当一面，小规模低收益，但弱弱联合能实现优势互补与资源共享。2001 年，百家中华老字号在福州结成“中华老字号企业协会”，建设成“中华老字号一条街”，让被西方巨头腐蚀的老字号品牌再铸辉煌[①]。先位于广州市下九路荔湾广场的“西关人家”就是最可行的一种品牌联合，叫创新型品牌联合。合作的前提是合作方需要区别于其他竞争者，而合作方彼此又具有伙伴和竞争关系[②]。目的在于创造出一个全新的产品或服务，赢得新的市场。如西关人家集合了三个老字号品牌，南信牛奶甜品专家、伍湛记粥品专家和欧成记面食专家，主要经营 300 多个品种的老字号小吃。由于聚集效应和资源共享最大化，很快就得到顾客青睐和市场回馈。

因此，笔者建议汕头老字号餐饮店采取这种创新型品牌联合策略，既能省去顾客走街串巷的烦恼，又能在短时间内扩大店面规模与营销活动，吸引更多的潜在消费者。而对于绩效考核，基于品牌价值链的员工绩效考核应该根据不同岗位匹配不同的考核标准，否则洗碗工可能抱怨工作比餐厅服务员辛苦，却拿到较少的工资。虽然这些餐饮店只有不多的员工，但只有公平有效的考核才能保证合作效率的提高。

老字号品牌要跟时代相联系，只有持续创新，才能在市场竞争中拥有旺盛的生命力。老字号的守业不会比创业轻松，需要有创业精神，也要有创新策略，然而创新并不意味着抛弃原有的传统，而是在进行品牌延伸，即借助原有的已建立的品牌地位，将原有品牌转移使用于新进入市场的其他产品或服务。这样才能激活老字号品牌的复活。

本章小结

老字号品牌传递给消费者的不仅仅是产品，更有小食店所传承的文化与

---

① 章柯．百家中华老字号结盟［J］．管理与财富，2001（4）：46－47.

② 张春伟，林攀登．品牌联合：中华老字号的市场拓展之道——以山西平遥牛肉为例［J］．中国财经政法大学研究生学报，2007（5）：100－104.

精神。目前，多方媒体关注，潮汕传统小吃作为一种文化产权，需要继续传承发展下去。而当前的情况是，步履维艰、日渐凋落，虽然老样子犹在，老名气尚存，但显然已经年老力衰，生意十分冷落，甚至有些已销声匿迹。在这样的困境下，当身体、管理素质日益衰弱的20世纪五六十年代生人的店主退居二线后，谁来继承？面对这一问题，店主们异口同声地道出了两代人的代沟。观察市场竞争，我们更担心老字号随时被淘汰的可能。

目前，大多数老字号着重坚守“传承”而忽视“创新”，产品品质和包装几十年不变，不能随着消费者需求的变化而推陈出新，例如以无米粿著名的飘香小食店，几十年来无米粿都是煎炸加工，而现在人们追求低脂低糖的食品消费，许多年轻人为减肥拒绝油炸食品，老年人高血压高血脂承受不起高油脂食物。由此可以看出，这些传统美食已无法适应现代消费者多样化、个性化的需求。再加上产品技术含量低，附加值低，生产效率低，直接导致高成本、低利润，制约其发展。这些状况与附带的其他问题，如缺少品牌标识和可读性的标语、缺乏品牌包装意识、不信赖对外传播，也不注重对内营销、销售渠道单一且狭窄成为汕头“老字号”餐饮品牌运营面临的主要问题。

运用民族志方法研究老字号餐饮品牌管理，在国内还处于探索阶段。之所以采取这种人类学的定性分析，是因为品牌管理的许多问题无法穷尽答案或依靠理论推断得出。而民族志恰恰弥补了定量分析的这种缺陷，还原本质的找寻第一手资料，分析得出症结所在。然而，同时由于民族志式的定性分析较大程度上依赖研究者的主观判断，因此，在分析方面可能未能全面、深入地作出相关性总结，导致结论有失偏颇。希望今后加强对民族志的范式研究，控制研究者的主观判断失误，为品牌管理提供更可靠、有效的分析思路①。

① 田广，周大鸣．工商人类学通论［M］．北京：中国财政经济出版社，2013：263－303.

参 考 文 献

1. 〔美〕A. 小艾伦（田广译）. 经济人类学［J］. 世界民族，1985（4）：30－38.

2. 安宝洋. 市民社会与政治国家的统一——黑格尔市民社会理论对和谐社会建构的启示［J］. 文教资料，2007（4）：77－78.

3. 安东尼·吉登斯，吉登斯，郭忠华等. 资本主义与现代社会理论：对马克思、涂尔干和韦伯著作的分析［M］. 上海：上海译文出版社，2013.

4. 安贺新，李喆. 中华老字号顾客体验管理问题研究［J］. 管理世界，2013（2）：182－183.

5. 奥斯瓦尔德·斯宾格勒. 西方的没落，（上册）［M］. 齐世荣等译. 北京：商务印书馆，1963.

6. 白廷，陈刚. 工商人类学与文化旅游商品市场分析［M］. 见田广，周大鸣. 工商人类学. 银川：宁夏人民出版社，2012：282－292.

7. 贝尔纳·亨利·列维. 萨特的世纪［M］. 闫素伟译. 北京：商务印书馆，2005.

8. 陈炳辉. 文化与国家——黑格尔国家哲学新论［J］. 政治学研究，1999（3）：74－82.

9. 陈刚. 多民族地区旅游发展对当地族群关系的影响——以川滇泸沽湖地区为例［J］. 旅游学刊，2012（5）：94－102.

10. 陈丽娜. 礼物馈赠与交换模式下人性的美丑重叠——以《边城》为例［J］. 阴山学刊，2016（3）：37－40.

11. 陈庆德. 经济人类学视野中的"现代化"反思［J］. 战略与管理，2000（1）：72－85.

12. 陈庆德. 发展人类学引论［M］. 昆明：云南大学出版社，2007.

13. 陈庆德，马翀炜. 民族文化资本化［M］. 北京：人民出版社，

2004.

14. 陈向明．社会科学中的定性研究方法［J］．中国社会科学，1996（6）．

15. 陈向明．扎根理论的思路和方法［J］．教育研究与实验，1999（4）．

16. 陈兴贵．人类学在公共事务管理中的作用［J］．青海民族研究，2014（3）．

17. 陈永国．纪念法农：自我、心理和殖民状况［J］．外国文学，1999（1）：70－77.

18. 陈珏岑．人类学视野下的礼物馈赠——读阎云翔《礼物的流动》有感［J］．智富时代，2016（4）：382.

19. 陈志，杨拉克．城市软实力［M］．广东：广东人民出版社，2008.

20. 程文广．管理学中的定性与定量方法比较研究［J］．商场现代化，2007（31）．

21. 代明，殷仪金，戴谢尔．创新理论：1912—2012——纪念熊彼特《经济发展理论》首版100周年［J］．经济学动态，2012（4）：143－150.

22. 丹尼尔·哈里斯·葛学溥．华南的乡村生活［M］．周大鸣译，北京：知识产权出版社，2011.

23. 〔美〕德内拉·梅多斯，乔根·兰德斯，丹尼斯·梅多斯等．增长的极限［M］．李涛，王智勇译．北京：机械工业出版社，2006.

24. 迪尔凯姆．社会学方法的准则［M］．狄玉明译．北京：商务印书馆，1995.

25. 丁晓安．"资本雇佣劳动"及其产权逻辑批判——基于马克思主义劳动价值论的反思［J］．管理学刊，2011（4）：24－27.

26. 杜春峰，李玉文．简析尼采的"超人"学说［J］．甘肃理论学刊，2008（1）：56－59.

27. 杜晓静，杨天英．宗教：助推经济发展的重要力量［J］．广州社会主义学院学报，2015（2）：68－71.

28. 范小青．经济人类学在中国的研究［J］．怀化学院学报，2009，28（12）：21－24.

29. 费显政，游艳芬，杨辉等．营销互动中的消费者内疚——对关键事件的探索性研究［J］．管理世界，2001（9）．

30. 费小冬. 扎根理论研究方法论：要素、研究程序和评判标准 [J]. 公共行政评论，2008 (3).

31. 费孝通. 促进东西部均衡发展，实现各民族共同繁荣 [J]. 群言，2000 (9)：6 -9.

32. 费孝通. 江村经济——中国农民生活 [M]. 北京：商务印书馆，2001.

33. 费孝通. 论人类学与文化自觉 [M]. 北京：华夏出版社，2004.

34. 费孝通. 论中国小城镇的发展 [J]. 小城镇建设，1996 (3)：40 -43.

35. 费孝通，戴可景. 江村经济：中国农民的生活 [M]. 北京：北京大学出版社，2012：5.

36. 费孝通. 关于"文化自觉"的一些自白 [J]. 学术研究，2003 (7)：31 -33.

37. 费孝通. 简述我的民族研究经历和思考 [J]. 北京大学学报：哲学社会科学版，1997 (2)：5 -13.

38. 费孝通. 边区民族社会经济发展思考 [J]. 北京大学学报（哲学社会科学版），1993 (1)：12 -20.

39. 费孝通. 人文资源在西部大开发中的作用和意义 [J]. 文艺研究，2001 (2)：4 -10.

40. 冯海波. 马克思"劳动"与"资本家"概念的原生态意义 [J]. 前沿，2011 (9)：8 -11.

41. 冯祖贻. 序言//杨庭硕. 相际经营原理 [M]. 贵阳：贵州民族出版社，1995.

42. 弗里德里希·恩格斯. 家族私有财产及国家的起源 [M]. 张仲实译. 长春：新中国书局，1949.

43. 格泽高滋·W. 科勒德克. 主流经济学过时了 [J]. 中国经济周刊，2013 (14)：66 -67.

44. 龚桂英. 北京餐饮业老字号的现状与发展对策 [J]. 中国食品，2004 (4)：18 -21.

45. 管理学报编辑部. 直面中国管理实践，催生重大理论成果——国家自然科学基金委员会管理科学部第二届第一次专家咨询委员会扩大会议纪要 [J]. 管理学报，2005 (2).

46. ［法］郭德烈，陈晋编译．人类学：一门拥有未来的社会科学［J］．民族研究，2012（1）．

47. 龚俊威．荣格原型理论的起源与演化［J］．商情，2013（13）：41－42．

48. 郭娅．少数民族文化在国家文化软实力建设中的地位浅论［J］．西南民族大学学报（人文社科版），2013（7）：194－197．

49. 郭毅．地方性知识：通往学术自主性的自由之路——“管理学在中国”之我见［J］．管理学报，2010（4）．

50. 韩德强．整体管理［M］．北京：中国社会科学出版社，2008．

51. 赫伯特·施皮格伯格著，王炳文，张金言译．现象学运动［M］．北京，商务印书馆，1995．

52. 何佳讯，秦翕嫣，杨清云，王莹．创新还是怀旧？长期品牌管理“悖论”与老品牌市场细分取向［J］．管理世界，2007（11）．

53. 何佳讯，李耀．品牌活化原理与决策方法探窥［J］．北京工商大学学报，2006，21（6）：50－55．

54. 何燕．跨文化敏感性研究回顾［J］．沿海企业与科技，2007（12）：136－138．

55. 黑格尔．精神现象学（下册）［M］．贺麟，王玖兴译．北京：商务印书馆，1979．

56. 洪芳．定性研究和定量研究的比较分析［J］．南方论刊，2013（12）．

57. 胡怀国．亚当·斯密的思想渊源：一种被忽略的学术传统——兼论现代市场经济的内在逻辑［J］．经济学动态，2011（9）：110－120．

58. 胡亮．礼物交换研究概述［J］．赤峰学院学报（哲学社会科学版），2016（1）：42－43．

59. 胡祖光．东方管理学及其在管理理论连续谱中的地位［J］．浙江社会科学，1995（5）．

60. 胡祖光，陈敬宇．中国管理学发展方向之管见——兼论东方管理学的定位［J］．商业经济与管理，2013（12）．

61. ［美］华西里·列昂惕夫．经济学论文集：理论、事实与政策［M］．北京：北京经济学院出版社，1991．

62. 黄彩文，蒋潞杨．永胜彝族他留人社会生活中的礼物馈赠［J］．贵州民族大学学报（哲学社会科学版），2015（3）：29－35.

63. 黄立壮．一类两种群互惠共存的定性分析［J］．广西民族师范学院学报，2015（3）：5－8.

64. 黄敏学，李小玲，朱华伟．企业被“逼捐”现象的剖析：是大众“无理”还是企业“无良”？［J］．管理世界，2008（10）.

65. 黄淑娉．费孝通先生对中国人类学的理论贡献［J］．中央民族大学学报（哲学社会科学版），2007（4）：22－31.

66. 黄永林，桑俊．文化的冲突与传统民俗文化的挽歌——从民俗学视角解读齐诺瓦·阿切比的小说《崩溃》［J］．外国文学研究，2006（5）：32－39.

67. 汲喆．礼物交换作为宗教生活的基本形式［J］．社会学研究，2009（3）：1－25.

68. 贾晓娜，范红霞．荣格的“原型理论”初探［J］．史志学刊，2010（6）：147－148.

69. 贾旭东，谭新辉．经典扎根理论及其精神对中国管理研究的现实价值［J］．管理学报，2010（5）.

70. 蒋廉雄，冯睿，朱辉煌，周懿瑾．利用产品塑造品牌：品牌的产品意义及其理论发展［J］．管理世界，2012（5）.

71. 蒋希众．管理学［M］．成都：西南财经大学出版社，2011.

72. 姜秀敏．行政管理学［M］．大连：东北财经大学出版社，2015.

73. 隽鸿飞．马克思的人类学研究及其史学意义［J］．学习与探索，2006（5）：1－5.

74. 卡尔·亨利希·马克思．德意志形态［M］．中共中央马克思恩格斯列宁斯大林著作编译局译．北京：人民出版社，1961.

75. 卡尔·亨利希·马克思．政治经济学批判［M］．北京：人民出版社，1976.

76. 弗里德里希·恩格斯．家庭、私有制和国家的起源：就路易斯·亨·摩尔根的研究成果而作［M］．北京：人民出版社，1972.

77. 卡尔·亨利希·马克思，弗里德里希·恩格斯．共产党宣言［M］．成仿吾译．北京：人民出版社，1978.

78. 卡尔·马克思．《1844年经济学哲学手稿》研究：文集［M］．中共中央马克思恩格斯列宁斯大林著作编译局，译．长沙：湖南人民出版社，

1983.

79. 〔美〕克利福德·格尔茨．尼加拉：十九世纪巴厘剧场国家［M］．赵丙祥译．上海：上海人民出版社，1999.

80. 〔美〕克利福德·格尔茨．地方知识：阐释人类学论文集［M］．王海龙，张家瑄译．北京：商务印书馆，2014.

81. 克洛德·列维—斯特劳斯．神话学，生食和熟食［M］．周昌忠译．北京：中国人民大学出版社，2007.

82. 科塔克，文化人类学：文化多样性的探索［M］．徐雨村译．台湾：美商麦格罗·希尔国际公司，2005：57－58.

83. 孔令仁，李德征．中国老字号第一卷［M］．北京：高等教育出版社，1998：1.

84. 拉德克利夫－布朗．安达曼岛人［M］．桂林：广西师范大学出版社，2005.

85. 莱斯利·怀特．文化科学：人和文明研究［M］．曹锦清译．杭州：浙江人民出版社，1988.

86. 莱斯利·怀特 L. A. 怀特序，托马斯·哈定，大卫·卡普兰等．文化与进化［M］．韩建军译．杭州：浙江人民出版社，1987.

87. 蓝雪华，田广．人类学在商业教育中的应用及工商人类学的崛起［J］．中国管理信息化，2011（4）.

88. 李德宽，田广．饮食人类学［M］．银川：宁夏人民出版社，2014.

89. 李纲要．新古典经济学的理论假设与我国的经济“新常态”［J］．济宁学院学报，2016（3）：105－110.

90. 李慧男．马克思《1844 年经济学哲学手稿》中的私有财产思想及其当代价值［D］．中共北京市委党校，2016.

91. 李澜．广义民族学——民族科学研究的新高峰——评施正一先生的《广义民族学导论》［J］．学术论坛，2008（12）：203－205.

92. 李全敏．礼物馈赠与关系建构：德昂族社会中的茶叶［J］．西南民族大学学报（人文社会科学版），2012（4）：18－22.

93. 李文娟．霍夫斯泰德文化维度与跨文化研究［J］．社会科学，2009（12）：126－129.

94. 李文睿，陈刚．压力、挑战和利益的博弈：昆明出租车司机的工商人类学个案研究［J］．青海民族研究，2014（1）：12－21.

95. 李善明．论詹姆斯·斯图亚特经济思想的属性——斯图亚特是带有“重商主义残余”的古典经济学家［J］. 财经科学，1987（3）：49－51.

96. 李新．克尔凯郭尔孤独个体的生存与信仰［J］. 安徽师范大学学报（人文社科版），2017（3）：337－342.

97. 李岳．互联网时代的经济发展特征研究［J］. 现代经济信息，2010（7）：80.

98. 李正荣．民族经济利益的相对独立性［J］. 甘肃政法成人教育学院学报．2003（3）.

99. 李忠斌．民族经济学发展新论［M］. 北京：民族出版社，2004.

100. 李志刚，李兴旺．蒙牛公司快速成长模式及其影响因素研究——扎根理论研究方法的运用［J］. 管理科学，2006（3）.

101. 李竹青，那日．中国少数民族经济概论［M］. 北京：中央民族大学出版社，1998.

102. 李总，居水木．浅谈法家，道家，儒家管理思想在现代企业管理中的运用［J］. 技术经济与管理研究，2008（3）.

103. 廖梦溪．列维—斯特劳斯结构主义人类学浅析［J］. 商，2015（21）：122－122.

104. 凌新，高园．论权利的不平等——马克思主义平等正义观的基本原则［J］. 江汉论坛，2004（9）：8－11.

105. 列维—斯特劳斯．结构人类学：巫术宗教艺术神话［M］. 陆晓禾，黄锡光译．北京：文化艺术出版社，1989.

106. 刘登．列维—斯特劳斯的结构主义方法浅析［J］. 现代交际，2013（9）：53－54.

107. 柳红．80 年代：中国经济学人的光荣与梦想［M］. 桂林：广西师范大学出版社，2010.

108. 刘谦，张银锋．人类学视野下的商品生产与消费——从西方工商人类学的发展谈起［J］. 中国人民大学学报，2016（1）：138－146.

109. 露丝·本尼迪克特．菊与刀［M］. 哈尔滨：北方文艺出版社，2015.

110. 路易斯·亨利·摩尔根．古代社会－新译本［M］. 杨东纯，马雍，马巨译．北京：中央编译出版社，2007.

111. 罗康隆，田广．论经济人类学中国本土化实践及理论贡献［J］.

中央民族大学学报（哲学社会科学版），2014（3）：57－66.

112. 罗康隆，田广．论经济人类学与社会发展问题［J］．吉首大学学报（社会科学版），2013（5）：15－22.

113. 罗颖．“老字号”饮企业现状分析和战略选择研究——以郑州市“老字号”为例［J］．经济经纬，2010（4）：40－45.

114. 吕俊彪：经济人类学在中国的发展及当前面临的问题［J］．广西民族研究 2003（3）.

115. 吕力．管理人类学：学科特征与体系结构［J］．商业经济，2009（3）.

116. 吕力．人类学视野下的本土管理实践［J］．发展研究，2009（8）.

117. 吕力．深度情境化与诠释：管理学的质性研究方法［J］．科学学与科学技术管理，2012（11）.

118. 吕力．易学管理理论与管理学中国学派：基于管理与环境视角［J］．管理学报，2013（8）.

119. 马克斯·韦伯．经济与社会［M］．林荣远译．北京：商务印书馆，1997.

120. 马庆国等．区域软实力的理论与实施［M］．北京：中国社会科学出版社，2007.

121. 马腾．个体生命的存在形式及其体育意义［J］．教育理论与实践，2017（24）：36－38.

122. 马薇薇，黄执中，周玄毅等．好好说话：新鲜有趣的话术精进技巧［M］．北京：中信出版社，2017.

123. 马骁潇．习近平发表讲话为十九大定调［EB/OL］．http：//news. sina. com. cn/o/. 2017－08－02/doc－ifyinryq7556151. shtml. 2017－8－01.

124. 马英华．经济体制改革与上层建筑改造［J］．学术研究，1985（5）：40－43.

125. 迈克尔·波特．国家竞争优势［M］．李明轩译．北京：中信出版社，2007：345－346.

126. 迈克尔·赫茨菲尔德．人类学：文化和社会领域中的理论与实践［M］．刘珩，石毅，李昌银译．北京：华夏出版社，2013.

127. M. H. 艾布拉姆斯（Meyer Howard Abrams）．文学术语词［M］．吴

松江等编译．北京：北京大学出版社，2009.

128. 奈杰尔·拉波特，乔安娜·奥弗林．社会文化人类学的关键概念［M］．鲍雯妍，张亚辉译．北京：华夏出版社，2013.

129. 倪梁康．现象学运动的基本意义——纪念现象学运动一百周年［J］．中国社会科学，2000（4）.

130. 诺曼·K. 邓津，伊冯娜·S. 林肯．定性研究（第1卷）［M］．方法论基础，风笑天译．重庆：重庆大学出版社，2007（1）.

131. 诺曼·莱文著，赵玉兰译．马克思与黑格尔思想的连续性［J］．马克思主义与现实，2008（5）：43－56.

132. 潘士远，史晋川．知识吸收能力与内生经济增长——关于罗默模型的改进与扩展［J］．数量经济技术经济研究，2001，18（11）：82－85.

133. 潘泽泉．实践中流动的关系：一种分析视角——以《礼物的流动：一个中国村庄中的互惠原则与社会网络》为例［J］．社会学研究，2005（3）：221－227.

134. 裴珍珍．新时期经济工作的行动指南——中国社科院学部委员程恩富谈习近平关于经济发展的重要论述［N］．经济日报，2015－10－15（01）.

135. 普里查德，褚建芳．努尔人［M］．北京：华夏出版社，2002.

136. 綦晓光，王晓娜，刘振宇．管理学和人类学的对话及发展：工商人类学的兴起［J］．大连海事大学学报（社会科学版），2012（3）.

137. 乔治·马尔库什．马克思主义与人类学：马克思哲学关于“人的本质”的概念［M］．李斌玉，孙建茵译．哈尔滨：黑龙江出版社，2011.

138. 全京秀，崔海洋．费孝通人类学研究方法探讨——精读《江村经济》［J］．广西民族大学学报（哲学社会科学版），2013（4）：58－64.

139. 桑俊．论齐诺瓦·阿切比的小说特色［J］．山东文学，2010（2）：121－122.

140. 斯蒂芬·罗宾斯．组织行为学（第七版）［M］．北京：中国人民大学出版社，1997.

141. 〔美〕斯蒂文·贝斯特，道格拉斯·凯尔纳著：《后现代理论》中央编译出版社中译本，1999.

142. 施琳．边疆民族志：经济人类学的视角与方法［J］．广西民族大学学报哲学社会科学版，2011（3）：35－38.

143. 施琳．经济人类学［M］．北京：中央民族大学出版社，2002.

144. 施琳．经济人类学中的“形式”与“实在”之争［J］．江汉论坛，2002（6）：27－30.

145. 施琳．论美国经济人类学的诞生与早期发展［J］．民族研究，2002（2）：97－103.

146. 施琳．应对民族多样性的“非洲思路”——“多维度”视域下的埃塞俄比亚民族治理模式［J］．黑龙江民族丛刊，2016（3）：59－67.

147. 史少博，张文青．现代企业精神对儒家思想的汲取［J］．吉首大学学报（社会科学版），2009（4）.

148. 石云霞．试论亚里士多德的政治学方法论及其历史地位［J］．武汉大学学报（哲社版），1995（5）：103－108.

149. 施正一．差距加速与均衡——关于少数民族地区经济发展战略的探索［J］．黑龙江民族丛刊，1989（3）：29－45.

150. 施正一．广义民族学［M］．北京：光明日报出版社，1992.

151. 施正一．广义民族学的研究方法［J］．黑龙江民族丛刊，1992（4）：91－97.

152. 施正一．民族经济学导论［M］．北京：民族出版社，1993.

153. 施正一．民族经济学教程［M］．北京：中央民族大学出版社，2001.

154. 施正一．民族经济学与西部大开发论坛［M］．北京：民族出版社，2002.

155. 施正一．民族经济研究要有新思路［J］．中国民族，2002（4）：56－57.

156. 施正一．民族经济学和民族地区的四个现代化［M］．北京：民族出版社，1987.

157. 施正一．论广义民族学的研究对象［J］．黑龙江民族丛刊，1990（4）：66－70.

158. 施正一．论社会主义民族——谈谈斯大林的“社会主义民族”理论［J］．贵州民族研究，1985（3）：1－9.

159. 施正一．关于加速发展战略方针［J］．中南民族大学学报（人文社会科学版），1992（4）：18－20.

160. 施正一．关于少数民族地区经济体制改革的几个问题［J］．经济问题探索，1986（1）：18－20.

161. 施正一．关于少数民族地区加速发展的战略方针——学习邓小平同志关于加速发展的战略指导思想［J］. 内蒙古社会科学（汉文版），1993（2）：35－41.

162. 施正一．实施西部大开发战略应当正确处理几种关系——再谈“西部大开发新思路”［J］. 中央民族大学学报哲学社会科学版，2000（5）：58－61.

163. 施正一．西部少数民族地区经济发展的“加速战略”［J］. 中国民族，1986（11）：8－10.

164. 施正一．由具体到抽象再由抽象到具体是理论思维的科学方法——读马克思的《〈政治经济学批判〉导言》第三节“政治经济学的方法”［J］. 中央财经大学学报，1983（3）：52－55.

165. 施正一．中国少数民族经济词典［M］. 上海：上海辞书出版社，1991.

166. 施正一．中国西部民族地区经济开发研究［M］. 北京：民族出版社，1988.

167. 施正一．中国少数民族宗教文化形态简论——兼论宗教文化形态学［J］. 广西民族大学学报哲学社会科学版，1996（2）：51－55.

168. 施正一（主编）. 民族经济学教程（修订本）［M］. 北京：中央民族大学出版社，2001.

169. 寿思华．坚持公有制是社会主义的核心（下）——马克思主义社会主义是必由之路系列研究之二［J］. 改革与战略，2017（9）.

170. 宋喜燕，邓婷．王麻子剪刀厂申请破产［N/OL］. 京华时报，2003－01－23［2012－01－12］. http：//www. people. com. cn/GB/paper1787/8325/784146. html.

171. 宋才发．民族地区精准扶贫基本方略的实施及法治保障探讨［J］. 中央民族大学学报（哲学社会科学版），2017（1）：5－11.

172. 孙飞宇．从社会变迁到社会平衡：费孝通在“江村调查”之前的思想梳理［J］. 社会学评论，2017（1）：76－84.

173. 孙国华．法理学［M］. 北京：法律出版社，1995：65. 李文原注［7］.

174. 孙继伟．论管理学界的研究方法迷失——实践迷失、客户迷失、价值迷失的继续研究 [J]. 管理学报, 2011 (2).

175. 孙晶. 马文·哈里斯的文化进化论与文化唯物主义 [J]. 山西大学学报 (哲学社会科学版), 2000 (1): 47-49.

176. 谭宏. 毛泽东调查理论和实践对人类学田野调查的反思和启示 [J]. 毛泽东思想研究, 2016 (4).

177. 谭劲松. 关于中国管理学科定位的讨论 [J]. 管理世界, 2006 (2).

178. 唐庆增. 中国经济思想史 [M]. 北京: 商务印书馆, 2010.

179. 陶骏, 李善文. "中华老字号"品牌复兴: 品牌延伸及反馈 [J]. 经济管理, 2012, 34 (2): 97-106.

180. 陶庆, 陈津京. 新政治人类学: 一种跨学科的理解范式 [J]. 学术月刊, 2017 (2).

181. 田广. 西方经济人类学先驱思想理论脉络探析 [J]. 湖北民族学院学报, 2019, 37 (4): 116- 123.

182. 田广. 对经济演变的人类学诠释 [J]. 青海民族研究, 2015, 26 (4): 24-29.

183. 田广. 工商人类学的兴起及应用 [J]. 管理学家: 实践版, 2012 (12): 39-48.

184. 田广. 工商人类学与文化差异管理 [J]. 青海民族研究, 2013 (3).

185. 田广. 论经济人类学的若干问题 [J]. 广西民族研究 2014 (5): 41-48.

186. 田广. 经济人类学的中国化研究典范: 杨庭硕相际经营原理学术思想探讨 [J]. 中央民族大学学报 (哲学社会科学版), 2013 (5): 11-16.

187. 田广等. 费拉罗文化维度模型: 工商人类学理论对国际贸易的指导 [J]. 西南民族大学学报, 2017 (4): 1-7.

188. 田广, 戴琴琴. 泛市场化批判: 对当代中国经济体制改革的理论思考 [M]. 中国财政经济出版社, 2012.

189. 田广, 戴琴琴. 人类学与工商管理学科中国本土化的路径思考 [J]. 管理学报, 2013 (6).

190. 田广, 戴琴琴, 綦晓光. 关于国家经营的战略思考: 基于对泛市场化思潮的批判［J］. 石家庄经济学院学报，2012（2）：92－95.

191. 田广，罗康隆. 经济人类学［M］. 银川：宁夏人民出版社，2013.

192. 田广，冯蛟，王颖. 市场营销人类学［M］. 银川：宁夏人民出版社，2017：17－20.

193. 田广，刘瑜，汪一帆. 质性研究与管理学科建设：基于工商人类学的思考［J］. 管理学报，2015（1）：1－12.

194. 田广，罗康隆. 经济人类学［M］. 银川：宁夏人民出版社，2013.

195. 田广，陶克涛，吕力. 管理人类学［M］. 银川：宁夏人民出版社，2019.

196. 田广，邵欢. 对民族地区文化因素运作机制的再思考——基于相际经营原理的经济人类学探讨［J］. 社会科学辑刊，2014（4）：51－54.

197. 田广，邵欢. 跨文化与跨民族市场营销的人类学思考［J］. 河北经贸大学学报（综合版），2014（2）：5－10.

198. 田广，田大卫，王娇，王红，刘瑜. 经济人类学视野下的文化交流与适应性［J］. 青海民族研究，2018：29（4）.

199. 田广，万永安. 马克思主义经济人类学前景广阔［N］. 中国社会科学报，2018－2－13.

200. 田广，王丰，普永生. 论我国多层次波浪式经济结构与西部民族地区经济建设［J］. 广西民族研究，1986（3）.

201. 田广，王颖. 从对泛市场化的批判看供给侧改革［J］. 领导之友，2016（15）：17－25.

202. 田广，王颖，王红. 从民族志到工商民族志［J］. 青海民族研究，2017（4）.

203. 田广，张林林. 经济人类学中国本土化路径模式：解读相际经营原理［J］. 青海民族研究，2014（4）：21－25.

204. 田广，周大鸣. 工商人类学［M］. 银川：宁夏人民出版社，2012.

205. 田广，周大鸣. 工商人类学通论［M］. 北京：中国财政经济出版社，2013.

206. 托马斯·卡莱尔. 论历史上的英雄、英雄崇拜和英雄业绩［M］. 周祖达译. 北京：商务印书馆，2011.

207. 王德峰. 论马克思的资本批判的原则高度 [J]. 江苏社会科学, 2005 (6): 42-48.

208. 王方友. 好干部标准视角下沈浩精神的科学内涵及其启示 [J]. 内蒙古农业大学学报 (社会科学版), 2015 (5).

209. 王齐. 看、听和信——克尔凯郭尔和尼采视域下的信仰 [J]. 哲学研究, 2015 (3): 73-78.

210. 王庆贺. 礼物的馈赠实践与乡村人际互动研究——基于豫中地区王村的田野调查 [J]. 原生态民族文化学刊, 2016 (1): 102-107.

211. 汪涛, 周玲, 周南等. 来源国形象是如何形成的? ——基于美、印消费者评价和合理性理论视角的扎根研究 [J]. 管理世界, 2012 (3).

212. 汪向东. 中国: 面对互联网时代的"新经济" [M]. 北京: 生活·读书·新知三联书店, 2003.

213. 王亚星, 周方. 开放经济体中知识产权与经济增长关系的实证分析 [J]. 重庆大学学报 (社会科学版), 2015 (1): 61-68.

214. 王燕祥. 马克思主义对当代经济人类学的影响 [J]. 世界民族研究, 1979 (2): 38-41.

215. 王燕祥. 经济人类学与民族经济学 [J]. 中央民族大学学报, 1998 (3): 81-86.

216. 王宇丰. 从《菊与刀》看本尼迪克特的人类学调查方法 [EB/OL]. http://xy.scau.edu.cn/gongguan/shdc/2008/11-26/10812.htm, 2008-11-26.

217. 王知津. 基于民族志方法的个人信息管理行为研究 [J]. 情报理论与实践, 2009 (1).

218. 吴兵. 马克思经济伦理思想的方法论特色及其当代价值 [J]. 理论与改革, 2012 (6): 32-34.

219. 吴世旭. 牛日子里的牛"钟表":《努尔人》的一种读法 [J]. 西北民族研究, 2007 (2): 98-104.

220. 吴兴明. 从价值论看上层建筑与经济基础的关系 [J]. 四川大学学报: 哲学社会科学版, 1991 (4): 38-42.

221. 习近平, 叶晓楠, 孙琳整理. 习近平讲给世界的"小故事" [N]. 人民日报海外版, 2015-12-11 (009).

222. 项国鹏, 田广, 汪一帆, 欧阳桃花. 共议管理学 (三) ——对〈再问管理学〉的回应［J］. 管理学报，2013（10）.

223. 徐超，殷正坤. 试论涂尔干对功能主义和结构主义的影响［J］. 华中科技大学学报（社会科学版），1999（1）：70－74.

224. 许家烨. 党的十八大以来文化自信基本问题研究述评［J］. 文化软实力研究，2017（2）：88－98.

225. 许婧. 西方经济人类学理论发展的历程［J］. 西南民族大学学报（人文社会科学版），2010（1）：56－60.

226. 徐岚，崔楠，熊晓琴. 父辈品牌代际影响中的消费者社会化机制［J］. 管理世界，2010（4）.

227. 徐淑英，张志学. 管理问题与理论建立：开展中国本土管理研究的策略［J］. 南大商学评论，2005（4）.

228. 薛力. 崛起大国如何塑造软实力［J］. 中央社会主义学院学报，2017（3）：19－24.

229. 薛天烈. 进化论的奠基人——拉马克［J］. 生物学通报，1998（5）：41.

230. 薛刘洋. 浅谈领导科学与领导艺术［J］. 管理纵横，2016（5）.

231. 〔英〕亚当·斯密. 国民财富的性质和原因的研究（下）［M］. 郭大力，王亚南译. 北京：商务印书馆，2008.

232. 亚里士多德. 亚里士多德选集（政治卷）［M］. 北京：中国人民大学出版社，1999.

233. 闫慧. 列维—斯特劳斯的人类学结构主义［J］. 大众文艺，2010（17）：99－100.

234. 杨长云. 公众的声音：19世纪末20世纪初美国的市民社会与公共空间［D］. 厦门大学，2009.

235. 杨东昌，田广. 新时代马克思主义经济人类发展探析［J］. 学术前沿，2018（08下）：88－103.

236. 仰海峰. 葛兰西的霸权概念研究［J］. 山东社会科学，2005（11）：39－44.

237. 杨丽娟. "理论之后"与原型——文化批评［M］. 北京：中国社会科学出版社，2010.

238. 杨立华，何元增. 公共管理定性研究的基本路径［J］. 中国行政管理，2013（11）.

239. 杨群．民族学、人类学学科的历史转折点——重评马林诺夫斯基和他的功能主义学派［J］．贵州民族研究，2003（2）：36－41.

240. 杨庭硕．相际经营原理［M］．贵阳：贵州民族出版社，1995.

241. 杨庭硕．相际经营原理——跨民族经济活动的理论与实践［M］．贵阳：贵州民族出版社，1995.

242. 杨小柳．发展研究：人类学的历程［J］．社会学研究，2007（4）.

243. 杨蕴丽．表象—抽象—具体对马克思科学理论思维方法的突破性研究——读施正一教授的《论科学的理论思维方法》［J］．集宁师范学院学报，2006（2）：47－52.

244. 叶舒宪．神话——原型批评［M］．西安：陕西师范大学出版社，1987.

245. 余达淮，银娟．道家思想对东亚经济的影响及其伦理价值［J］．南通师范学院学报（哲学社会科学版），2004（4）.

246. 曾漫路．开发品牌资源 汕头市启动“潮汕老字号”评选［N/OL］．大华网．2008－11－26［2012－01－14］．http：//www.csfqw.com/html/3/2008112609385173.html.

247. 曾子芯．政府干预经济的作用及局限性分析［J］．商业文化月刊，2012（44）：78－78.

248. 詹姆斯·弗格森．现代性的前景［M］．杨芳，王海民，王妍蕾译．北京：社会科学文献出版社，2017.

249. 张春伟，林攀登．品牌联合：中华老字号的市场拓展之道——以山西平遥牛肉为例［J］．中国财经政法大学研究生学报，2007（5）：100－104.

250. 张博伦．关于理解礼物交换中“竞争性”的一个札记［J］．西北民族研究，2015（2）：209－214.

251. 张继焦．城市复兴与老字号的文化价值——基于首尔与北京的比较分析［J］．民族论坛，2016（5）：55－58.

252. 张继焦．“企业人类学”的实证与应用研究［J］．云南民族大学学报（哲学社会科学版），2009（1）.

253. 张继焦．企业人类学：作为一门世界性的前沿学科［J］．杭州师范大学学报社会科学版，2014（4）：71－82.

254. 张继焦．从企业与政府的关系看“中华老字号”企业的发展——

对鹤年堂、同仁堂的比较研究［J］. 思想战线，2013，39（3）：34-40.

255. 张继焦，丁惠敏，黄忠彩．老字号蓝皮书——中国“老字号”企业发展报告［R］. 北京：中国社会科学院，2011.

256. 张继焦，李宇军．中国企业都“富不过三代”吗？——对“老字号”企业长寿秘诀和发展前景的社会学分析［J］. 思想战线，2012，38（4）：48-53.

257. 章柯．百家中华老字号结盟［J］. 管理与财富，2001（4）：46-47.

258. 张露．从礼物交换看马塞尔·莫斯的交流传播观［J］. 今传媒，2015（5）：141-143.

259. 张梦中，马克·霍哲．定性研究方法总论［J］. 中国行政管理，2001（11）.

260. 张胜男．弗洛伊德人格结构理论的生态探析［J］. 科教文汇旬刊，2017（10）：149-150.

261. 张晓，韦柳融．大数据就是软实力［J］. 中国经济和信息化，2013（24）：95-97.

262. 张勇，古明明．社会和经济发展中的文化因素［J］. 经济问题探索，2008（1）：22-26.

263. 张永桃．行政管理学［M］. 南京：南京大学出版社，2007.

264. 赵宏斌，叶常林．行政管理学概论［M］. 合肥：中国科学技术大学出版社，2016.

265. 赵纪河．正确认识和科学评价哲学唯心主义［J］. 理论月刊，2016（3）：32-37.

266. 赵曙明，黄昊宇．企业伦理文化与人力资源管理研究［J］. 经济管理，2006（8）.

267. 赵素燕．从涂尔干到马塞尔·莫斯——社会何以可能——以《宗教生活的基本形式》和《礼物》为例［J］. 长春工业大学学报：社会科学版，2014（1）：43-46.

268. 赵永昌．重视非经济因素对民族经济发展的影响［N］. 文山日报，2010-9-3（B3）.

269. 郑深．建构主义：从结构主义到后结构主义的演变［J］. 集美大学学报，2003（1）：20-23.

270. 郑新立. 党的十八大以来坚持和完善我国基本经济制度的理论与实践 [J]. 求是, 2017 (12): 36 - 38.

271. 中共中央统战部. 民族问题文献汇编 [M]. 北京: 中共中央党校出版社, 1991.

272. 周大鸣. 序言 [M], 见田广, 罗康隆. 经济人类学. 银川: 宁夏人民出版社, 2013.

273. 周大鸣, 杨小柳. 从农民工到城市新移民: 一个概念、一种思路 [J]. 中山大学学报社会科学版, 2014 (5): 144 - 154.

274. 周琼. 浅谈公共政策的本土化建构模式——以民族志问方法 [J]. 经营管理者, 2015 (3).

275. 周娓. 牛在努尔宗教中的作用 [J]. 华章, 2010 (20): 22 - 30.

276. 周晓亮. 西方近代认识论论纲: 理性主义与经验主义 [J]. 哲学研究, 3003 (10) : 48 - 54.

277. 周怡. 社会结构: 由"形构"到"解构"——结构功能主义、结构主义和后结构主义理论之走向 [J]. 社会学研究, 2000 (3): 57 - 68.

278. 朱利安·斯图尔德. 文化变迁的理论 [M]. 史徙华译. 乌鲁木齐: 允晨文化实业股份有限公司, 1984.

279. 朱丽叶. 老字号独特性品牌资产的来源和构成 [J]. 经济经纬, 2008 (1): 117 - 120.

280. 庄孔韶. 人类学概论 [M]. 北京: 中国人民大学出版社, 2006.

281. A. R. Radcliffe - Brown. Structure and Function in Primitive Society [M]. New York: Free Press, 1965. pp. 197.

282. Aaker. David A. Managing Brand Equity: Capitalizing on the Value of a Brand Name [M]. California University: Free Press, 1991: 176.

283. Aihwa Ong. Spirits of Resistance and Capitalists Discipline: Factory Women in Malaysia [M].

284. Albany, NY: State University of New York Press, 1987.

285. Andre Gunder Frank. Capitalism and Underdevelopment in Latin America [M]. New York, NY: Monthly Review Press, 1967.

286. Appadurai, A. The Social Life of Things [M]. London: Cambridge University Press, 1986.

287. Appadurai, A. The social life of things: Commodities in cultural per-

spective [M]. London: Cambridge University Press, 1988.

288. Arrighi, G. Adam Smith in Beijing: Lineages of the Twenty – first Century [M]. London: Verso, 2009.

289. Arunthanes W., Tansuhaj P. and Lemak, D. Cross – cultural Business Gift Giving: A New Conceptualization and Theoretical Framework [J]. International Marketing Review, 1994 (4): 44 – 55.

290. Avruch, Kevin, Peter Black. Conflict resolution in intercultural settings: Problems and prospects [M]. in Sandole and van der Merwe (eds.) Conflict Resolution Theory and Practice.

291. Integration and Application, Manchester, England: Manchester University Press, 1993: 131 – 145.

292. Baba M. L. Business and industrial anthropology: an overview [M]. Washington, DC: American Anthropological Association, 1986.

293. Bandy, F. Frantz Fanon: Black Orphans of the Homeless Left [J]. Encounter, 1979 (1): 25 – 29.

294. Bardhan P., Udry C. Development Microeconomics [M]. London: OUP Oxford, 1999.

295. Barnard C. I. The functions of the executive [M]. Cambridge, MA: Harvard University Press, 1968.

296. Bangasser, P. E. The ILO and the informal sector: an institutional history [M]. Genvea International Labour Organization, 2000: 8.

297. Barnes H. E. Foreword: My Personal Friendship for Leslie White. Essays in the Science of Culture in Honor of Leslie A. White [M]. Gertrude E. Dole and Robert L. Carneiro, eds. New York: Crowell, 1960.

298. Belk R., Sheery J., Wallendorf M. A Naturalistic Inquiry into Buyer and Seller Behavior at a Swap Meet [J]. Journal of Consumer Research, 1989, 14 (4): 449 – 470.

299. Bendeict, Ruth (1934). Patterns of Culture. Boston, MA: Houghton Mifflin.

300. Bennett M. J. Developmental Model of Intercultural Sensitivity [M]. NY: John Wiley & Sons, Inc., 1998.

301. Berry. Norman. C, Revitalizing Brands [J]. Journal of Consumer Mar-

keting. Santa Barbara, 1998 (5): 15.

302. Bleaney M., Greenaway D. The Impact of Terms of Trade and Real Exchange Rate Volatility on Investment and Growth in Sub - Saharan Africa [J]. Journal of Development Economics, 2001, 65 (2): 491 - 500.

303. Bohannan, P. & Dalton, G. (Eds.) Markets in Africa [M]. Evanston, IL: Northwestern University Press, 1962.

304. Boulding, K. E. (1956). General Systems Theory—The Skeleton of Science. Management Science, 2 (3): 197 - 208.

305. Bourdieu, P., & Nice, R.. Outline of a Theory of Practice (Vol. 16) [M]. Cambridge, England: Cambridge university press, 1977.

306. Buchanan J M, Yoon Y J. A Smithean Perspective on Increasing Returns [J]. Journal of the History of Economic Thought, 2000, 22 (1): 43 - 48.

307. Brian Wansink, Jennifer Marie Gilmore. New uses that revitalize old brands [J]. Journal of Advertising Research. New York, 1999, 4 (39): 90.

308. Bunzl, Matti (1996). "Franz Boas and the Humboldtian Tradition" In Volksgeist as Method and Ethic: Essays on Boasian Ethnography and the German Anthropological Tradition, George W. Stockington History of Anthropology Volume 8, Madison, WI: University of Wisconsin Press.

309. Carrier, J. G. (Ed.) A Handbook of Economic Anthropology [M]. Northampton, MA: Edward Elgar, 2005.

310. Carrier J. G. Gifts, Commodities and Social Relations: A Maussian View of Exchange [J]. Sociological Forum, 1991 (1): 119 - 136.

311. Chagnon, N. Yanomamo [M]. Fort Worth, TX: Harcourt Brace, 1997.

312. Charles, N. The Kawelka: Ongka's Big Moka [M]. London: Granada Television, 1974.

313. Chase - Dunn, Christopher, and Tom Hall. Core Periphery Relations in Pre - capitalist Worlds [M]. Boulder, CO: Westview Press, 1991.

314. Chell E, Pittaway LA. A study of Entrepreneurship in the Restaurant and Café Industry: Exploratory Work Using the Critical Incident Technique as a Methodology [J], International Journal of Hospitality Management, 1998, 17: 23 - 32.

315. Claude Meillassoux. Maidens, Meal, and Money [M]. Cambridge, England: Cambridge University Press, 1981.

316. Cliggett L. Gift – Remitting and Alliance Building in Zambian Modernity: Old Answers to Modern Problems [J]. American Anthropologist, 2003 (3): 543 – 552.

317. Cunningham W J, Wood M. eds. George Elton Mayo: Hawthorne: Human relations in the workplace [M]. London: Routledge, 2004.

318. Dalton, G. Traditional Tribal and Peasant Economics: An Introductory Survey of Economic Anthropology [M]. Addison: Wesley Publishing Company, Inc. 1971.

319. Darwin, C. (1859). The Origin of Species by Means of Natural Selection. New York, NY: Modern Library.

320. David Morley and Kevin Robins. Spaces of Identity: Global Media, Electronic Landscapes, and Cultural Boundaries [M]. London, UK: Routledge, 1995.

321. Davis, M. Planet of Slums [M]. New York: Verson, 2006.

322. Denny RM, Sunderland PL (Eds.). Handbook ofAnthropology in Business [M]. Creek, CA: Left Coast Press, 2014.

323. Derrida, J. The Time of the King. in A. Schrift (ed.), The Logic of the Gift [M]. New York: Routledge, 1997: 121 – 147.

324. Diao X, Roe T, Yeldan E. Strategic policies and growth: an applied model of R&D – driven endogenous growth [J]. Journal of Development Economics, 1999, 60 (2): 343 – 380.

325. Dunning J, Narula R. Foreign direct investment and governments: catalysts for economic restructuring [M]. London: Routledge, 2003.

326. Durkheim, E. (2013). Durkheim: The Rules of Sociological Method: And Selected Texts on Sociology and its Method. Palgrave Macmillan. New York, NY: Free Press.

327. Durkheim, Emile (1975). Durkheim on Religion: A Selection of Readings with Bibliographies with W. S. F. Pickering. London, UK: Routledge & K. Paul.

328. Durkheim, E., & Swain, J. W. (2001). The Elementary Forms of the

Religious Life. American Journal of Sociology, 16 (3): 399 - 404.

329. Dwayne D, Gremler. The Critical Incident Technique in Service Research [J], Journal of Service Research, 2004, 1: 65 - 89.

330. Easterlin B L, Cardeña E. Cognitive and Emotional Differences Between Short - and Long - term Vipassana Meditators [J]. Imagination, Cognition and Personality, 1998, 18 (1): 69 - 81.

331. Eduardo del Río. Marx for Beginners [M]. New York, NY: Pantheon, 2003.

332. Fanon, F. The Wretched of the Earth [M]. NY: Grove/Atlantic, Inc. , 2007.

333. Ferguson, James. The Anti - Politics Machine: "Development," Depolitization, and Bureacratic Power in Lesotho [M]. Minnesota: University of Minnesota Press. 1990.

334. Ferraro GP. "The Cultural Dimension of International Business, 5th ed [M]. Upper Saddle River, NJ: Person Pretice Hall, 2006.

335. Fortes, Meyer, and E. E. Evans - Pritchard. African Political Systems [M]. London, UK: Oxford University Press, 1962, p. 18.

336. Firth R. Elements of Social Organization [M]. London: Routledge, 2013.

337. Frankel J A, Romer D. Does Trade Cause Growth? [J]. The American Economic Review, 1999, 89 (3): 379 - 399.

338. Geertz, C. Peddlers and Princes: Social Development and Economic Change in Two Indonesian Towns [M]. Chicago: University of Chicago Press, 1963: 26.

339. Geertz, Clifford (1973). Interpretation of Culture: Selected Essays. New York, NY: Basic Books.

340. Genzuk, Michael. A Synthesis of Ethnographic Research. Occasional Papers Series. Los Angeles: Center for Multilingual, Multicultural Research, University of Southern California, 2003.

341. Ghazanfar, M. & Islahi, A. Economic Thought of Al - Ghazali [M]. Jeddah: King Abdulaziz University, 1998.

342. Graeber, D. Toward an anthropological theory of value: The false coin of

our own dreams [M]. NY: Palgrave, Macmillan, 2001.

343. Graeber, D. Toward an Anthropological Theory of Value: The False of Our Own Dreams [M]. New York: Palgrave, 2001: 40 - 43.

344. Gregory, C. A. Gifts and Commodities [M]. London: Academic Press, 1982.

345. Gregory C. A. Savage money: the anthropology and politics of commodity exchange [M]. NY: Taylor & Francis, 1997.

346. Gudeman, S. The Anthropology of Economy [M]. Malden, MA: Blackwell, 2001.

347. Gunn W, Otto T, Smith R C. Design Anthropology: Theory and Practice [J]. Journal of Design History, 2015 (10): 84 - 97.

348. Gunnar Myrdal. The Soul of Modern Economic Man [M]. Chicago, IL: University of Chicago Press, 1983.

349. Hann, Chris & Hart, Keith. Economic Anthropology [M]. Cambridge, UK: Polity Press, 2011.

350. Habermas J. Communication and the evolution of society [M]. Boston, MA: Beacon Press, 1979.

351. Harris, Marvin. The Rise of Anthropological Theory [M]. New York: Thomas Crowell. 1968.

352. Harris P, Moran R. Managing Cultural Differences [M]. Houston: Gulf, 2nd ed, 1987.

353. Hart K. End of the World: Anthropologists Speechless [J]. Anthropology Today, 1996 (5): 1 - 2.

354. Hegel, G. Phenomenology of Mind [M]. Translated by Mineola J. B., NY: Dover Publications, 2003.

355. Herder, J. G. (2002). This Too a Philosophy of History for the Formation of Humanity: Em Philosophical Writtings. Cambridge, MA: Cambridge University Press.

356. Herskovits M J. Applied Anthropology and the American Anthropologists [J]. Science, 1936 (83): 215 - 222.

357. Hobsbawm, E. Age of extremes: the short twentieth century, 1914 - 1991 [M]. Michael Joseph, 1994.

358. Homans, G. C. (1950). The Human Group. Harcourt Brace & World, 54 (2): 261 - 263.

359. Hunt R and Gilman A, eds. Property in Economic Context [M]. Lanham, MD: University Press of America, 1998.

360. Immanuel Wallerstein. The Modern World System [M]. New York, NY: Academic Press, 1976.

361. Joseph S. Nye Jr. The Changing Nature of World Power [J]. Political Science Quarterly, 1990 (2): 177 - 192.

362. Jordan A. Business Anthropology [M]. ProspectHeights, IL: Waveland Press, 2003.

363. Jordan A. The Importance of Business Anthropology: Its Unique Contributions [J]. International Journal of Business Anthropology, 2010, 1 (1): 15 - 25.

364. Jordan B. Notes on the state of Business Anthropology [J]. Journal of Business Anthropology, 2014: 3 (1): 126 - 131.

365. Julian Steward. Theory of Culture Change [M]. Urbana, IL: University of Illinois Press, 1955.

366. June Nash. We Eat the Mines and the Mines Eats Us [M]. New York, NY: Columbia University Press, 1979.

367. Jung G. The Archetypes and the Collective Unconscious [M]. Beijing: China Social Science Publishing House, 1999.

368. Kant, Immanuel (1999). Critique of Pure Reason. London, UK: Cambridge University Press.

369. Karl Marx, Friedrich Engels. Karl Marx, Frederick Engels: collected works [C]. New York, NY: International Publishers, 1975, p. 276.

370. Keller. Managing Brands for the Long Run: Brand reinforcement and revitalization strategies [J]. California Management Review, 1999, 9 (41): 102 - 124.

371. Khaldun, I. The Muqaddimah: An Inquiry into History [M]. London: Routledge & Kegan Paul, 1987.

372. Kravis I B. Trade as a Handmaiden of Growth: Similarities Between the Nineteenth and Twentieth Centuries [J]. The Economic Journal, 1970, 80

(320): 850 - 872.

373. Kroeber, Alfred Lewis (1915). Eighteen Professions. American Anthropologist, 17 (2): 283 - 288.

374. Kroeber Alfred Lewis (1917). The Super - Organic. American Anthropologist, 19 (2): 163 - 213.

375. Lederman D, Maloney W F. Research and development (R&D) and development [J]. Policy Research Working Paper Series, 2003, 3 (3): 327 - 350.

376. Leigh Binford and Scott Cook. Petty Production in Third - World Capitalism Today. In Alice Littlefield and Hill GATES, eds., Marxist Approaches in Economic Anthropology [M]. Lanham, MD: University Press of America, 1991, pp. 65 - 90.

377. Lehu. Back to Life! Why brands grow old and sometimes die and what managers then do: An exploratory qualitative research put into the French context [J]. Journal of Marketing Communications, 2004, 10 (6): 133 - 152.

378. Lévi - Strauss, C., Gurvitch, G., & Moore, W. E. (1945). Twentieth Century Sociology. New York, NY: Philosophical Library.

379. Locke, J. Two Treatises of Government. Cambridge: Cambridge University Press, 1960.

380. Lofland J, Lofland L A. Guide to Qualitative Observation and Analysis, 2nd Eds [M], Belmont, California: Wadsworth Publishing Company, 1984.

381. Luo KL & Walle Alf H. Traditional Economies and Mainstream Alternatives: Business Anthropology Looks at Dong Tree Farming [J]. Anthropologist, 2014, 18 (1): 25 - 31.

382. Malinowski, Bronislaw (1952). Sex, Culture, Myth. New York, NY: Harcourt, Brace, World.

383. Malinowski, Bronislaw (1949). The Dynamics of Culture Change: An Inquiry into Race Relations in Africa. Edited by Phyllis M. Kaberry. New Haven, CT: Yale University Press.

384. Mariampolski H. Ethnography for Marketers: A Guide to Consumer Immersion [M], Sage Publications, Inc Thousand Oaks, California, 2006: 109.

385. Marrewijk Alfons H. van. Exceptional Luck? Conducting Ethnographies

in Business Organizations [J]. Anthropologist, 2014, 18 (1): 33 -42.

386. Marx K. The Portable Karl Marx [M]. Edited by Eugene Kamenka. New York: Viking Penguin, 1983: 437.

387. Maurice, G. The enigma of the gift [M]. Chicago: University of Chicago Press, 1999.

388. Mauss M. The Gift: Forms and Functions of Exchange in Archaic Societies [M]. NY: Norton, 1967.

389. Meyer Fortes. Kindship and the Social Order: The Legacy of Lewis Henry Morgan [M]. Chicago, IL: Aldine, 1969.

390. Nash, J. Ethnographic Aspects of The Word Capitalist System [J]. Annual Review of Anthropology, 1981 (10): 393 -423.

391. Ortiz, S. (Ed.) Economic Anthropology: Topics and Theories [M]. Lanham, MD: University Press of America and Society for Economic Anthropology, 1983.

392. Parsons, T. (1937). The Structure of Social Action. Sociology. Thought and Action, 1 (1): 32 -46.

393. Parsons, Taloctt (1968). International Encyclopedia of the Social Sciences. New York, NY: Macmillian and Free Press.

394. Parsons, Talcott (1937). The Structure of Social Action. Illinois, IL: Free Press.

395. Paul Baran. The Political Economy of Growth [M]. New York, NY: Monthly Review Press, 1957.

396. Plattner S M. Formal models and formalist economic anthropology: The problem of maximization [J]. Reviews in Anthropology, 1974 (4): 572 -582.

397. Polyani, K. The great transformation [M]. NY: Rinehart, 1944: 209 - 227.

398. Polayni K. The Great Transformation: The Political and Economic Origins of Our Time [J]. New York: Rinehart and Company, 1944.

399. Radcliffe - Brown, Alfred R. (1952). Structure and Function in Primitive Society. Illinois, IL: Free Press.

400. Rahnema, M. & Bawtree, V. The Post - Development Reader [M]. Zed Books Press, 1997.

401. Robbins J. Given to anger, given to shame: the psychology of the gift among the Urapmin of Papua New Guinea [M]. Paideuma: Mitteilungen zur Kulturkunde, 2003: 249 –261.

402. Richard R. Wilk. Economies and cultures: foundations of economic anthropology [M]. Boulder, CO: Westview Press, 1996, p. 85.

403. Robbins, J. Rethinking Gift and Commodities: Reciprocity, Recognition and the Morality of Exchange. in Brown K and Milgran L, eds. Economics and Morality [M]. Walnut Creek, CA: AltaMira Press, 2009.

404. Rodriguez F, Rodrik D. Trade Policy and Economic Growth: A Skeptic's Guide to the Cross – National Evidence [J]. NBER Macroeconomics Annual, 2000 (15): 261 –325.

405. Rousseau D M. Assessing organizational culture: The case for multiple methods [J]. Edited by Schneider B. "Organizational Climate and Culture", San Francisco: Jossey – Bass Publishers, 1990: 153 – 192.

406. Rudkin K, Deo H. Ethnographic Methodology and Its Implications for Banking Studies [J], The Business Review: Cambridge, 2006, 6 (2): 20 –25.

407. Sahlins, M. D. Stone Age Economics [M]. Chicago: Aldine, 1972.

408. Sahlins, M. D. and Elman S. Evolution and Culture [M]. Ann Arbor: University of Michigan Press, 1960.

409. Schiff M, Wang Y. North – South and South – South trade – related technology diffusion: an industry – level analysis of direct and indirect effects [J]. Canadian Journal of Economics/Revue canadienne d'économique, 2006 (3): 831 –844.

410. Schwartz P. Art of the Long View [M]. New York, NY: Doubleday Currency, 1991.

411. Scott Cook. Peasant Capitalist Industry: Piecework and Enterprise in Southern Mexican Brickyards [M]. Lanham, MD: University Press of America, 1984.

412. Simon H A. A behavioral model of rational choice [J]. The quarterly journal of economics, 1955 (1).

413. Solow R M. A Contribution to the Theory of Economic Growth [J]. The Quarterly Journal of Economics, 1956, 70 (1): 65 –94.

414. Stammler F. When reindeer nomads meet the market: Culture, property and globalisation at the end of the land [D]. Magdeburg: Martin – Luther – Universität Halle/Saale, 2004.

415. Strathern A. The Rope of Moka [M]. Cambridge: Cambridge University Press, 1971.

416. Tian G. Xinjiang and the Greater Central Asia Regional Economic Cooperation [J], Journal of Applied Business and Economics, 2009, 19 (3): 59 – 72.

417. Tian R, Van Marrewijk A H, Lillis M. GeneralBusiness Anthropology [M]. 2nd Edition. Miami, FL: North American Business Press, 2013.

418. Treitler I. Backyard ethnography: Defamiliarizethe familiar to transform business [J]. International Journal of Business Anthropology, 2014, 5 (1): 26 – 37.

419. Toynbee, Arnold (1934 – 61). Study of History. London, UK: Oxford.

420. Turner, V. W. (1972). Schism and Continuity in an African Society: A Study of Ndembu Village Life. Manchester, UK: Manchester University Press.

421. Visser, O. & Kalb, D. Neoliberalism, Soviet Style [J]. European Journal of Sociology, Vol. 51 (2): 171 – 194, 2010.

422. Wacziarg R, Welch K H. Trade Liberalization and Growth: New Evidence [J]. The World Bank Economic Review, 2008, 22 (2): 187 – 231.

423. Wakeman J. World Authors: 1950 – 1970 [M]. NY: Wilson. 1972.

424. Walle, A. (2017). Business Anthropology, Anomie, and Dysfunction: Transcending the Tyranny of the Majority. International Journal of Business Anthropology, 6 (2): 13 – 21.

425. Walle A H. Rethinking Business Anthropology: Cultural Strategies in Marketing and Management [M]. Abingdon, Oxford: Routledge, 2017.

426. Wasson, Christina.. Ethnography in the field of design [J]. Human Organization. 2000, 59 (5): 377 – 388.

427. Weiner A. B. Inalienable Possessions: The Paradox of Keeping – While – Giving [M]. Berkeley: University of California Press, 1992.

428. White L A. Energy and the Evolution of Culture [J]. American Anthropologist, 1943, 45 (3): 335 – 356.

429. White, Leslie. Evolution of Culture [M]. New York: McGraw Hill, 1959.

430. Wilk, R. R. & Cliggett, L. Economies and Cultures: Foundations of Economic Anthropology [M]. Boulder, CO: Westview Press, 1996, p. 30.

431. Wilk, R. R., & Cliggett, L. Economies and Cultures: Foundations of Economic Anthropology (Second Edition) [M]. Boulder, CO: Westview Press, 2007.

432. William Roseberry. Political Economy [J]. Annual Review of Anthropology, 1988 (17): 161 - 185. Press, 1989, pp. 160 - 161.

433. Wood, Allen, W (1990). Hegel and Ethical Thought. Cambridge, MA: Cambridge University Press.

后　　记

将自己多年来有关经济与管理方面的论述，从人类学的视野出发，加以总结和汇编，是本人的一个心愿。如今这个心愿总算是完成了。本书的各个章节既是独立的学术论文，又有着密切的逻辑关联，他们共同构成作者对经济与管理的人类学认知。书中的某些章节内容，曾经在学术期刊上发表过，这次出版时根据全书理论脉络和知识要点的需要，对相关内容进行了必要的增减，修订了一些明显的笔误。其中代前言以“本土与域外：工商人类学的兴起——人类学学者田广访谈录”为题，在《吉首大学学报（社会科学版）》2018 年第 9 期发表，合作者为张明；第一章以“马克思主义经济人类学理论发展探析”为题，在《人民论坛·学术前沿》2018 年第 8 期发表，合作者为杨东昌教授；第四章以“对经济演变的人类学诠释”为题，在《青海民族研究》第 26 卷第 4 期发表；第六章以“论经济人类学中国本土化实践及理论贡献”为题，在《中央民族大学学报（哲学社会科学版）》2014 年第 3 期发表，合作者为罗康隆教授；第七章以“经济人类学的中国化研究典范：杨庭硕相际经营原理学术思想探讨”在《中央民族大学学报（哲学社会科学版）》2013 年第 3 期发表；第八章以“对经济社会发展中非经济因素的经济思考——基于相际经营原理的探析”为题，在《湖北民族学院学报：哲学社会科学版》2018 年第 2 期发表，合作者为万永安、王红；第十章以“领导干部应当学点人类学——管理潜质与能力提高的学术修养”为题，在《人民论坛·学术前沿》2017 年第 23 期发表，合作者为禹虹；第十三章以“汕头老字号餐饮品牌发展轨迹与问题——基于一项工商民族志的调查研究”为题，在《民族论坛》2015 年第 9 期发表，合作者为刘拉雅、刘瑜。在此，谨向上述提及的学术期刊和个人表示感谢。

人类学是一门经验研究的学科，人类学家对田野工作得来的资料进行概括、归纳、抽象，并整理成民族志，进而升华为系统的理论学说。自 20 世纪80年代开始，在经济领域，特别是在工商业生产领域的研究中，有关传统民族志的田野调查方法，一再被学者们所提倡，尤其是对特定环境中的实地研究所产生的价值与作用得到了学术界和实业界的广泛认同。目前，IBM、IDEO、E－Lab、Doblin Group、Microsoft等国际著名500强公司都聘请人类学家进入到生产与管理领域从事研究工作。与此同时，越来越多的人类学家一直活跃在经济与管理领域，并吸引着更多相关方面的研究者从事有关经济与管理问题的研究工作。对于国际上逐渐兴起的这类研究，国内直至20世纪90年代后期，对这些研究成果的引介极为有限，对于以“工商人类学”为名目的研究，在近几年才出现并开始在学界产生影响。

作者的专业学术特长，在于应用人类学的研究方面，特别是在工商人类学与经济人类学方面，作出了自己认为应有的学术贡献。比如同吉首大学罗康隆教授与宁夏人民出版社合作，策划出版以应用人类学为主要内容的丛书，并担任主编。目前，该套丛书已经出版发行了包括《工商人类学》《环境人类学》《经济人类学》《饮食人类学》《市场营销人类学》《管理与工商人类学》《管理人类学》7种专著，其中《环境人类学》获国家民委优秀社科成果一等奖，《饮食人类学》获宁夏回族自治区人民政府优秀社会科学成果一等奖，《市场营销人类学》获宁夏回族自治区人民政府优秀社会科学成果三等奖。该套丛书仍在继续编辑出版中，共计划出版20种，已经出版和即将出版的各种图书，对我国应用人类学的发展应该具有促进作用和学术价值。

同时，还在国际应用人类学权威刊物 *Human Organization* 等期刊发表了多篇有关应用人类学，特别是经济人类学和工商人类学，在中国发展及其实践方面的学术论文。比如，在国际学术期刊 *Trames: A Journal of the Humanities and Social Sciences* 和 *Ccontemporary Chinese Political Economy and Strategic Relations* 发表有关中国饮食文化方面的人类学论文；在 *Anthropologist* 发表了两篇有关中国经济人类学和工商人类学发展的论文；在 *Human Organization* 发表两篇有关中国工商人类学方面的论文；并与同事合作在美国北美商务出版社出版了英语版 *Anthropology of Chinese Foodways*、*Economic and Business Anthropology in China*、*China Environmental Anthropology* 等学术著作，致力于将中国应用人类学的学术发展及其现状和成果，介绍给国际学术社会。

这本新书是在上述研究成果的基础上，经不断提炼加工而形成的专著。虽然本人长期以来致力于经济与管理方面的人类学探索研究，但目前仍然处于最初始的探讨阶段，有许多理论问题还需要学术界同仁共同努力研究。书稿完成后，承蒙老同学、中央民族大学荣休资深教授王天津的厚爱作序。王天津教授对本书的评价非常高，起到了画龙点睛的作用，且王教授的序言还对经济与管理的人类学思考，进行了非常有深度的解读，提出了未来研究发展的方向。在此，特向老同学王天津教授致敬！

在即将出版之际，我还要向怀化学院的领导和同事们致敬，特别感谢姜又春博士、舒晓惠博士、姜莉芳博士等对本人的支持和鼓励！

本书是 2018 年国家社科基金项目“沅水流域文化遗产传承与创新发展研究”（项目编号：18BMZ066）的阶段性成果之一。本书的出版得到了怀化学院社科研究项目启动资金的支持。在此一并致谢！

田　广

2019 年 10 月 31 日

于怀化学院西校区宿舍